PETER KRASSA:
Erich von Däniken – der Besessene

Erich von Däniken-

der Besessene

**Peter Krassa schildert
das Bild einer
farbigen Persönlichkeit**

Prisma Verlag

Meiner Schwester *Gloria* und meinem Bruder *Wolfgang*
in Liebe gewidmet

ISBN 3-570-01691-9
Copyright © 1980 by Omnibus Verlag Wien
Herstellung: Ebner Ulm

INHALT

PORTRÄT 7
1. Däniken – ganz privat 15
2. Freundschaft ist kein leeres Wort 29
3. Klein Erichs Land Utopia 57
4. Die ganze Welt ist sein Zuhause 71
5. Pro und Kontra 93
6. Lügen haben kurze Beine 121
7. Eine verbale Hinrichtung 141
8. Hat Däniken abgeschrieben? 157
9. Erfolg kommt nicht von ungefähr 173
10. Aussaat und Zukunft 193

Literaturnachweis 221
Erich von Dänikens Psycho-Steckbrief 223

ANHANG:
ERICH VON DÄNIKEN KOMMT SELBST ZU WORT . . 225
1. So war es wirklich! 227
2. Fünf Briefe an meine Frau Elisabeth aus meiner Gefängniszeit in Regensdorf 1969/70 252

PORTRÄT

Zuerst blinkt und blitzt da eine Frage auf, verdeckt von vielen anderen Fragezeichen. Ich nehme mir jedes einzelne vor, klopfe es ab, teste es auf die Brauchbarkeit möglicher Antworten, das geht so über Monate, sogar Jahre, bis die eine Frage übrigbleibt, die mich vibrieren läßt, als würde ich dauernd Mokka double konsumieren. Ob ich im Flugzeug sitze, in der Badewanne plätschere oder in einem Disput bin, die Frage ist immer da. Immer. Wie ein Schatten. Und dann tut sich da was wie mit den Motten, die zum Licht wollen. Wissenschaftliche Literatur erscheint und kommt auf meinen Tisch, mal fand ich zufällig ein für mich wichtiges Buch an einem Kiosk an der Central Station in New York. Ich kann mir das Wie nicht erklären, aber plötzlich sind da Briefe aus allen Ecken der Welt, stellen Fragen zu „meiner" Frage, bringen Hinweise, Dokumente. Vielleicht ist da was mit PSI im Spiel, jedenfalls ein Joker, der sticht und mir weiterhilft . . .

Das sagt *Erich von Däniken* über sich und den Augenblick, wo bei ihm „der Groschen fällt"; wo er wieder mal mit einem neuen Buchprojekt „schwanger geht".

Wenn für ihn von neuem die Göttersuche beginnt, dann wird *Erich von Däniken* zum Besessenen. Besessen von der ihn treibenden, faszinierend-phantastischen Idee, die den Schweizer Exhotelier in aller Welt populär und umstritten gemacht hat. Seine Bücher, in mehr als zwei Dutzend Sprachen übersetzt, haben inzwischen die 45-Millionen-Grenze längst überschritten. *Däniken* schreibt ausschließlich Sachbücher, aber es sind Bücher mit spekulativem, wenn auch keineswegs denkunmöglichem Inhalt. Darin finden sich stereotyp jene beiden Schlüsselfragen, deren schlüssiger Beantwortung er seit gut zwanzig Jahren nachjagt:

- Waren die Götter Astronauten?
- Hatten wir einst Besuch aus dem Weltall?

Wer ist dieser Erich von Däniken, den man überall kennt – oder wenigstens zu kennen glaubt? Ein moderner Schliemann, ein bluffender Scharlatan? Wie ist er in Wahrheit einzuschätzen? Als ein phantasiereicher Gedankenrevolutionär? Oder als ein billiger Plagiator? Ist er zu Unrecht verfemt? Oder ist er gar ein Betrüger?

Die Ansichten darüber gehen auseinander. Die einen sehen in ihm den unbeugsamen Wahrheitssucher, viele andere den Ketzer. An seinem Image wird herummanipuliert. Über ihn liest, hört und sieht man nur Reflexionen. Positive: manchmal. Negative: zumeist. Er wurde oft einseitig gesehen, vielleicht bewußt verzeichnet. Von Meinungsmachern, die Vorurteil mit Objektivität verwechseln. Ihre Momentaufnahmen in Form von Interviews oder kurzen Gesprächen stellen eine bestimmte Beleuchtung für die Person *Erich von Dänikens* dar, und in diesem Licht wird er von der uninformierten Öffentlichkeit gesehen. *Däniken* im Blitzlicht.

Eines steht jedoch fest: Das Klischee, das die Massenmedien von EvD – seine Initialen wurden zum Begriff – angefertigt haben, paßt nicht zu ihm. Das Porträt ist leider retuschiert. Wie ist er aber wirklich, der umstrittenste Schriftsteller der Nachkriegszeit?

Das Charakterbild des *Erich von Däniken*, dieses 45jährigen Schweizers aus dem Städtchen Zofingen im Aargau, läßt sich in keinen Rahmen pressen. Sein Wesen ist facettenhafter, komplizierter und doch transparenter als das, was wir von ihm zu wissen glauben. EvD, ein unbekanntes Wesen? Keineswegs. Darum wurde dieses Buch geschrieben.

Es beinhaltet nicht die subjektive Einschätzung *Dänikens* durch eine Einzelperson. Nicht die begeisterte Lobpreisung eines „Supermannes" – aber auch nicht die Verdammung eines Bösewichtes. *Däniken* ist weder das eine noch das andere und gewiß nicht das Klischee seiner selbst.

Menschen, die ihn kennen – Näherstehende wie Distanzierte – kommen auf diesen Seiten zu Wort. Sie vermitteln solcherart ein „Röntgenbild" des Erfolgsautors. Und sie geben ihre Eindrücke und Erfahrungen wieder, die in der Konfrontation mit EvD entstanden. Sicherlich subjektiv in Einzelaussagen, doch absolut in der Gesamtsicht.

Dieses Meinungsbild zeigt den *Erich von Däniken,* wie er der Öffentlichkeit bisher verborgen bleiben mußte.

Hier ist die Stelle, wo ich danken möchte. Danken all jenen, die zur Abfassung des Buches beigetragen haben. Mit Anregungen und Tips. In erster Linie aber gilt mein „Dankeschön" den Schlüsselfiguren dieser Seiten. Sie seien hier – im Telegrammstil – präsentiert. Ohne Bevorzugung, in alphabetischer Reihenfolge.

Elf Menschen, die EvD wirklich kennen.

Josef F. Blumrich: Österreicher, 67 Jahre. 15 Jahre in leitender Funktion bei der amerikanischen Weltraumbehörde NASA. Gemeinsam mit *Wernher von Braun* maßgeblich am „Saturn"- und „Apollo"-Projekt mitbeteiligt. Inhaber zahlreicher Patente im Stahlwasserbau sowie für den Bau von Großraketen.

Blumrich ist Ingenieur für Flugzeug- und Maschinenbau. Verheiratet, drei Söhne. Arbeitete während seiner NASA-Zeit in Huntsville, Alabama; lebt heute (nach seiner Pensionierung im Juni 1974) in Laguna Beach, in Kalifornien.

Blumrich wurde auf *Däniken* aufmerksam, als er dessen erstes Buch „Erinnerungen an die Zukunft" zu lesen bekam, die darin enthaltenen Denkmodelle zunächst für Unsinn hielt – und dann vom Bericht des Bibelpropheten Ezechiel (Hesekiel) fasziniert wurde. *Dänikens* Überlegungen erschienen *Blumrich* unvermittelt in neuem Licht. Der NASA-Ingenieur rekonstruierte anhand des Bibeltextes die vorgebliche „Herrlichkeit des Herrn" – in Wahrheit die Landefähre der Außerirdischen. *Blumrich* schrieb darüber ein Buch („Da tat sich der Himmel auf"), das *Dänikens* Hypothesen – zumindest in einzelnen Punkten – faktisch bestätigt.

Theo Bos: Holländer, 38 Jahre. Arbeitete mehrere Jahre auf Hochseeschiffen, später in der Hotellerie und ist jetzt als Devisenhändler bei einer Schweizer Bank tätig. Lebt in Zürich. Geschieden, ein Sohn. *Theo Bos* lernte *Däniken* vor 20 Jahren kennen und zwar auf einem holländischen Schiff, wo sie gemeinsam arbeiteten. Er zählt zu EvDs ältesten Freunden.

Eduardo B. Chaves: Brasilianer, 28 Jahre. Hat vielerlei Interessen, lebt und studiert in Rio de Janeiro, betätigt sich dort nebenher als Journalist und Hobby-Archäologe. Ledig. *Chaves* machte die Bekanntschaft *Dänikens* vor acht Jahren, als der Weltreisende Rio besuchte. EvD verdankt seinem portugiesischen Freund eine Reihe indizienhältiger Fotos, die der Götterforscher in seinem Buch „Meine Welt in Bildern" berücksichtigte. 1974 revanchierte sich *Däniken* mit einer Einladung *Chaves* in die Schweiz.

Elisabeth von Däniken: Deutsche, 43 Jahre jung. Lernte ihren Mann in der Hotelbranche kennen, wo auch sie damals tätig war. Gemeinsam mit EvD verwaltete sie später das gepachtete Davoser Saisonhotel „Rosenhügel". Heute ist sie „nur" noch Hausfrau in Feldbrunnen/Solothurn. Seit 20 Jahren mit *Däniken* verheiratet, schenkte sie ihrem *Erich* zwei Kinder: *Peterli* (der Junge starb, erst zwei Monate alt, auf tragische Weise in einem Kinderheim) und *Cornelia*, 17 jähriger Teenager.

Otto von Däniken: Schweizer, 47 Jahre, EvDs älterer Bruder. Lebt heute in Bern, wo er einen gut florierenden Fernseh-, Radio-, Elektronik-Reparaturdienst betreibt. Verheiratet, eine Tochter.

Willi Dünnenberger: Schweizer, 26 Jahre. Avancierte nach abgeschlossener kaufmännischer Ausbildung zum Sekretär und Archivar *Erich von Dänikens.* Mit EvD viel auf Reisen, ist unverheiratet und kinderlos. Wird häufig als „lebender Computer" bezeichnet und von seinem Arbeitgeber deshalb und auch seiner Verläßlichkeit wegen geschätzt. *Dünnenbergers* Präzision nimmt nicht wunder, wurde er doch in der Uhrenstadt Schaffhausen geboren. Wohnt derzeit an seinem Arbeitsort Feldbrunnen/Solothurn.

Walter Ernsting: Deutscher, 60 Jahre. Freier Schriftsteller, bevorzugtes Thema: Science-fiction. Ist Mitschöpfer der weltweit gelesenen Zukunftsserie „Perry Rhodan". Viele von *Ernstings* Science-fiction-Romanen – er schreibt sie zumeist unter seinem Autorenpseudonym *Clark Darlton* – haben schon in den fünfziger Jahren *Dänikens* Hypothesen vorweg behandelt. Lernte EvD 1968 kennen. Gemeinsame Amerikareise 1974. Ein Sohn und eine Tochter. Wohnt mit seiner Lebensgefährtin Rosemarie Heinemann in Ainring, Bayern.

Gerhard Gadow: Deutscher, 29 Jahre. Autor des vieldiskutierten Taschenbuches „Erinnerungen an die Wirklichkeit", in dem *Gadow* gegenüber EvD einen Plagiatverdacht äußerte und viele seiner Hypothesen in Frage stellte. Wurde von Gegnern des Schweizer Erfolgsautors zum „Anti-Däniken" hochgejubelt. Schrieb seine Streitschrift mit 18 Jahren als Student der Freien Universität Berlin. Stieg gegen *Däniken* in mehreren öffentlichen Diskussionen „in den Ring". Betrachtet thematische Divergenzen jedoch nicht als ins Persönliche gehend. *Gadow* war mit EvD (auf dessen Einladung) im Herbst 1974 mehrere Wochen in den USA. Lebt in West-

Berlin und ist ledig.

Hans Neuner: Österreicher, 36 Jahre. Pächter eines Restaurants im Tiroler Fremdenverkehrsort Leutasch, nahe Seefeld. Hat eine umfassende gastronomische Ausbildung absolviert. Lernte EvD in Davos kennen, wo sie sich anfreundeten. *Däniken* nahm *Hans Neuner* auf seine erste Forschungsreise mit. Der Tiroler ist verheiratet, hat eine Tochter und einen Sohn.

Wilhelm Utermann: Spitzname „Utz", Deutscher, 68 Jahre. Verheiratet, drei Söhne. Ist in allen literarischen Sätteln zu Hause. War Journalist, Drehbuchautor, schrieb Bühnenstücke, Romane und produzierte mehrere Erfolgsfilme wie die „Trapp-Familie" (mit *Ruth Leuwerik)* oder „Das schwarze Schaf" (mit *Heinz Rühmann).* Seine mehr als dreißigjährige Bekanntschaft mit dem Econ-Verleger *Erwin Barth von Wehrenalp* führte 1967 zu dessen Angebot, das Rohmanuskript eines gewissen *Erich von Däniken* professionell zu bearbeiten. Aus der vorerst nur beruflichen Zusammenarbeit mit EvD wurde bald echte Freundschaft. In den Büchern *Dänikens* firmiert *Utermann* als *Wilhelm Roggersdorf,* sein Bearbeiter-Pseudonym. Roggersdorf ist ein Ort in Oberbayern, wo er lebt.

Erwin Barth von Wehrenalp: Teils Deutscher („Preuße", wie er sagt), teils Österreicher, 68 Jahre, Mitbegründer des Econ-Verlages im Jahr 1950. Econ gilt heute als einer der größten Sachbuchverlage des deutschen Sprachraums. Der Verlagskette gehören auch die Verlage Claassen und Marion von Schröder an. Bedeutende Schriftsteller publizierten bei Econ: *Werner Keller* („Und die Bibel hat doch recht"), *Rudolf Pörtner* („Mit dem Fahrstuhl in die Römerzeit") oder *Johannes Lehmann* („Jesus-Report"). *Erich von Däniken* aber blieb in *Wehrenalps* Autorenangebot einsame Spitze. Mehr als 45 Millionen Bücher wurden bisher – übersetzt in 26 Sprachen – in aller Welt verkauft. Dennoch bedurfte es 1967 eines Zuspruchs des profilierten „Zeit"-Redakteurs Dr. *Thomas von Randow,* ehe sich der damals skeptische Econ-Verleger zur Herausgabe von *Dänikens* „Erinnerungen an die Zukunft" bewegen ließ.

Auch der Autor dieses Buches kommt auf den folgenden Seiten zu Wort. Hier sein „Steckbrief".

Peter Krassa: Österreicher, 41 Jahre. Früher im Bankfach, jetzt in der Journalistik tätig. Trat als Autor grenzwissenschaftlicher Sachbücher in Erscheinung (1973: „Als die gelben Götter kamen"; 1974: „Gott kam von den Sternen"; 1980: „Feuer fiel vom Himmel" und „Phantome des Schreckens"). Kennt EvD seit über zehn Jahren. Ledig, Wohnort Wien. Versucht in seinem neuesten Buch *Erich von Däniken* „wohlwollend-kritisch" zu porträtieren.

Soviel zu den Personen. Der Inhalt des Geschriebenen enthält die Summe ihrer Anschauungen. Er zeichnet EvDs Charakteristika ehrlich, ungeschminkt und in ihrer bunten Vielfalt:

Das Bild einer farbigen Persönlichkeit.

So lebt er, so forscht er nach Beweisen für „seine" Götter: Das ist der *wirkliche* Däniken – *ein Besessener* . . .

Eduardo Chaves (einer der „Däniken-Kenner") hat, wie mir scheint, eine in ihrer Klarheit verblüffende Definition über das Schweizer Enfant terrible getroffen:

„Er ist ein Mensch, wie es nur wenige gibt. Wie soll man ihn am treffendsten beschreiben? Ich wüßte nichts besseres als: *Erich von Däniken* ist einfach *Erich von Däniken.*"

Lernen auch Sie ihn näher kennen!

Wien, im Juli 1980   *Peter Krassa*

1

DÄNIKEN – GANZ PRIVAT

Erich von Däniken besser zu kennen, mit ihm gelegentlich beisammen zu sein, bedeutet in jedermanns Leben einen Rhythmuswechsel. Das ist keine Phrase. Der Schweizer Erfolgsautor lebt nach anderen Maßstäben. „Der Zweck heiligt die Mittel" – dieses bekannte Sprichwort könnte eigens für EvD erdacht worden sein. Er lebt und handelt in Zeitnot.

Für Otto Normalverbraucher steht EvD's Zeitplan sicher Kopf. Wo andere die Fernsehtaste auf „aus" drükken, um ins Bett zu huschen, wird *Däniken* erst richtig munter. Dann sitzt er vor seinem Schreibtisch, auf einem Sessel mit fahrbarem Untersatz, und diktiert neue Einfälle in sein Mini-Diktiergerät. Dazu nippt er an einem Glas Rotwein (aus dem eigenen, temperierten Keller) und zieht an seiner speziellen Pfeife, deren Kopf einer amerikanischen Weltraumkapsel verblüffend ähnelt. Erst. wenn zaghaft der Morgen dämmert, denkt *Däniken* ans Schlafengehen.

„Der Himmel bewahre dich davor, daß es den Außerirdischen einmal einfallen möge, schon vormittags vor deiner Haustür zu landen. Du würdest den Götterbesuch glatt verschlafen", konnte ich mir nicht verkneifen, den Tagschläfer zu necken. Genützt hat's bisher nichts.

Vor 11 Uhr mittags ist EvD fast nie aus dem Bett zu bekommen. Noch heute habe ich sein Klagelied im Ohr, als er in den USA um sieben Uhr früh aufgescheucht wurde, um an einer Fernseh-Talk-Show mitzuwirken. Gattin *Ebet* nimmt ihren *Erich* hin, wie er ist. „Soll er doch sein Zuhause wirklich genießen", meint sie und seufzt. Mit gutem Grund. Das ist nämlich selten genug. Am Silvesterabend 1974, um halb zehn, wurde *Elisabeth von Däniken* sogar zur Statistikerin. „Das ist unser 116. Nachtessen", rechnete sie ihrem Göttergatten vor. 116 von 365 Abenden. Der Weltenbummler gelobte schon mehrmals Besserung. Es blieb beim Wollen. Ist jedoch EvD einmal für mehrere Tage, vielleicht sogar Wochen daheim, will er vom Lärm und Trubel der Umwelt nichts wissen. Da kapselt er sich ab und seine Frau hat dann oft größte Mühe, ihren *Erich* zu einem Besuch bei Freunden zu bewegen. Sie ist ihm deshalb nicht gram. „Er ist doch so selten zu Haus", meint sie verständnisvoll.

„Ich bin ein Besessener, ich will noch immer alles wissen – und je älter ich werde, desto wißbegieriger werde ich. Ich habe Angst, daß mir die Zeit davonläuft – und ich in einer Leere zurückbleibe, die Zeit nicht richtig genützt habe . . ."

Diese Worte stammen vom Schöpfer der weltberühmten „Westside Story", *Leonard Bernstein*. Der geniale Komponist und Dirigent ist mit *Erich von Däniken* nicht bekannt, Parallelen zwischen diesen beiden Persönlichkeiten sind aber nicht zu verleugnen. Was *Bernstein* sagt, trifft auch auf *Däniken* zu. Denn es entspricht seinem Lebensinhalt.

„Ich bin ein Zerrissener, ich möchte soviel tun – und kann doch dem Korsett, das man mir umgebunden hat, nicht mehr entfliehen." Wieder ein Aufschrei des gehetzten Musikstars *Bernstein,* und für den Schweizer Globetrotter imaginär zutreffend. Denn *Erich von Däniken* ist ja de facto ein Besessener; besessen von der Idee,

16

die einstige Anwesenheit außerirdischer Raumfahrer auf diesem Planeten nachweisen zu müssen. Dabei wäre es Unsinn anzunehmen, EvD habe sonst keinerlei Interessen, sei nur einseitig orientiert. Im Gegenteil! Dennoch aber ist er seit nunmehr zwölf Jahren und sicher noch auf Jahre hinaus in das Korsett des „Götterforschers" gepreßt, das ihn gleichsam zwingt, der Einbahnstraße seines Rufes zu folgen. Seine millionenfache Lesergemeinde verlangt ungeduldig neue Götterbeweise.

„Es ist ermüdend, berühmt zu sein. Es kostet Kraft, die man sinnvoller verwenden könnte . . ." Oder: „ . . . ich lebe in einer ewigen Spannung und habe Angst, daß sie einmal reißen könnte." Zwei Aussagen *Leonard Bernsteins*, die den erfolgreichsten Sachbuchautor der Nachkriegszeit charakterisieren. Rund 45 Millionen aus *Dänikens* „Götterwerkstätte" – sieben Bücher hat er bislang geschrieben – sind in aller Welt aufgelegt. Und wenn er es auch, darauf angesprochen, vehement leugnet, so hat es der Schweizer in den zwölf Jahren seiner bisherigen Autorentätigkeit ja doch zum Frankenmillionär gebracht. Allerdings: Erst seit er im Herbst 1978 offiziell sein vormaliges Domizil in Bonstetten (eine kleine Ortschaft, eine halbe Eisenbahnstunde von Zürich entfernt) aufgegeben und den Umzug in die Kantonshauptstadt Solothurn mit Kind und Kegel vollzogen hat, wohnt *Erich von Däniken* quasi standesbewußt.

Zu Hause ist er jetzt im westlichen Trakt der „Villa Serdang" an der Baselstraße. Sie führt durch ein kleines Nest namens Feldbrunnen, am Stadtrand von Solothurn. *Dänikens* Heim liegt in einem malerischen Garten von beachtlicher Ausdehnung. Neben alten, schattigen Bäumen gibt es eine große Wiese, auf der der Hausherr – wenn ihm Zeit bleibt, oder Gäste zu Besuch weilen – manchmal ein zünftiges Fußballmatch in Szene setzt und dabei selber unter viel Schweißverlust dem Lederball nachjagt.

Die „Villa Serdang" ist ein historisches Bauwerk und rund dreihundert Jahre alt. EvD, der sich hier pudelwohl fühlt, hat mit dem Villeninhaber vorsorglich einen langjährigen Mietvertrag für seine im Westtrakt befindlichen elf Räumlichkeiten abgeschlossen. „Serdang" hat drei Stockwerke, wobei sich im Parterre das Eßzimmer, das Wohnzimmer, die Bibliothek – und, bei den *Dänikens* ein wesentlicher Bestandteil des Haushalts, die Küche befinden. Im ersten Stock gibt es nicht weniger als vier Schlafzimmer – was auch etwaigen Gästen des Hauses zugute kommt. Im zweiten Stock hat sich der Sachbuchautor *Däniken* eingenistet: Neben seinem bequem und komfortabel eingerichteten Büro liegt der Arbeitsraum von EvD-Sekretär Willi Dünnenberger; vor allem aber der Stolz des Götterforschers – sein exzellentes Archiv.

Hier von einem Superarchiv zu sprechen, ist beileibe nicht übertrieben. Jeder, der, so wie auch ich, einmal Gelegenheit hatte, diese Sammlung von *Dänikens* Arbeitsunterlagen persönlich in Augenschein zu nehmen, wird meine Begeisterung über dieses sicherlich einmalige Archiv teilen.

Aber lassen wir hier EvD selbst zu Wort kommen, wenn er im Freundeskreis über die Qualitäten seines präastronautischen „Auffanglagers" ins Schwärmen gerät:

„Das Gehirn dieses Archivs, sozusagen die Schaltzentrale, besteht aus einigen tausend kleinen Schubladen, die alle eine Nummer haben. Wie findet man zur richtigen Schublade und zur richtigen Nummer? Dafür gibt es eine eigene Kartothek, die eine Vielzahl von Täfelchen umfaßt, wobei jedes Täfelchen durchschnittlich 30 Angaben enthält. Die ganze Kartothek besteht zur Zeit aus 2114 solcher Karten à 30 Angaben, das entspricht 63 420 archivierten Dokumenten.

Ohne diese systematische Ordnung könnte ich heute gar nicht mehr arbeiten. Der Informationsfluß aus der ganzen Welt ist derart umfangreich geworden, daß es nur noch so geht und nicht mehr wie früher nach dem Karton- oder Pappschachtelsystem.

In der Kartothek gibt es eine Abteilung mit rot beschrifteten Kärtchen, die sich auf Fotografien beziehen. Wesentlich wichtiger jedoch sind die blauen Täfelchen – sie verweisen auf die Filmnegative. Fotografien kann man verlieren, verschenken, sie können kaputtgehen – man braucht dann die Negative, um sie nachzumachen. Diese Filmstreifen sind in Begriffe wie „Felszeichnungen", „Dokumente", „Monumente", „Skulpturen" usw. untergliedert. In meinem Archiv sind ziemlich genau 14 300 Filmnegative registriert.

Den größten Teil aber machen die gelben Karten aus: Damit sind Dokumente aller Art gemeint, die für unsere Arbeit unerläßlich sind. Sie werden hier mit ihren jeweiligen Querverbindungen registriert und abgelegt. Wir archivieren übrigens in vier Sprachen. Den Großteil natürlich in Deutsch, dann aber auch in Englisch, Spanisch und Italienisch.

Und schließlich die Korrespondenz. Zur Zeit stehen wir mit 468 Professoren aus aller Welt in Verbindung. Dazu kommen sporadisch drei- bis fünftausend Interessierte aller Art. Die Gesamtsumme aller seit 1968 beantworteten Briefe liegt bei ca. 40 000. Insgesamt sind aber rund 70 000 Schreiben bei uns eingetrudelt; dies bedeutet, daß etwa 30 000 nicht direkt beantwortet wurden. Wir konnten einfach nicht – aus Überlastung. Diesen Briefschreibern haben wir meistens einen vorgedruckten Brief zusenden müssen. Überlegen Sie nur: Ich bin oft 250 Tage im Jahr nicht zu Hause, und wenn ich heimkomme, liegen da ganze Wäschekörbe voller Briefe. Alle bereits schön geöffnet und sortiert. Deshalb ist es oftmals nicht möglich, in der gerechten Frist zu antworten.

Die meisten dieser 70 000 Briefe sind vom Inhalt her

tatsächlich positiv. Aber es gibt auch unerfreuliche Schreiber, einige drohen mir sogar. Dafür habe ich dann eine extra Abteilung im Archiv: die Drohbriefschublade. „Der Erzengel Michael wird Sie mit dem Schwert durchbohren, wenn Sie so weitermachen!" hat mir einer geschrieben. Ein anderer meinte ganz kurz: „Nun fahren Sie endlich zur Hölle!" Ich bin seiner Aufforderung bis heute nicht gefolgt.

Ein Kapitel für sich ist schließlich die Presse. In diesem Archiv sind bis heute knapp 45 000 Presseausschnitte registriert. Da das Ausschnittbüro mich lediglich mit deutschen und angelsächsischen Veröffentlichungen beliefert, dürfte die Gesamtzahl weltweit eher über als unter 100 000 liegen.

45 000 Ausschnitte! Was ist da alles zusammengeschrieben worden! Wieviel Unsinn, wieviel Wahrheit! Über das Positive freut man sich natürlich, man ist geschmeichelt, gebauchpinselt; über das Negative kann man sich ärgern. Und natürlich ergeht's mir wie Ihnen: Ich frage mich auch oft, wie denn eigentlich diese negativen Pressemeldungen zustande kommen – speziell dann, wenn's in einem Land längere Zeit durch die Bank negativ klingt.

Dafür gibt es eine Reihe von Gründen:

Meine Bücher sind keine wissenschaftlichen Schriften. In voller Absicht habe ich diese Bücher populär gehalten und sie nicht in wissenschaftlicher Manier vorgestellt. Die Bücher sind oft provokativ geschrieben. Und wenn jemand eine Theorie so vorstellt, wie ich es tue, dann soll er ja nicht erwarten, jetzt gleich von der ganzen Welt umarmt, geküßt und hochgejubelt zu werden. Wir leben zum Glück in einer Demokratie, wo die gegenteilige Meinung geachtet wird.

Mir persönlich sind kritische Leser auch lieber als gläubige Anhänger. Trotzdem gibt es natürlich auch für den Journalisten einige Kriterien."

Soweit *Erich von Däniken* im Zusammenhang seiner Archiv-Vorstellung.

In der Nacht zum Montag, dem 27. August 1979, loderten im Parterre seines Hauses die Flammen!

Erich von Däniken sowie sein Sekretär *Willi Dünnenberger* befanden sich zu diesem Zeitpunkt auswärts, waren eingeladen. Im Westtrakt der Villa schliefen während dieser Zeit EvDs Gattin und Tochter Cornelia sowie eine Hausangestellte.

Starker Rauchgeruch riß gegen 1.15 Uhr früh die Hausbewohner aus ihren Träumen. Zu ihrem Entsetzen sahen sie den Fluchtweg versperrt. Das Feuer war nämlich im Korridor ausgebrochen; das Treppenhaus daher unpassierbar.

Zur Hilfe gerufene Nachbarn besorgten eine Sprossenleiter, und vom Balkon der Villa aus gelang es den drei Hausbewohnern, sich in Sicherheit zu bringen.

Dienstag, 28. August 1979, meldeten die „Solothurner Nachrichten" Ergänzendes zu dem Villenbrand:

... Zur Bekämpfung des Brandes rückten das alarmierte Pikett der Ortsfeuerwehr Feldbrunnen und der angeforderte Gasschutz der Stützpunktfeuerwehr Solothurn aus. Das im Parterreteil ausgebrochene Feuer konnte verhältnismäßig rasch gelöscht werden. In sämtlichen Räumen dieser Etage entstanden trotzdem massive Gebäude- und Mobiliarschäden. Hitze- und Rußeinwirkung führte ebenfalls zu Folgeschäden in den oberen Stockwerken. Das unersetzbare Archiv und die wertvolle Bibliothek wurden glücklicherweise vom Brand nicht betroffen.

Die Kantonspolizei konnte die Brandursache abklären. Altersbedingte Rißstellen im Cheminee-Kaminmauerwerk ließen Hitze und Gluten in den Zwischenboden austreten und setzten in diesem das Holzwerk in Brand.

Man kann sich lebhaft vorstellen, wie geschockt *Erich von*

Däniken war, als er mit seinem Sekretär gegen zwei Uhr morgens in die „Villa Serdang" zurückkehrte und dort die Feuerwehr vorfand.

Die Renovierungsarbeiten im Parterre des Hauses dauerten rund ein halbes Jahr, und wenn EvD auch vorsorglich das Inventar seiner Wohnräume hatte versichern lassen, so waren die durch den Brand erlittenen Verluste dennoch beträchtlich. Reiseandenken, die der Hausherr aus aller Welt mitgebracht und mit denen er den Korridor im Untergeschoß attraktiv ausgestattet hatte, waren unwiederbringlich dahin. Das Feuer vernichtete seltene Masken. Holzfiguren, Indianerpfeile oder die rätselhaften Kachina-Puppen – alles Souvenirs von ideellem Wert, um die *Däniken* heute noch trauert.

EvD bewohnt die „Villa Serdang" in der Baselstraße 10 im übrigen nicht allein. Der Osttrakt des Gebäudes ist Wohnstätte von *Dänikens* älterer Schwester *Leni*, die auf eine langjährige Ehezeit mit Dr. *Jules Huggenberger* zurückblicken kann. In seiner Obhut fühlen sich die *Dänikens* allesamt geborgen. Kein Wunder: Dr. *Huggenberger,* ein überaus fröhlicher, unterhaltsamer Zeitgenosse, ist immerhin Kommandant der Solothurner Kantonspolizei.

Gerne denke ich an das offizielle Einweihungsfest in „Serdang" zurück, das EvD über drei Tage, vom 18. bis 20. August 1978, in seinen behaglichen Räumlichkeiten hatte abrollen lassen. Eingeladen waren etwa zwanzig Personen, durchweg Menschen, mit denen *Däniken* seit Jahren in freundschaftlicher Verbindung steht. Und als Gastgeber braucht sich der Hausherr nicht zu verstekken. Offenbar hat er auch einen „heißen Draht" zu St. Petrus, denn in jenen Augusttagen herrschte durchgehend sonniges, freundliches Gästewetter. Wir tummelten uns tagsüber in dem riesigen Garten der Villa, spielten Fußball oder grillten uns ein paar kulinarische Köstlichkeiten, und auch aufs Feucht-Fröhliche wurde nicht vergessen. Dafür sorgte schon *Erich von Dänikens* Weinkeller, in dem es jede Menge spezieller Bordeaux-Sorten zu verkosten gibt.

Eine Überraschung hatte sich EvD aufgespart – und sie gelang ihm perfekt. Am zweiten Tag unseres Aufenthalts in der „Villa Serdang" (in der wir selbstverständlich auch nächtigen durften), brachte uns ein Autobus in die Ortschaft *Däniken*. Die gibt es tatsächlich, und von dort stammen auch EvDs Vorfahren. In *Däniken* befindet sich nämlich ein Atomkraftwerk, das damals, im August 1978, noch nicht in Betrieb stand. Wie immer man zum „heißen Eisen" Atomkraft stehen mag – die Führung durch das Werk, die EvD sozusagen für uns außertourlich arrangiert hatte, war jedenfalls ein interessantes Erlebnis für alle Beteiligten.

Was Erich von Däniken ein paar Seiten zuvor über sein Superarchiv berichtet hat, können die Gäste, die sich in jenen Augusttagen oft genug in jenem Raum getummelt haben, nur bestätigen. EvDs Buchbearbeiter *Utz Utermann* titulierte das Archiv respektlos als „Hausapotheke". Er meint das aber absolut positiv. Sein Kompliment gilt zu gleichen Teilen dem Hausherrn wie auch *Dänikens* engstem Mitarbeiter seit 1973 – *Willi Dünnenberger*. Utermann ist vor allem von der Präzision, mit der bei *Erich von Däniken* gearbeitet wird, beeindruckt. Und dieser wiederum weiß sehr wohl den Ordnungssinn seines Sekretärs zu schätzen. Heute kann sich EvD zu seinem guten „Riecher", als er sich vor sieben Jahren für den damals erst 19jährigen, kaufmännisch ausgebildeten *Dünnenberger* entschied, mit Recht gratulieren. Willi ist der Prototyp eines tüchtigen Sekretärs. Darüber hinaus ist er – im Dienste *Dänikens* geradezu eine Voraussetzung – ein echter Allroundman, der seinem Auftraggeber in jeder (manchmal auch kritischen) Situation hilfreich zur Hand geht, und den man im Rahmen seines weitgesteckten Aufgabengebietes noch als einen der wenigen existierenden Idealisten bezeichnen kann. – Mangelware in unserer sonst so wenig erfreulichen Zeit.

Erich von Däniken hatte, bevor Willi Dünnenberger, ein gebürtiger Schaffhausener, zu ihm stieß, schon mehrere Versuche mit Mitarbeitern unternommen – war aber nie ganz zufrieden. So inserierte er 1973 eben neuerlich und hoffte auf ein gutes Echo.

Vor mir liegt jene Zeitungsanzeige, die den weiteren Lebensweg *Dünnenbergers* bestimmen sollte. Ihr Wortlaut:

Sie dürfen so jung oder alt sein wie Sie sich fühlen und ein Geschlecht haben, das Ihnen angeboren ist. Sie sollen meine Deutsch- und Englischkorrespondenz (vorwiegend nach Diktat) erledigen, meine neue Registratur (eine gemütliche, interessante Galeerenarbeit) einrichten, und langsam zu meiner unentbehrlichen rechten Hand aufrücken. Sie werkeln nur mit Ihrem Chef im Büro und dieser, ein umstrittener Schriftsteller, ist meist auf Reisen.

Geduld, Kombinationsgabe und Ehrlichkeit mag ich an Ihnen besonders.

Wir arbeiten in der 37-Stunden-Woche. Neuzeitliche Entlöhnung und drei Wochen Ferien im ersten Jahr ist Ehrensache. Stellenantritt nach Vereinbarung. Schreibmaschinen-Offerten sind mir angenehmer als unleserliche Handschriften. Bitte mit Foto an:

Erich von Däniken, 8906 Bonstetten . . .

Sieben Jahre nach diesem Inserat ist es nicht übertrieben, wenn man behauptet: Dieser *Willi Dünnenberger* muß als Haupttreffer für seinen reisefreudigen Chef angesehen werden. Er hat bisher all das gehalten, was sich *Däniken* auf seiner seinerzeitigen Suche nach einem tüchtigen Sekretär versprochen hatte. Seine insgeheimen Hoffnungen wurden in jeder Weise erfüllt.

1969 war auch bei mir „Rhythmuswechsel". Es kam zum ersten Briefwechsel mit *Däniken*. Seit seiner spektakulären Verhaftung auf dem Flughafen Wien-Schwechat, Monate zuvor, hatte ich mich für diese undurchsichtige Affäre lebhaft interessiert. Ich war damals Redakteur einer (inzwischen selig entschlafenen) Wiener Tageszeitung. EvD war für mich ein unbeschriebenes Blatt, ich hatte mit ihm – sieht man davon ab, daß ich sein erstes Buch gelesen hatte – keinerlei Kontakt. Mir ging es auch gar nicht so sehr um *Dänikens* Unschuldsnachweis, vielmehr rätselte ich, wie meine Kollegen, über die tatsächlichen Beweggründe seiner Festnahme.

– Gab es religiöse, geschäftliche oder persönliche Aversionen?

– Warum schwiegen die Schweizer Behörden so beharrlich?

– War es wirklich notwendig gewesen, nicht termingerecht bezahlter 6000 Franken Kurtaxe wegen die Interpol auf den Davoser Hotelpächter zu hetzen?

Erich von Däniken beteuerte im Wiener Untersuchungsgefängnis seine Unschuld. Er verlangte, endlich an die Schweizer Gerichtsbarkeit ausgeliefert zu werden, und er beteuerte dies auch in jenem handgeschriebenen Brief, den er mir aus der Zelle des Landesgerichts zustellen ließ. Kurz vorher hatte ich dem (mir damals persönlich unbekannten) Inhaftierten die Ausgabe jener Zeitung mit dem von mir verfaßten Artikel zukommen lassen, in dessen Titelzeile ich die Frage stellte: „Kampagne gegen Bestsellerautor?"

„Meine gegenwärtige Lage ist für mich katastrophal", schrieb *Däniken* und: „Ich darf Ihnen ehrlich versichern, daß mir vom Davoser Untersuchungsrichteramt bitteres Unrecht angetan wird . . . Als ich von dieser Anzeige hörte, glaubte ich zuerst ernsthaft an einen Scherz. Das konnte einfach nicht sein! Ich hatte meine, mit dem Kurverein ausgemachten Ratenzahlungen, ständig eingehalten. Zudem hätte ja dann ein Viertel der Davoser Hoteliers angezeigt werden müssen!"

Ich will hier nicht nochmals alle Einzelheiten der unrühmlichen Affäre um Däniken anführen. (*Erich von Däniken* wird dieses selbst am Ende dieses Buches tun: „So war es wirklich".) Jedenfalls brach mein schriftlicher Kontakt mit dem Schweizer Götterforscher vorerst ab. *Däniken* wurde, das ist bekannt, an die Schweiz ausgeliefert, ein Jahr später kam es in Chur zu jenem aufsehenerregenden Prozeß, den ich – was seinen Verlauf betraf – als einen der bisher letzten „Hexenprozesse" bezeichnen möchte. *Erich von Däniken* wurde zu dreieinhalb Jahren Zuchthaus verurteilt und sodann in die Strafanstalt Regensdorf bei Zürich überstellt.

Dort erreichte den prominenten Häftling mein zweites Schreiben.

Schon seit Jahren – dies unabhängig von *Dänikens* Interessen – beschäftigte mich das Thema „Götter-Astronauten". Eine erste Abhandlung, origineller weise die Deutung des *Ezechiel*-Berichtes aus dem Alten Testament, hatte ich in einer Science-fiction-Zeitschrift bereits 1967 veröffentlicht und diesen Artikel – gemeinsam mit meinem Zeitungsbericht – *Däniken* im Januar 1969 in seine Wiener Untersuchungshaft senden lassen. Aus dem kleinen *Ezechiel*-Artikel war inzwischen ein Manuskript von etwa 180 Seiten geworden. Es enthielt neben der Geschichte des Bibelpropheten auch Deutungsversuche anderer Episoden aus dem Alten Testament, ja sogar eine *Jesus*-Hypothese. „Gott kam von den Sternen" hieß das 1969 erschienene Bändchen, das ich gemeinsam mit einem neuerlichen Brief, datiert mit 17. September 1970, nach Regensdorf sandte. Kaum eine Woche später hielt ich *Dänikens* Antwortschreiben in Händen. Es trug das Datum vom 20. September. Ausdrücklich erteilte mir der Götterforscher darin die Genehmigung, seine Gedankengänge – wenn notwendig und brauchbar – nach Gutdünken zu verwerten.

„ . . . Seien Sie versichert, daß ich keinen Gedanken an

‚Konkurrenz' oder ähnliches habe. Das ist für mich blanker Unsinn. Sie können auch von mir übernehmen, was Sie brauchen und wozu Sie Lust haben, sei's aus den vergangenen Büchern, sei's aus den kommenden, oder sei's aus unseren kommenden Gesprächen. Von MIR (Großschreibung stammt jeweils von EvD. Anm. d. Verf.) gibt's nie so etwas wie ‚Plagiatsanzeige'. Das sind Kindereien, welche für Männer, die ‚gleichgeschaltet' sind, keinen Platz haben. . . . Schlagen Sie sich deshalb DIESE Sorgen getrost aus dem Kopf. Und wenn immer jemand munkelt: ‚Das hat er von *Däniken'*, so lachen Sie ihm ins Gesicht, und antworten Sie: ‚*Däniken* ist mein Freund!' . . ."

Offen gebe ich zu, meinem Schweizer Briefpartner das Bändchen „Gott kam von den Sternen" (ein Extrakt des erst fünf Jahre später erschienenen, gleichtiteligen Buches. Anm. d. Verf.) nicht ganz selbstlos zugesandt zu haben. Ich machte mir vielmehr Hoffnungen, *Erich von Däniken* ein Vorwort „abluchsen" zu können. Dazu hatte ich mir eine kleine List ausgedacht. Jenes Vorwort nämlich, das in dem Bändchen enthalten war, fand schon längst nicht mehr meinen Beifall. Gleiche Reaktion erhoffte ich mir auch aus Regensdorf. Mein Wunsch fand Gehör. In erwartet deftiger Weise reagierte EvD in seinem zweiten Schreiben vom 2. November 1970. Er hatte meine Arbeit gelesen und meinte dazu:

„ . . . Grundsätzlich mein Kompliment: Sie haben hier einige prächtige Sachen geboten . . ."

Dann kam, was ich lesen wollte:

„ . . . Vollkommen überflüssig bis unsympathisch fand ich Ihre gesamten ‚vorwörtlichen' Erklärungen. Lauter Entschuldigungen, weshalb Sie etwas tun – wo überhaupt keine Entschuldigungen nötig sind! Erklärungen, wen Sie NICHT treffen wollen – wo Sie doch exakt diejenigen treffen! . . ."

Mein Samenkorn war auf fruchtbaren Boden gefallen,

jetzt mußte ich nur noch abwarten, bis die Saat aufgehen würde.

Was mir damals an *Erich von Däniken* gefiel, war dessen entwaffnende Ehrlichkeit. Keine Höflichkeitsfloskeln, wie „An Ihrer Stelle hätte ich das Vorwort etwas anders formuliert, bla bla, bla bla . . ." Statt dessen wenig schmeichelhafte Worte, die mich aber in keiner Weise verletzten. Im Gegenteil: Diese Offenheit, diese Ungeschminktheit imponierten mir. *Däniken* schrieb einfach seine Meinung. Er beschönigte nichts. Er lobte, was ihm gefiel; er tadelte, was ihm zuwider war.

So ist der Schweizer bis zum heutigen Tag geblieben: Offen und unbequem. Wahrscheinlich der Hauptgrund, warum es zu seiner Person, seinem Thema keine „Lauen" gibt. Nur bedingungslose Befürworter und unerbittliche Gegner.

Die Saat ging auf. *Dänikens* drittes Schreiben erreichte mich am 11. Februar 1971. Längst waren die 180 Seiten meines selbstverlegten Bändchens auf mehr als 300 Seiten angewachsen. Das Manuskript lag gerade beim Münchner Herbig-Verlag. Ich hatte EvD darüber berichtet – und gehofft. Er schrieb:

> „ . . . berichten Sie, daß eventuell *Herbig* Ihr Buch annimmt . . . Nun frage ich mich, ob es Ihnen – Herr *Krassa* – nützlich wäre, wenn ich zu Ihrem Buch ein Vorwort schreibe . . ."

Bei *Herbig* ging's letztlich schief und es dauerte weitere dreieinhalb Jahre, ehe „Gott kam von den Sternen" tatsächlich in den Buchhandlungen war. Aber *Däniken* blieb bei seiner Zusage: Er schrieb sein angekündigtes Vorwort.

2

FREUNDSCHAFT IST KEIN LEERES WORT

Er selber leugnet es stets entschieden: Er sei nicht reich, wie man ihm gerne andichte. Er habe aber genug Moneten, um sein Leben leben zu können. *Erich von Däniken* übt sich als Tiefstapler. Er wird wissen warum.

Sicher ist jedenfalls, daß ihn seine 45 Millionen Bücher, in aller Welt verlegt, zum Millionär gemacht haben. Und er wäre kein lupenreiner Schweizer mit dem Sinn fürs Praktische, wenn EvD es nicht verstanden hätte, seine „Piaster" gewinnbringend anzulegen. Aktien, Grundstücke, Depots – wie man das halt so macht.

Wer Geld hat, braucht für üble Nachrede nicht zu sorgen. Die kommt von allein. Also hört man über *Däniken*, er sei geizig, sein Trachten und Streben sei einzig auf die Vermehrung seines Bankkontos ausgerichtet. Ideale seien ihm fremd, seine Astronautengötter Bluff. Er schreibe nur des Geldes wegen.

Erich von Däniken fällt jedoch aus der Art. Er hat genug zum Leben und noch einiges mehr auf den Bankkonti – aber Großzügigkeit wird bei ihm nie klein geschrieben. Er hilft, wo er kann – und das gerne. Nicht nur Freunden oder Nahestehenden. Und er hilft spontan. Spontaneität gehört zu seinem Wesen.

Als er 1968 im sowjetischen Gegenstück zum „Reader's Digest", dem Magazin „Sputnik", einen Report über den Fund geheimnisvoller Steinteller im chinesischen Grenzgebiet von Bayan-Kara-Ula las, und davon, daß der russische Prähistoriker *Alexander Kasanzew* einiges darüber wisse, griff er zum Telefon, bestellte ein Flugticket – und war wenige Tage später bereits bei *Kasanzew* in Moskau zu Gast.

Beachtet *Erich von Däniken* die großen Dinge, so läßt er auch die kleinen nicht links liegen.

Irgendwann war er per Auto in Zürich unterwegs. Da sah er eine alte, armselig gekleidete Frau in Abfallkübeln wühlen. Das Weiblein suchte nach Verwertbarem, wo der Wohlstand entrümpelte. *Däniken* reagierte sofort. Auf die Bremse steigen, aus dem Auto springen, war Werk eines Augenblicks. „Hier, Oma, nimm das und kauf dir ein paar schöne Sachen", sagte er ohne Übergang und drückte der verdutzten Alten einen Hundertfrankenschein in die runzelige Hand. Zum Dankeschön-sagen kam das Weiblein nicht mehr, da war ihr Gönner bereits über alle Berge.

„Er ist einfach so", sagt *Dänikens* Sekretär, *Willi Dünnenberger*. Er weiß die Großzügigkeit seines Chefs wohl zu schätzen, übersieht dabei aber auch die Kehrseite nicht. „Das ist leider eine seiner kleinen Schwächen", urteilt der geborene Schaffhausener, „daß *Erich* mit Geld nicht sehr gut umgehen kann. Besser gesagt: Daß er kein sparsamer Typ ist".

Dänikens Freigebigkeit, an die er niemals Bedingungen knüpft, kann sich für ihn aber auch als Bumerang erweisen. Buchbearbeiter *Utz Utermann* weiß davon ein Liedchen zu singen. „Wer es darauf anlegt, kann *Erich* ausnehmen wie eine Weihnachtsgans, was leider ja auch schon geschehen ist." Sucht man also bei dem Schweizer nach Fehlern, hier sind sie (unter Anführungszeichen): Großzügigkeit und Gutmütigkeit. Beides verträgt sich nicht immer. *Utermann:* „Aber vielleicht gehören diese

‚Achillesfersen' zu seinem Wesen. *Erich* wäre nicht der, der er ist, wenn es anders wäre."

Zu den Menschen, die EvD näher kennen- und schätzengelernt haben, gehört natürlich auch sein Verleger, *Erwin Barth von Wehrenalp.* Der Econ-Boß sieht sogar Pluspunkte bei *Dänikens* Schwachstellen.

„Ich halte EvD für einen Menschen, der wie jeder Schweizer sehr genau weiß, was ein Fränkli wert ist. Auf der anderen Seite habe ich aber selten jemanden getroffen, der in Gelddingen so großzügig zu seiner Familie und zu seinen Freunden ist, wie er. Gerade für seine Freunde tut *Däniken* mehr als sie überhaupt von ihm erwarten dürften."

Oder, wie das der Brasilianer *Eduardo Chaves* schwärmerisch beschreibt: „*Erich* ist für mich ein Meister des Lebens. Er weiß dieses Leben zu genießen so wie es ist – und läßt es auch andere leben."

Mag sein, daß so mancher diesen *Däniken* als Verschwender klassifiziert, ihn als leichtsinnig bezeichnet. Wer dies tut, kennt ihn nicht wirklich, hat des Schweizers Lebensstil nie begriffen. „Der Sinn des Geldes liegt nicht darin, es zu horten", sagt EvD, „sondern einzig und allein in dem Vermögen, es zweckentsprechend auszugeben". Allen Rücklagen zum Trotz, die sich der Götterforscher angelegt hat – „Es muß immer soviel dasein, daß ich davon ein Jahr gut und bequem leben kann", ist seine Maxime –, dient seine Brieftasche vorwiegend als „Durchzugsstation". *Dänikens* Forschungsarbeit – wie immer man dazu stehen mag – kostet einiges. Aber daß der Millionenautor (was Bücher wie Tantiemen anlangt) mit einigem Stolz darauf verweisen kann, alle geographischen Punkte dieser Erde, auf denen er Götterspuren vermutet, persönlich besichtigt zu haben, ist seiner eigenwilligen Ansicht über den Gebrauch des Geldes zu danken.

Seine Familie hat er keinen Augenblick vergessen.

Falls ihm – was bei seinen ausgedehnten Reisen ja durchaus möglich wäre – eines Tages etwas zustoßen sollte, brauchen Gattin *Ebet* und Töchterchen *Lela* gewiß nicht am Hungertuch zu nagen. Denn schon zu Lebzeiten hat er ein nicht alltägliches Abkommen getroffen. Sämtliche Einnahmen aus dem Verkauf leinengebundener Däniken-Bücher in Amerika (das Hauptgeschäft macht man drüben mit Taschenbüchern), fließen automatisch auf das Bankkonto seiner Frau. Sie hat darüber völliges Verfügungsrecht, der Hausherr kümmert sich darum keinen Pfifferling. Kleinlich, oder?

Gewiß nicht, befindet auch *Walter Ernsting*. Dies aus Erfahrung. „Seine Großzügigkeit hat *Erich* mehr als einmal unter Beweis gestellt – das nicht nur bei mir, sondern auch anderen, sogar Fremden gegenüber. Es ist nun mal so, daß *Däniken* an seinem Wohlstand, den er durch den Erfolg seiner Bücher errungen hat, auch andere Menschen selbstlos teilhaben läßt. Geizig ist er wirklich nicht, und soweit es meine persönlichen Erfahrungen betrifft, hat sich *Erich* bisher immer als guter, treuer und zuverlässiger Freund erwiesen."

Sein Drang zu helfen, wo es nötig ist, hat *Däniken* des öfteren in ernste Schwierigkeiten gebracht. Und wie es *Ernsting* erwähnte: EvD hilft ohne Einschränkung. Auch Fremden. Er lebt nicht neben dem Mitmenschen her, er nimmt Anteil an seinen Problemen. Das ist nicht gleichbedeutend mit „aufdrängen", sondern Hilfeleistung dort, wo sie wirklich nützt.

Es war während *Dänikens* strapaziöser Tour durch Pakistan. Unterwegs – mit unfreiwilligen Umwegen ohne Zahl – nach Quetta. Genau dorthin wollte auch ein deutsches Ehepaar. Die jungen Leute, sie heißen *Bultmann,* hatten die Fahrt über das sonnendurchglühte, überschwemmte Land offenbar mit einer Vergnügungsreise verwechselt. Hatte es EvD weder an Geld, Zeit und Vorbereitung fehlen lassen, um sich und seinem Begleiter

Willi Dünnenberger die Reise so erträglich wie möglich zu machen, so rückten die deutschen Touristen recht „unbelastet" an: Im weißen Mercedes und mit 'nem schwarzen Terrier als Maskottchen.

Däniken war fassungslos, dann aber machte er für die *Bultmanns* das Beste draus und lud sie ein, sich seinem Range Rover anzuschließen. Gesagt, getan. Zunächst ging alles glatt. Was man in diesen Breiten schon „glatt" nennen konnte.

Zunächst rollte der Konvoi von zwei Fahrzeugen am Indus entlang, Richtung Sukkur. Die frohe Stimmung bei den *Bultmanns* schwand. Man wurde des Elends im Gebiet von Belutschistan ansichtig. Auf 326 000 Quadratkilometer Fläche der beiden Provinzen Quetta und Kalat leben 1,1 Millionen Menschen. Viele Nomaden sind darunter. Jetzt sah das reisefreudige Quartett die Folgen der alljährlichen Naturkatastrophe. Autos und Ochsenkarren umgekippt in Wasser und Schlamm. Hab und Gut der Armen schwamm auf den Fluten, denn der Indus war einmal mehr aus seinen Ufern getreten. Die Betroffenen nahmen es apathisch hin und der grauverhangene Himmel vergoß seine Tränen.

Von Quetta aus ging es übers Gebirge. Alle zehn Minuten wurde die Autokarawane von schwerbewaffneten Militärposten gestoppt und die Pässe kontrolliert. Vorsicht war geboten, Räuberbanden machten die Gegend unsicher. Dann lag das Gebirge hinter ihnen, die Wüste stand der Gruppe bevor. Ab jetzt wurde die Straße zur Piste, der Boden zu einem Wellblechband. Zwischen den Wellen nur 15 bis 20 cm Abstand. Man war gezwungen, mit etwa 60 Stundenkilometern Tempo zu machen, um überhaupt weiterzukommen.

Was jetzt schwierig schien, erwies sich später als geradezu ideal. Denn erst jetzt begannen die Probleme. Vor allem für das Ehepaar *Bultmann*. Ihr Mercedes streikte. Reifenpanne. Nichts leichter als das – dachte der praktische *Däniken*. Nur: „Wir können nicht auswechslen, wir haben kein Reserverad". EvD beschwor alle Götter. Wieso denn das?

„Wir hatten ursprünglich drei davon, haben aber dann die Reifen gegen Souvenirs eingetauscht." Begründung: Von Deutschland weg bis Pakistan hatte es ohnehin keine Panne gegeben.

Der praktische *Däniken* wußte dennoch Abhilfe. Aus seinem reichhaltigen Ersatzteillager „zauberte" er einen Spray, der Gummi in den Schlauch sprüht. Alles schien wieder mal zu klappen. *Bultmanns* Mercedes stob davon; *Dänikens* Range Rover orientierte sich an der Staubfahne. Nicht lange.

Kaum 30 Minuten später wurden die beiden Schweizer bereits sehnsüchtig erwartet. Der Mercedes ließ neuerlich die Räder sinken. Wenigstens zwei davon. Die Reifen waren defekt, der eine vorne rechts, der andere links hinten. Guter Rat war teuer. Der letzte Rest Gummispray war längst verbraucht – und noch eine Kilometerschlange bis zur iranischen Grenze. Mitten in der Wüste von Belutschistan, bei glühender Hitze.

EvD, der Praktische, tat was er konnte. Er ließ den Wagen aufbocken, um die defekten Räder abzumontieren. Beim Vorderrad ging es glatt, beim Hinterrad brach *Dänikens* Kreuzschlüssel. Es saß fest. Man tröstete die Deutschen. Er würde mit *Willi* und dem einen Rad vorausfahren, im Grenzort Taftan eine Werkstatt suchen, das Rad dort reparieren lassen und dann zurückkommen, sagte *Däniken*. Dann überließ er den Gestrandeten alle Getränke und einige Lebensmittel, drückte Herrn *Bultmann* seine Gaspistole in die Hand, verriet ihm deren Gebrauch – und machte sich mit Begleiter *Dünnenberger* auf den Weg.

In Taftan kam die Ernüchterung: Keine Werkstatt, keine Hilfe. Also mußten sie weiter. Über die iranische Grenze nach Zahedan. Gut 86 Kilometer Weg. Und EvD-

Sekretär *Willi* bekam Fieber. Das Thermometer zeigte 38,7°. Sein Chef erkannte die Ursache: Stauballergie.

Dann endlich doch: Zahedan war erreicht. Erster Weg ins Hotel. Waschen, baden, Körperpflege. Der fiebrige *Dünnenberger* wurde ins Bett gesteckt. Vollgepumpt mit Tabletten und heißem Tee. *Däniken* – jetzt wieder zivilisiert aussehend, fuhr mit dem Taxi sämtliche Garagen ab. Er bat um Hilfe, winkte mit Schmiergeldern, überall freundliche Reaktion, nur: niemand war bereit, in die pakistanische Wüste – wo die *Bultmanns* steckten – zu fahren. Man befand sich ja auf iranischem Gebiet. *Däniken* war stocksauer. Ihm war klar, nun mußte er selbst den langen Weg allein zurückfahren, um dem festsitzenden Ehepaar zu helfen. Trotz Fiebers wollte auch sein Sekretär nicht untätig bleiben. Dann klingelte das Telefon. An der Strippe: *Frau Bultmann*. Fünf junge Franzosen, mit ihrem Wohnwagen unterwegs, hatten die Reifen der *Bultmanns* repariert. So kam das Pärchen über die iranische Grenze. Leider nicht viel weiter – wieder zwei Plattfüße am Wagen. Ein mitleidiger Pakistani nahm die Frau nach Zahedan mit. Alles in Butter. *Däniken* eilte in eine Werkstatt, kaufte vier Schläuche und zwei Reifen, „schmierte" dem Garagenbesitzer 200 Rial, und dieser fuhr ohne Zögern mit Frau *Bultmann* in die Wüste. Zurück zum ausharrenden Gatten.

Eine kleine Episode am Rande einer großen Reise. Doch widerspricht nicht dieser Samariterdienst dem Vorurteil vom „geizigen *Däniken*"? Das ist nicht der Versuch, den Götterforscher zu „rehabilitieren". Es gibt nichts zu beschönigen, weil feststeht: So war er schon immer, der *Erich*, als Junge ebenso wie später als Jugendlicher. Beispiele? Bitte sehr!

Mit 14 Flegeljahren wurde *Erich von Däniken* Mitglied des College Saint-Michel in Fribourg. Der strenge Vater hatte ihn und seinen (älteren) Bruder *Otto* in dieses Internat gesteckt. Kaum unter neuen Kameraden, bekam der

35

Knabe die Chance, sich zu bewähren. Ein Klassennachbar steckte in der Klemme. Sein Hausaufgabenheft war im Studiensaal des Internats liegengeblieben. Und das, kurz vor Beginn der Lateinstunde. Das „Corpus delicti" schnell noch zu holen, ging nicht mehr – der Abbé war schon im Anmarsch. Eine gehörige Strafe schien unausweichlich.

In diesem Augenblick betrat der Abbé das Klassenzimmer – und erschrak. Aus dem Mund des Schülers *Däniken* rann Blut. Es rann über seine Lippen, tropfte auf seine Hände, die dazu effektvolle Bewegungen vollführten. Kein Widerspruch von seiten des Lehrers, als der Bub eilig den Raum verließ. Kaum auf dem Gang, legte *Däniken* noch einen Zahn zu, rannte in den Studiensaal, steckte das vergessene Lateinheft unter die Bluse, spülte schnell noch unter einem Wasserhahn den Mund aus, und kehrte ins Klassenzimmer zurück, wo er – unter der Bank – seinem Kameraden das Heft mit den Hausaufgaben zuschmuggelte. Niemand hatte etwas bemerkt und niemand ahnte von dem Trick, den sich der Vierzehnjährige hatte einfallen lassen, um hier zu helfen.

Schon seit Kindheitstagen trägt EvD oben ein Gebiß. Davon hatte im College keiner etwas gewußt. Das kam *Erich* bei seinem Plan zugute. Er hatte heimlich das Gebiß aus dem Mund genommen und den Unterkiefer mit den eigenen Zähnen so heftig in den Oberkiefer gebissen, bis das Blut zu fließen begann. Draußen dann, im Waschraum, schob er einfach das Gebiß wieder unter den Gaumen und kehrte – unschuldig lächelnd – in seine Klasse zurück. Die Achtung seiner Mitschüler war ihm künftig gewiß. Auch einen Spitznamen hatte er seither: Papa. Nach fünf Jahren Internat nahm ihn sein Vater, auch wirtschaftlicher Schwierigkeiten wegen, wieder heraus. Nicht allein die Wirtschaft war schuld, sei offen gesagt. Auch das Fach Latein war nicht gerade Jung-*Dänikens* Stärke.

Also wurde für den Jungen eine Lehrstelle im Hotel „Schweizerhof" in Bern angestrebt und auch gefunden. Die Sommermonate vorher verbrachte *Erich,* als begeisterter Pfadfinder, am Sarner See. Da er kurz davor einen Jungfeldmeisterkurs in Magglingen mit Erfolg absolviert hatte, avancierte er im Lager taxfrei zum Organisator und Kassier.

Erich, der Papa, hatte den Beinamen „Sorgender Biber" erhalten und gehörte in Pfadfinderlager zu einer Clique von Jungen, die besonders gute Freunde waren. „Papa" war Mädchen für alles: Beichtvater ebenso wie organisatorisches Genie. Er war dahinter, daß das Lagerfrühstück pünktlich serviert wurde und mittags das Essen nie Verspätung hatte. Er betätigte sich sogar als „Mundschenk", schmeckte Gerichte ab und würzte sie mit den entsprechenden Zutaten. Erste Talentproben für die kommende gastronomische Laufbahn.

Die erwähnte Clique bestand aus vier Knaben: Papa, Pochi, Unke und „Bär". Letzterem schenkte *Däniken* seine besondere Zuneigung. Er hat nun mal eine Schwäche für die Hilflosen.

Däniken kannte das Zuhause des gutmütigen Burschen, weil er einmal bei „Bär" in dessen Dachstube, direkt über dem winzigen Wollgeschäft seiner Mutter übernachtet hatte. Viel sah nicht heraus bei deren „Wollenlädeli", und *Erich* wußte, daß sich die Frau sehr plagen mußte, um für ihren Sohn das Schulgeld aufzubringen.

Täglich, vor dem Mittagessen, gab es Postverteilung. „Bär" war da selten dabei. Diesmal aber doch. Mutter hatte ihm geschrieben. Der Bub zog sich in eine stille Ekke zurück – und kam von dort lange nicht mehr zum Vorschein. Nicht einmal zum Essen, obwohl er seinen Spitznamen „Bär" aufgrund seines unbändigen Appetits erhalten hatte.

Papa war besorgt. Er setzte sich zu seinem Freund. Wortlos reichte ihm dieser das Schreiben von zu Hause.

Mutter war das Wollgeschäft vom Hausbesitzer fristlos gekündigt worden, weil der Mietzins nicht fristgerecht bezahlt worden war. Jetzt drohte man sie auf die Straße zu setzen, und auch der Schulbesuch „Bärs" war in Frage gestellt. Wo sollte das fehlende Geld aufgetrieben werden? *Däniken* versprach Hilfe. Noch wußte er zwar nicht, auf welche Weise, doch während der Siesta, als er allein seinen Pflichten als Lagerkassier nachkam, blitzte ihm der Einfall.

Er plünderte notgedrungen die Kasse und steckte das Geld dem Freunde zu. Mit der Summe war wenigstens der fällige Zins abgedeckt. Alles weitere würde sich finden. „Bär" ahnte natürlich von nichts. Er zahlte das Geld auf der Post ein. Seiner Mutter schrieb er, *Erich* habe ihm aus der Patsche geholfen.

Die Sache blieb nicht lange geheim. Hatte *Däniken* zunächst noch die Geschäftsleute, bei denen er Nahrungsmittel für das Pfadfinderlager einzukaufen pflegte, auf später vertröstet und ihnen hoch und heilig versprochen, die noch offenen Rechnungen zu begleichen, so stolperte er schließlich über ein Päckchen Banknoten, das er – in seiner verzweifelten und aussichtslosen Lage – vom Tisch seiner Wirtsleute hatte mitgehen lassen.

Der Diebstahl flog auf, dem Untersuchungsrichter erzählte EvD jedoch, er habe das fehlende Geld aus der Lagerkasse verloren. Fünfzehn Jahre danach wurde diese Jugendsünde beim „Inquisitions"-Prozeß in Chur neuerlich breitgetreten. Erst damals erfuhr *Dänikens* Freund, auf welche Weise ihm „Papa" *Erich* aus seiner verzweifelten Lage gerettet hatte. „Bär" schrieb EvD einen späten Dankesbrief in die enge Zelle. *Erich* las ihn, nicht ohne Rührung.

Auch *Theo Bos*, *Dänikens* holländischer Freund, mit dem er vor sechzehn Jahren auf der Schiffslinie zwischen den Niederlanden und Amerika, auf der „SS Ryndam", seine Brötchen verdiente, weiß des Schweizers

Hilfsbereitschaft zu schätzen.

Damals war der heute 34jährige Devisenhändler – derzeitiger Wohnort: Zürich – als Bellboy auf der „SS Ryndam" zumeist als Brief- und Telegrammbote unterwegs gewesen. Zwischendurch brachte der Achtzehnjährige den Stewards Kaffee. So machte er *Dänikens* Bekanntschaft. Es sind schöne Erinnerungen, die ihn bewegen, und der ältere Freund *Erich* spielt darin eine hervorragende Rolle.

Bos verleugnet jedoch nicht den Wermutstropfen, den er auskosten mußte, als er EvD Jahre später – als dieser bereits ein weltgefragter Buchautor geworden war – wieder traf. Nicht daß der Götterforscher sich charakterlich gewandelt hatte, aber irgend etwas war anders geworden. Das fühlte der Holländer intuitiv, und kaum einer ist so wie er in der Lage, zwischen dem *Däniken* von einst und dem von heute Vergleiche zu ziehen.

„*Erich* war früher sehr frei und großzügig", sagt er. „Zwar ist er das auch heute noch, aber damals war er nicht nur frei und großzügig, sondern auch unbekümmert. Er gab das, was er hatte, er half dort, wo es notwendig war. Er fragte nie: ‚Ja wieso, warum?' So war er nicht nur mir gegenüber, sondern gegen alle möglichen Leute. Er machte sich immer ernsthaft Gedanken, befaßte sich mit dem Problem der anderen und versuchte irgendwie zu helfen. Sei es mit einem Brief, sei es mit einem Gespräch, sei es via Telefon."

Immer habe er sich bemüht, sich in den anderen Menschen hineinzudenken, erzählt *Theo Bos* und war damals durchaus nicht in allem mit seinem Freund solidarisch.

„Da biederten sich manchmal die unmöglichsten Typen an ihn an, *Erich* ließ sie gewähren, er versuchte stets zu helfen, zu geben. Sicher, er suchte auch das Gespräch, doch er machte das nie im Sinne des Angebers, der mit seinem Geld protzt. *Erich* hatte ja keines. Hundert Franken, das war schon viel. Fünfzig Franken, das war normal. Zehn Franken, das übliche."

Leises Bedauern schwingt in den Worten mit, wenn *Bos* damals mit heute vergleicht. Mit jenen zehn Franken Minikapital und einer halben Stunde Energie habe *Däniken* seinen Mitmenschen, die ihm ihre Sorgen anvertrauten, viel gegeben, sagt er. Auch für ihn war Erich stets der „Papa". Was hat sich geändert?

„*Erich* hatte immer Vertrauen zu den Leuten. Er vertraute dem anderen Menschen unbeschränkt. Wenn jemand anderer ihm etwas erzählte, und es klang ehrlich und begründet, dann glaubte *Erich* ihm das. Dann war er nie mißtrauisch. *Heute* macht er für Menschen, die ihn nicht näher kennen, vielleicht den gleichen Eindruck, gibt ihnen vielleicht das Gefühl eines Mannes, der sagt: ‚Keine Sorge, ich habe genug Geld. Willst du von mir fünfzig oder gar hundert Franken? Ich gebe sie dir.' Aber das ist ein anderer *Erich,* der da jetzt herumläuft. *Erich* ist konsequenter geworden und auch viel härter. Klar, er hat wenig Zeit, fast gar keine – aber das war früher nicht viel anders. Und doch gibt es Unterschiede. Wenn sich *Erich* damals um jemanden annahm, dann richtig, mit seiner ganzen Energie. *Heute* kümmert er sich natürlich auch noch um verschiedene Leute, und er hilft ihnen auch – aber viel kürzer, viel abgeflachter, viel oberflächlicher . . ."

Spricht aus diesen Worten die nostalgische Reminiszenz eines Freundes, dem der heutige *Däniken* irgendwie fremd geworden zu sein scheint? Oder hat sich der Schweizer – im täglichen Ringen mit der Umwelt – tatsächlich verändert?

Bos glaubt: „Prozeß und Gefängnis haben ihn geprägt. *Erich* ist nicht mehr der gleiche. Er ist nicht mehr so offen wie vor seinem bösen Erlebnis."

Dänikens Zurückhaltung, seine vorsichtigeren Reaktionen – es kommt nichts von ungefähr. Wie sagte doch *Utz Utermann:* ‚Wer es darauf anlegt, kann *Erich* ausnehmen wie eine Weihnachtsgans . . .' Er hat recht. Zumindest „gerupft" ist er schon einigemale geworden. Von sogenannten „guten Freunden". Sekretär *Willi Dünnenberger* erinnert sich an ein besonders krasses Beispiel.

„Da gab es einen jungen Mann – nennen wir ihn X. Y. –, der bei einer Agentur arbeitete, die Theater- und Vortragstourneen arrangierte. Auch solche für *Erich* waren darunter. Dabei lernte mein Chef diesen jungen Mann kennen. Nebenbei bemerkt, ein sehr agiler und geschickter Tourneeleiter, der *Erich* imponierte.

Als X. Y. eines Tages aus der Agentur ausstieg, machte ihm *Däniken* das Angebot, in Alleinverantwortung mehrere Europagastvorträge für ihn zu organisieren. Der junge Mann sagte sofort zu und tatsächlich klappte alles prima – nur als es dann zur Abrechnung kam (die Tournee war ja ein Erfolg gewesen), war *Erich* der Belämmerte. Jetzt stellte sich nämlich heraus, daß der auf sehr großzügigem Fuß lebende ‚Freund' (man duzte sich natürlich längst) ebenso großzügig über die Einnahmen verfügt und für den eigenen, privaten Gebrauch verpulvert hatte.

Es kam zu einem Riesenkrach, *Erich* kündigte den Exklusivvertrag und drohte mit einem gerichtlichen Nachspiel, sollte X. Y. das veruntreute Geld nicht binnen eines bestimmten Zeitraumes zurückzahlen."

Ob dies inzwischen geschehen ist, weiß *Dünnenberger* nicht mit Bestimmtheit zu sagen, nur, daß *Däniken* den jungen Mann auch später nicht ganz fallen gelassen hat.

„Irgendwie", vermutet er, „sind sie trotzallem entfernte Freunde geblieben. Sie haben sich auch da und dort getroffen. *Erich* hegt eben immer noch eine gewisse Sympathie für X. Y., wenn er auch das Vorgefallene nie ganz verziehen hat."

Dänikens Gattin *Elisabeth* fühlt sich ob solcher Vorfälle bestätigt. „Mein Mann ist sehr großzügig und er hält sehr viel von ehrlicher Freundschaft. Ich allerdings stehe einigen seiner Freunde eher reserviert, vielleicht sogar mißtrauisch gegenüber. Jeder weiß doch: Ist man prominent, hat man auch sehr viele sogenannte Freunde. *Erich* ist in dieser Beziehung zu gutmütig. Er möchte jedem spontan helfen und ist immer von dem Gefühl besessen, eine gewisse Verantwortung für solche Menschen zu besitzen. Wir hatten daheim deswegen schon endlose Diskussionen." Frau *von Däniken* seufzt. „Irgendwann verlaufen doch oberflächliche Freundschaften wieder im Sand. Er selbst gibt ja nie direkt zu, daß ich am Ende recht behalten habe, daher bleibe ich still, wenn es wieder mal passiert ist. Es hätte nachher auch keinen Wert, ihn rechthaberisch zu belehren: ‚Na, siehst du, habe ich es nicht gleich gesagt?' *Erich von Dänikens* wahrer Freundeskreis ist daher nicht übermäßig groß.

„Ich glaube, *Erich* hat nur wenig wirklich gute Freunde", befindet *Dänikens* Sekretär, der diesem Zirkel angehört. „Eben deshalb, weil hier das Verhältnis zueinander oft zu ungleich ist. Die meisten von ihnen, die sich als *Dänikens* Freunde bezeichnen, wollen lediglich von *Erichs* Bekanntheitsgrad profitieren", spricht *Willi Dünnenberger* aus Erfahrung. „Deshalb weiß *Erich* die wenigen, die zu ihm halten, dann um so mehr zu schätzen. Freunde, die nicht darauf aus sind, *Däniken* auf der Tasche zu liegen, sondern die ihn einfach mögen, die unkompliziert sind."

Geld und Freundschaft haben zwar keine unmittelbaren Gemeinsamkeiten; im Falle *Däniken* sind jedoch Zusammenhänge gegeben. Das mag daran liegen, daß der Jet-set-Reisende seine Verbundenheit mit der betreffenden Person – mangels Zeit, ihr auch andere Aufmerksamkeiten zu widmen – mit dem tiefen Griff in den Geldbeutel zu beweisen versucht. Das ist bei EvD kein Angebertum, wie man vielleicht denken mag. Er ist einfach so: Spontan und gebefreudig, ohne Einschränkungen.

So erinnere ich mich an den Herbst 1973. Das Erscheinen meines „Erstlings" stand unmittelbar bevor. Ursprünglich für September vorgesehen, hatte sich die Herausgabe meines Buches „Als die gelben Götter kamen" aus drucktechnischen Gründen verzögert.

Ich entschloß mich also kurzerhand, statt der vorgesehenen Präsentation vor den Massenmedien ein Kennenlernen zwischen Autor und wichtigen Wiener Buchhändlern zu arrangieren. Termin war Donnerstag, der 6. September, Treffpunkt das Wiener Café-Restaurant „Laterndlgrill". *Erich von Däniken* hatte ich über mein Vorhaben geschrieben, und meine Freude war groß, als er meine Einladung annahm.

Ich hatte vor, den Buchhändlern einen Vorgeschmack auf mein Buch in Form einer Dia-Schau zu geben. Da man von Luft allein nicht leben kann, vereinbarte ich mit dem Lokalinhaber außerdem ein reichhaltiges Buffet – Kostenpunkt: 500 DM – und leistete ein Drittel der Summe als Anzahlung. *Erich von Däniken* kam, mit ihm sein Sekretär *Dünnenberger,* sowie *Walter Ernsting.* Es wurde ein gelungener Abend – dann ging es ans Zahlen. Mein Griff zur Brieftasche wurde jedoch von *Däniken* unterbunden. „Laß das", meinte er nur, holte ein paar Banknoten aus dem Sakko und beglich die offene Rechnung. Mein „Dankeschön" wollte er gar nicht hören.

Eine Bagatelle für einen Millionär, werden vielleicht manche sagen. Natürlich! Ist damit aber seine spontane Handlung erklärt? Reichtum ist eine Sache, Großzügigkeit und Hilfsbereitschaft die andere. *Däniken* wußte, daß 500 DM ein tieferes Loch in mein kleines Budget reißen würden, also griff er mir helfend unter die Arme. Unaufgefordert, ungebeten. Eine Freundestat.

Freundschaft ist für EvD bestimmt kein leeres Wort. „Er läßt Freunde nie im Stich", urteilt *Willi Dünnenberger,* der sehr genau zu wissen glaubt, was sein Arbeitgeber von seinen Freunden erwartet. „Tritt ihm einer offen und ehrlich entgegen, dann mag er ihn immer. *Erich* schätzt ehrliche, offene Menschen, doch muß er stets das Gefühl haben, sich auf echte Freunde auch wirklich verlassen zu können."

Hans Neuner, Dänikens erster Begleiter auf den Weltreisen, teilt diese Ansicht. *„Erich* sagt nicht zu jedem ,Freund', er unterscheidet hier sehr konkret. Mir selber kam früher das Wort ,Freund' viel leichter von den Lippen, als etwa *Erich."* Der 36jährige Tiroler hat das gastronomische Handwerk „von der Pike auf" gelernt. *Dänikens* Bekanntschaft machte er als „Barman" im Davoser Hotel „Europe", wo auch der Pächter des Hotels „Rosenhügel" gelegentlich ein Gläschen kippte. Das war im Jahr 1965.

„Du kannst das Wort ,Freund' nicht so beiläufig aussprechen", hatte ihm damals EvD ans Herz gelegt, als sie einmal über den Begriff „Freundschaft" diskutierten. *Hans Neuner* erinnert sich an dieses Gespräch, als wäre es gestern gewesen. „Du mußt hundertprozentig von dem Betreffenden überzeugt sein", hatte ihm *Däniken* geraten und: „Du mußt ebenso davon überzeugt sein, daß er für dich ähnliches tun würde, wie du für ihn!" Dieses Gespräch, sagt *Neuner* heute, habe ihn zum erstenmal gelehrt, Unterschiede zu machen zwischen einem Bekannten, einem flüchtigen Bekannten, einem besseren Bekannten – oder eben wahren Freunden, „von denen man ja nur sehr, sehr wenige hat".

Eine Freundschaft besonderer Art hat sich auch zwischen *Erich von Däniken* und seinem Buchbearbeiter *Utz Utermann* entwickelt. Ursprünglich von Econ-Chef *Wehrenalp* engagiert, *Dänikens* Manuskripte druckreif zu machen – was zunächst nicht immer auf des Schweizers Beifall stieß –, sind Autor und Bearbeiter heute ein Herz und eine Seele.

„Unser Kontakt ist sehr eng", freut sich *Utermann.* „Selbst wenn *Erich* in den USA, in Südamerika, Kanada, Australien oder wo auch immer weilt, stehen wir in dauerndem Briefkontakt. Die Postverwaltungen, die die Gespräche via Telefon vermitteln, können sich in unserem Fall beträchtlicher Gebühren erfreuen." Nachdenklich philosophiert er: „Apropos Freunde: Ich finde, daß diese so kostbare Vokabel heutzutage viel zu leicht über die Lippen geht. Wenn ein Mann in seinem Leben drei Freunde findet, auf die er sich bedingungslos verlassen kann, dann ist er reich belohnt. Eine solche Freundschaft verbindet *Erich* und mich. Seit *Erich* 1968 zum erstenmal bei mir war, hat sich nichts an ihm geändert. Damals – ich habe das erst erfahren, als ich für das Buch ,Das seltsame Leben des *Erich von Däniken*' recherchierte – drückten ihn Sorgen. Ich habe es ihm nicht angemerkt. Er war bei seinen Ideen, die er mir vortrug, und die überdeckten einfach alles."

Utermann plädiert dafür, die wenigen Zeitgenossen, die noch fähig seien, sich einer Sache dermaßen hinzugeben, „unter Denkmalschutz" zu stellen. Solche Outsider, große Leute, „die etwas bewegen", seien im Aussterben begriffen, trauert er. *Utermann* setzt, was die Männerfreundschaft anlangt, Maßstäbe. „Sie funktioniert nur dann, wenn sich Freunde *alles* sagen können. *Erich* und ich sagen uns Angenehmes und Unangenehmes." Am wesentlichsten für die Erhaltung einer solchen Freundschaft sieht der Däniken-Bearbeiter den Humor. „Humor, das ist das Fundament; Humor, der nicht auf Kosten anderer geht, sondern gelegentlich auch das eigene Image ankratzt. Diesen Humor hat *Erich* in unbeschränktem Maß." Er, *Utermann*, könne jedenfalls mit keinem Menschen wirklich befreundet sein, der nicht ein gehöriges Maß an Humor aufzuweisen habe. „Ein Mann muß imstande sein, augenzwinkernd neben sich selbst stehen zu können. *Erich* kann das."

Utz Utermann (den Spitznamen „Utz" hat er aus der Schulzeit) erinnert sich gerne an die Stunden gemeinsamen Werkens. Sehr viel Zeit dafür bleibt leider nicht. *Däniken* ist ja den Großteil des Jahres auf Reisen. So gilt es, die wenigen Wochen seines „Heimaturlaubs" zur Fertigstellung des Buchmanuskriptes zu nützen. Abwechselnd trifft man sich dann in Feldbrunnen oder Roggersdorf.

„Aber wenn auch hart gearbeitet wird", schränkt *Utermann* ein, „so bleibt doch immer noch genügend Zeit, zwischendurch herzhaft zu lachen, daß die Wände wakkeln. Intensive Arbeit, jawohl, doch mitten drin scheppert es. Tierisch ernst – das gibt's bei uns nicht." Vorteilhaft bei diesem Teamwork ist natürlich, daß *Utermann* und *Däniken* sich im Laufe der Jahre prächtig aufeinander eingespielt haben. Da genügt es völlig, wenn einer von beiden einen Satz „antippt", schon weiß der Partner restlos Bescheid. „Wir könnten", sagt *Utermann*, „wenn's sein müßte, sogar in Chiffren reden".

Solch geistige Verbundheit zweier Menschen ist nichts Ungewöhnliches. Auch *Walter Ernsting*, der Science-fiction-Autor, empfand ähnliches, als er mit *Däniken* Kontakt bekam. Erst geschah dies brieflich, am 16. Juli 1968 – kurz vor EvDs letzter Reise vor seiner Wiener Verhaftung – kam es zur ersten persönlichen Begegnung. *Ernsting* heute: „Ich erinnere mich noch genau: *Erich* kam mit einem grauen oder blauen, auf jeden Fall aber uralten VW angeknattert. Damals wohnte ich noch in Salzburg. *Däniken* hatte sich das Auto geliehen. Wir begrüßten uns wie alte Freunde, obwohl unsere bisherige kurze Bekanntschaft lediglich auf zwei freundlichen Briefen beruhte, die *Erich* stets postwendend beantwortet hatte."

Ernsting führt diese sofort spürbare Harmonie „auf die Gleichheit der Gedanken und Auffassungen" zurück, „die eben diesen Eindruck entstehen ließen und überhaupt den persönlichen Kontakt von vornherein fertigten". Er schätzt EvD als guten, treuen und zuverlässigen Freund, und glaubt rückblickend, „daß *Erich* froh war, jemanden zu treffen, der so dachte wie er". Vor allem eine

Erfahrung habe er in all den Jahren machen können: *„Erich* hält, was er verspricht. Er verspricht nicht sehr oft etwas. Wenn es aber mal geschieht, dann kann man sich darauf felsenfest verlassen!"

Irgendwann, 1975, telefonierte ich mit *Däniken* aus einem triftigen Grund. Am Ende des Gesprächs meinte er: „Das muß dich ja eine Menge ‚Piaster‘ kosten, mich in Bonstetten anzurufen. Wenn ich dich das nächstemal treffe, erhältst du von mir 100 Franken." Das sei doch nicht notwendig, versuchte ich ihn von seinem Vorhaben abzubringen; er aber blieb dabei.

Unser nächstes Zusammentreffen erfolgte Monate später in München. Ich sagte kein Wort über die 100 Franken, wartete aber gespannt, ob er selber damit beginnen würde. Umsonst. Er schien sein Versprechen längst „verschwitzt" zu haben.

Im Januar 1976, am Dreikönigstag, flog *Däniken* für einen Tag privat nach Wien. Wir plauderten über das und jenes, da griff mein Besuch plötzlich in seine Brieftasche, zog einen Hundertfrankenschein heraus und blätterte ihn mir auf den Tisch. Ich tat erstaunt. „Wofür soll der denn sein?"

„Ich habe dir doch telefonisch versprochen, 100 Piaster für deine Telefonunkosten zu spendieren. Erinnerst du dich nicht?"

Mehr als ein halbes Jahr lag dazwischen. *Däniken* aber hatte sein Wort gehalten.

Was so viele, die ihn kennen, an ihm schätzen – ist seine Dankbarkeit. Auch davon kann ich ein Liedchen singen.

Als mein erstes Buch „Als die gelben Götter kamen" erschien, wurde es von meinem damaligen Verlag in München der Presse präsentiert. In einem chinesischen Restaurant. Stilecht also. Da EvD dazu ein Vorwort verfaßt hatte, erschien es mir angebracht, auch ihn nach München zu bitten. Er kam.

Außer einigen Journalisten hatte sich auch ein Reporter des Südwestfunks Stuttgart eingefunden. Er machte mit *Erich von Däniken* und mir ein gemeinsames Interview. Die unvermeidliche „Gretchenfrage" blieb nicht aus:

„Weshalb haben Sie sich, Herr *von Däniken*, mit ihrem Vorwort so sehr für den Autor *Peter Krassa* engagiert? Sie hätten das, bei ihrem Bekanntheitsgrad, doch gar nicht nötig." *Dänikens* Antwort kam ohne Zögern: „Schauen Sie, *Peter* hat mir als objektiver Journalist in *meiner* schweren Zeit ein bißchen geholfen – jetzt helfe ich *ihm!*"

Freundschaft ist für ihn kein leeres Wort, Treue eine Konsequenz. EvD ist ein feinfühliger Mensch, sogar empfindlich, wenn auch seine äußere Erscheinung dieses Charakteristikum zu widerlegen scheint. *Däniken* wirkt robust, ist von gedrungenem Körperbau. Breite Schultern, breiter, stämmiger Rücken, eher kurze Beine. Starke Arme, Hände, die zuzupacken verstehen. Eine Größe, was das Wachstum betrifft, ist er nicht. Vielleicht 1,68 Meter. Doch eigenartig: Macht es seine breite Figur oder was sonst – steht er neben körperlich Größeren (und diese Situation ergibt sich zumeist) dann hat man *nicht* den Eindruck, einen kleinen Mann vor sich zu sehen. *Dänikens* bullige Figur beherrscht die Szene.

„Das Auffallende sind *Erichs* unglaublich lebhafte und warme Augen", gibt der NASA-Ingenieur *Josef Blumrich* den ersten Eindruck von seiner Begegnung mit dem Götterforscher wieder. Er machte *Dänikens* Bekanntschaft im Januar 1971. Brieflich. Im März 1972 schüttelten sich beide Männer zum erstenmal die Hände. In Huntsville, wo *Blumrich* damals noch wohnte und arbeitete. Inzwischen ist er pensioniert und hat sich in Kalifornien niedergelassen.

Der Raketenbauer aus Österreich fand *Däniken* vom ersten Augenblick an sympathisch. Er muß lachen, wenn er an dieses Zusammentreffen denkt: „Der ganze Mann war ständig in Bewegung. Es ist geradezu unmöglich, ihn zu fotografieren. Bis jetzt habe ich von *Erich* kein vernünftiges Bild zusammengebracht. Sein Gesicht, seine Hände, alles ist dauernd in Bewegung, alles rührt sich bei ihm. *Däniken* ist ein Ball von konzentrierter Energie."

Er ist aber auch eine Art Seismograph, der auf Stimmungen reagiert. Vielleicht mit ein Grund, weshalb *Erich von Däniken* für echte, ehrlich gemeinte Freundschaft so empfänglich ist. Jenen die zu ihm stehen, schenkt er bedingungslos Vertrauen.

Einer von diesen wenigen ist *Theo Bos,* Freund aus alten Tagen. „Freundschaft", sagt er, „das ist für *Erich* und mich vor allem mal Treue und Ehrlichkeit. Ehrlich in sehr breitem Sinn. Ehrlich in der Aussage. In der Aussage über Gefühle und Schwächen. Wer gibt vor einem Freund offen zu, daß er schwach ist, daß er gerne weint? Daß er gerne Geld ausgibt oder keinen Mut hat, etwas Neues anzufangen? Ich glaube: Schwächen zuzugeben, etwa im sexuellen Bereich, oder daß man nicht fähig ist, dieses oder jenes zu machen – das sind wahrscheinlich Themen, wo es einem sehr schwer fällt, überhaupt zu reden.

Wer gibt schon gerne zu, daß er manchmal sehr allein ist, obwohl er viele Leute kennt und fünfzig oder mehr Freunde zu haben scheint? Solche Gespräche mit einem Vertrauten beweisen wahre Freundschaft."

Theo Bos gewann EvD zum Freund, lange bevor der Schweizer Globetrotter zu Weltruhm aufstieg. Er hat *Däniken* „unverfälscht" kennengelernt. Das war übrigens auf dem Linienschiff „SS Ryndam", wo der Holländer *Bos* und *Däniken* gemeinsam Dienst versahen. Der eine als Bellboy, EvD als Älterer immerhin in der Position eines First-Class-Steward. *Bos* erinnert sich:

„Irgendwann hatten wir Boys erfahren, daß *Erich* Schweizer war. Ein Schweizer, sagten wir uns, mußte doch perfekt jodeln können. Eines Tages faßten wir uns

49

ein Herz und baten *Erich,* für uns exklusiv zu jodeln. Der Gute sagte umgehend zu. Tags darauf kam er tatsächlich in unsere enge Kabine.

Er stand da, tat den Mund auf – und jodelte steinerweichend. Für uns Boys war's eine arge Enttäuschung. Wir eher trockene Holländer hatten geglaubt, ein Jodler müsse einfach irgend etwas Lustiges sein. *Erich* aber stand nur da und schrie seinen Jodler durch die Kabine. Schön war das überhaupt nicht, nur laut."

Theo Bos bewunderte den Schweizer First-Class-Steward dennoch in besonderem Maße. Schließlich parlierte *Däniken* mühelos in mehreren Sprachen – Englisch, Französisch, Italienisch, Holländisch und Deutsch (der dreisprachigen Schweiz sei Dank) –, während Bellboy *Bos* neben seiner Muttersprache damals lediglich ein paar Brocken Englisch radebrechte. „*Erich* war, wenn's not tat, sogar imstande, sich in Spanisch und Portugiesisch verständlich zu machen. Darum wurde er schließlich auch dazu ausersehen, während der Teestunde in der Rezeption zu arbeiten, wo er, mehrsprachig, Botschaften und Mitteilungen durchs Mikrophon verlautbaren mußte. Wir Bellboys schätzten ihn sehr und versorgten *Erich,* wenn dieser es wünschte, laufend mit Kaffee."

„Ich glaube, so richtig aufgefallen bin ich *Erich* erst, als ich ihn ungewollt schockte. Ich hatte ihm Kaffee gebracht und war nach gut 30 Minuten überzeugt, das Zeugs wieder abräumen zu müssen. Schon hatte ich die vermeintlich leere Tasse wieder in Händen, als ich bemerkte, daß noch etwas Kaffee drin war. ‚Warum hast du deinen Kaffee noch nicht *ausgesauft?*', fragte ich *Däniken* in meinem holprigen Deutsch. Geistesgegenwärtig wie er nun mal ist, stülpte er mir anstelle einer Antwort blitzschnell den Eiskübel über den Kopf. Eine bitterkalte Sache."

Die erste *persönliche* Bekanntschaft mit *Erich von Däni-*

ken wurde mir im Juli 1972 in Triest zuteil. Mit drei Freunden und per fahrbaren Untersatz (sprich: Auto) waren wir in die italienische Filmmetropole aufgebrochen. Nein, nicht um *Däniken* kennenzulernen, sondern um den Science-fiction-Filmfestspielen, die dort alljährlich stattfinden, beizuwohnen. Das gesamte Unternehmen war ein Schlag ins Wasser. Dies im wörtlichen Sinn. Nur zwei der acht Tage waren regenfrei: Der Ankunfts- und der Abreisetag. Wir kampierten in Sistiana, und nachts hielt ich verzweifelt die Zeltstangen fest, aus Angst, der unaufhörliche Sturm könnte sie davontragen. Unser Geldvorrat schmolz dahin, wie die Butter in der (von uns vermißten) Sonne: Die Benzinmarken waren nicht billig und der Campingplatz gute 20 Kilometer von Triest entfernt. Zweimal am Tag fuhren wir – der Filmfestspiele wegen – diese nicht gerade kurze Strecke auf und ab. Da auch die gezeigten Filme von mäßiger Güte waren, blieb mir also als einziges Positivum dieser Reise ein völlig überraschendes Rendezvous mit meinem langjährigen Briefpartner *Däniken*.

EvD war für einen Tag aus Zürich angeflogen, um sich den Zukunftsfilm „Silent Running" anzuschauen. Viel Zeit blieb deshalb nicht, uns gegenseitig auf den Zahn zu fühlen – das holten wir jedoch Wochen später in Salzburg nach. Dort, wo damals noch *Walter Ernsting* seinen Wohnsitz hatte, trug mir EvD spontan das „Du" an – und seltsam: alles war dabei so selbstverständlich. So, als hätte man sich schon immer gekannt. Vielleicht ist *das* das eigentliche Erfolgrezept *Dänikens*, selbst wildfremde Menschen für sich einzunehmen: Er ist frei von Überheblichkeit, gibt sich unkompliziert und ist außerdem imstande, sich relativ mühelos auf seine Umwelt einzustellen. Dazu gehört sicherlich eine gehörige Portion Menschenkenntnis. EvD hat sie. In den Jahren zwischen 1968 und 1971 wurde ihm überdies ausreichend Gelegenheit gegeben, Erfahrungen zu sammeln: Im Gefängnis. Ich glaube, er weiß heute, auf wen er sich wirklich verlassen kann. Er versteht zudem, selbst unangenehme Situationen mit Grandezza zu meistern.

Das war so am 10. September 1973 in Berlin, als *Erich von Däniken* im vollbesetzten Theater des Westens zum Thema „Waren die Götter Astronauten?" einen Lichtbildvortrag hielt.

In der Regel spielt sich das so ab, daß der Götterforscher zunächst mit Dias referiert, um dann seinen Zuhörern Gelegenheit zu geben, mit ihm über relevante Probleme zu diskutieren und Fragen zu stellen.

Ähnlich schien es zunächst auch in Berlin zu laufen. Aufgefallen war mir freilich, daß auf der 1. Galerie, auf der ich saß, zahlreiche Studenten, allesamt von der Freien Universität, Platz genommen hatten. Besonders einer von ihnen, zu meiner Linken – ein Blondmähniger –, hatte offenbar nicht die Geduld, seine Weisheiten bis zum Ende des Vortrages zurückzuhalten. Unvermutet sprang er auf, beugte sich über die Brüstung, und rief *Däniken* theatralisch zu:

„G-e-n-a-u-e-r e-r-k-l-ä-r-e-n, l-a-n-g-s-a-m-e-r s-p-r-e-c-h-e-n, b-e-s-s-e-r d-e-f-i-n-i-e-r-e-n!"

Der Vortragende stockte, blickte zu dem Störenfried auf – und antwortete dann ungerührt im selben Tonfall: „K-o-m-m-t s-c-h-o-n, Z-e-i-t l-a-s-s-e-n, b-e-s-s-e-r m-a-c-h-e-n!"

Einen Augenblick war es still im Auditorium, dann brach ein Orkan der Heiterkeit los. *Däniken* hatte die Runde für sich entschieden. Der Blondmähnige ließ die restliche Zeit nichts mehr von sich hören. Schlagfertigkeit, gepaart mit Menschenkenntnis, sind *Dänikens* Trumpfkarten.

Utz Utermann kennt noch ein weiteres Plus des Götterforschers. „*Erich* kann ohne Musik nicht leben. Wenn ihn einer heute mit einem ihm unbekannten Instrument in den Wald schicken würde, ich wette, nach einer halben

Stunde käme *Erich* wieder zurück – und könnte es spielen!"

Musikalität und Sprachgefühl hält *Utermann* „für einen wesentlichen Teil von *Dänikens* internationalen Erfolgen bei seinen Vorträgen". EvD sei polyglott, es erschrecke ihn nicht, vor die Mikrophone und Fernsehkameras der verschiedenen Länder, wo er gastiert, geholt zu werden. „Er weiß schließlich, daß er mit seinen Sprachkenntnissen überall zurechtkommt."

Utermann hat hier ein Beispiel parat. Es ist irgendwie typisch für *Däniken*. „Bei einer Pressekonferenz in New York stand ein *Erich* völlig unbekannter Journalist auf und stellte ihm eine Frage. *Erich* reagierte promt. ‚Wenn ich mich nicht täusche', meinte er zu dem Journalisten, ‚sind Sie italienischer Herkunft. Ist es ihnen lieber, wenn ich italienisch antworte?' Der Angesprochene war verblüfft. In Amerika geboren, aber im italienischen Viertel von New York lebend, hatte er gemeint, astreines Amerikanisch zu sprechen. *Erich* aber hatte sofort herausgehört, woher der Mann kam." Da fällt mir übrigens selbst eine Episode ein, die sich von Vortrag zu Vortrag wiederholte. Immer, wenn *Däniken* in Amerika hinter das Rednerpult trat, begann er mit den Worten (hier deutsch wiedergegeben): „Meine Damen und Herren, entschuldigen Sie bitte mein schlechtes Englisch, aber ich bin gerade dabei, meine fünfte Sprache zu erlernen."

Schlau, nicht wahr? In einem Satz hatte EvD seine Schwäche zwar zugegeben, sie aber geschickt mit einer Stärke, seiner beachtlichen Sprachenkenntnis kombiniert. So hatte er zweierlei erreicht: Das Publikum erwies sich in der Folge etwaigen „Schnitzern" seines Gastes gegenüber als äußerst tolerant, und war zudem von der scheinbar so beiläufig eingeflossenen Bemerkung *Dänikens*, vier Sprachen zu sprechen, beeindruckt.

Die Liebe zur Musik erfüllte EvD bereits in Jugendjahren. Im strengen College Saint-Michel in Fribourg gründete *Däniken* sogar eine Jazzband, in der er selbst die Trompete blies.

Im März wurde auch ich Zeuge dieses der Öffentlichkeit weitgehend unbekannten Talents *Erich von Dänikens*. Er war nach Wien gekommen, um dort, gemeinsam mit mir, Bücher zu signieren. Abends besuchten wir dann zu dritt, EvD, *Walter Ernsting* und ich, das bekannte Musikerlokal „Jazzland". Unter großem „Hallo" wurde *Däniken* auf die Bühne geholt und animiert, eine musikalische Kostprobe zu geben.

Der Raum war gesteckt voll, Scheinwerfer waren auf den Gast gerichtet, der ließ sich nicht lange bitten. *Däniken* setzte sich ans Klavier, hieb in die Tasten und hämmerte aus dem Stegreif einen zünftigen Boogie-Woogie. Das Publikum, durchweg engagierte Jazzfans, tobte. Als wir das Lokal betreten hatten, war gerade eine Band am Zug gewesen. Einer der Gruppe reichte Erich seine Trompete und versuchte krampfhaft, ihn zu einem Trompetensolo zu bewegen. *Däniken* blieb standhaft. Er hatte seit Jahren nicht mehr auf diesem Instrument geblasen, ohne Übung sei da nichts zu machen.

Als Ersatzhandlung machte er ein bißchen auf Louis Armstrong und gröhlte pseudoheiser den Saint-Louis-Blues. Wirbelnd unterstützt von den begeisterten Band-Musikern. Im Lokal war Bombenstimmung– die unverhoffte spontane Show hatte einiges dazu beigetragen. Dieser swingende *Däniken* war zudem eine ungekannte Attraktion.

Ich sagte es schon: Unser Schweizer hat das gewisse Gespür für bestimmte Situationen. Ehemalige Schulkameraden bescheinigen EvD rückblickend außergewöhnliche Intelligenz. Schon mit 14 Jahren war er sehr belesen – nur die Art von Literatur, die der kleine *Erich,* in aller Heimlichkeit versteht sich, verschlang, war nicht nach der Art des Hauses. Das College Saint-Michel war ein traditionell streng katholisches Internat. EvD aber las –

man stelle sich das vor – solch „teuflische" Bücher wie „Der Antichrist" von Nietzsche. Seither ist *Dänikens* christliches Weltbild empfindlich erschüttert. Seine kritische Distanz zur Kirche, auch aus eigenem Erleben entstanden, leugnet er nicht.

Im Mai 1975 besuchte ich mit *Erich von Däniken* den Berner Dom. Über dem Eingang zur Kathedrale prangt ein prächtiges Relief. Es zeigt eine Darstellung des „Jüngsten Gerichts". Obenauf, am Thronsessel: die Dreifaltigkeit; zur rechten Hand die Guten, zur linken die Verdammten. Ich konnte mir eine boshafte Bemerkung nicht verkneifen.

„Du wirst wohl einmal zur Linken stehen müssen", wandte ich mich an meinen Begleiter. *Däniken* sah mich an, lachte, und meinte trocken:

„I wo, ich sitz dann auf dem Thron!"

3

KLEIN ERICHS LAND „UTOPIA"

Offenen Mundes starrte der Bub auf die affenähnlichen Gestalten, die nackt und nur mit einem Lendenschurz aus Bärenfell bekleidet in ihren Höhlen hockten und riesige Keulen drohend gegen fremde Eindringlinge schwangen.

Vor dem Knaben entstand – ungemein realistisch – noch einmal die Urzeit des Menschen, hatten doch die Rekonstrukteure des Schaffhausener Museums wahrlich keine Anstrengung gescheut, eine vergangene Welt neu entstehen zu lassen.

Der Knabe war *Erich von Däniken,* damals zwölf Jahre alt und allem Geheimnisvollen und Fremdartigen ungemein aufgeschlossen. Er war restlos fasziniert und erinnert sich noch heute an den Effekt der „irren Beleuchtung", die der Kulisse Atmosphäre verlieh. Wahrscheinlich wurde in jenen Jahren die Saat gelegt, die später einmal in ungeahntem Maße aufgehen und zu einer Rekord-(Buch)Ernte führen sollte.

Klein *Erich* war zwar beeindruckt, doch seine kleinen grauen Zellen nahmen nicht widerspruchslos hin, was sich ihnen anbot. „War es damals wirklich so?" fragte er sich kritisch und sein Interesse an der Vergangenheit des Menschen erwachte. Seine Phantasie trieb ungeahnte

Blüten. *Erich* und sein älterer Bruder *Otto* waren eifrige Leser utopischer Romane. Beide fühlten sich im All wie zu Hause. Die Buben diskutierten leidenschaftlich über die Probleme, die diese Geschichten aufwarfen, machten sich Vorstellungen über die Zukunft der Welt – und reisten in Gedankenschnelle zurück in die Vorzeit der Menschheit.

„Mit unserem Vater konnten *Erich* und ich natürlich keine diesbezüglichen Gespräche führen", erinnert sich *Otto von Däniken*. „Papa war für solche phantastischen Überlegungen zu konservativ." Anders die Mutter. Die alte Dame wohnt immer noch in Schaffhausen, wo ihr verstorbener Mann, *Otto von Däniken* senior, viele Jahre lang in der Kleiderbranche leitend tätig war.

Erichs älterer Bruder sieht in der Mutter die „Schuldtragende" an jener tiefen Traumwelt, in der sich EvD am wohlsten fühlte. Frau *Lena von Däniken* wußte viele Märchen, die sie ihren Kindern *Leni, Trudi, Silvia, Otto* und *Erich* abends gerne erzählte. Damals schon trat die ungezügelte Phantasie des kleinen *Erich* lebhaft hervor.

„Zuerst lasen wir utopische Romane", sagt Bruder *Otto,* woran sich übrigens bis zum heutigen Tag nichts geändert hat. Was wunder, daß die beiden Buben den Inhalt der Märchen genauestens unter die Lupe nahmen. *Otto von Däniken:* „Ich erinnere mich noch an Knabengespräche, wo wir uns fragten, ob Aladins Wunderlampe nicht eine Art Fernsehgerät gewesen sein könnte. Und unternahmen wir einmal abenteuerliche Wald-‚Expeditionen', so lauerte im Hintergrund unserer phantasievollen Hoffnungen stets ein ‚Sesam-öffne-dich'."

Mit 14 Jahren machten sich *Erich* und *Otto* mit selbstverfaßten Werken Konkurrenz. Heute tut sie EvD ein bißchen verlegen als „Schundromänli" ab. Sein älterer Bruder: „Unsere jugendlichen Abenteuerromane spielten in Madagaskar, das wir allerdings nur von der Landkarte her kannten, auf dem näherliegenden Jungfraujoch und – natürlich – in den Höhlen des Mars. *Erich* wollte immer der Held sein, doch nahm ich ihm dies nie übel. Am Ende jedes Romänchens mußte ich ihn dennoch immer retten." Schmunzelnd verrät *Otto,* daß EvD lediglich deshalb mit dem Weiterschreiben aufgehört habe, weil seine Handschrift fürchterlich gewesen sei und keiner das Zeug entziffern konnte. Als Basis solcher schriftstellerischen Fingerübungen dienten den beiden Brüdern damals ein geläufiges Requisit – das Schulheft. Die Abenteuerlust, der Hang zum Reisen, erwachte bei *Erich von Däniken* schon im Knabenalter. Selbstredend besorgte er sich die entsprechende Lektüre: *Karl May,* natürlich, aber auch den Schweizer Reiseautor *Rene Gardi,* deren Werke der 14 jährige geradezu „verschlang".

In *Erich von Däniken* entstand der Wunsch, die Welt kennenzulernen. „Ich wollte reisen und schreiben, schreiben und reisen", setzte er sich in den Kopf. Zunächst beschränkte sich diese Manie auf kleine Ausreißversuche von zu Hause. So mit neun Jahren, als er mit seinem Freund *Lothar* das Weite suchte.

Man schwindelte sich durch den Zugkorridor, schwang sich auf die offene Plattform eines der vielen Waggons und ab ging's, Richtung Singen. Beide Knaben hatten ein gewichtiges Motiv: *Lothars* Vater, deutscher Eisenbahner, der mit seiner Familie in der Nähe des deutschen Bahnhofs in Schaffhausen lebte, war in den letzten Kriegsjahren – man schrieb Mai 1945 – eines Abends nicht nach Hause gekommen. Also machte sich EvD erbötig, gemeinsam mit *Lothar* dessen Vater zu suchen. Um keinen Verdacht zu erregen, sang man aus voller Kehle „Nun ade, du mein lieb Heimatland" – und kam sich ungeheuer wichtig vor. Weder *Erich* noch *Lothar* hatten auch nur entfernt ein schlechtes Gewissen.

Mit genügend Wegzehrung ausgestattet, fuhr man mit dem Zug bis etwa 500 Meter vor die Zollschranke. Dann sprang man ab und versuchte, die Grenze heimlich zu überschreiten. Vorsichtshalber hatten die forschen Abenteurer einen kleinen Korb mitgenommen. Sollte sie ein Zöllner ansprechen, würden sie sich als Pilzsammler ausgeben. Wie Indianer pirschten sie sich durch das Gehölz. Nachts schmuggelten sie sich tatsächlich ungesehen über die Grenze nach Deutschland.

Zu Hause stand das Barometer auf „Tief". Die Mütter beider Buben waren völlig außer sich. Papa *Däniken* hingegen grollte wie ein Gewitter. „Wenn *Erich* zurückkommt, schlag ich ihn halbtot", drohte er aufgebracht. Doch die Tage vergingen – von den Ausreißern fand sich keine Spur.

Die waren inzwischen nach Singen gelangt und hilflos in den Trubel des Kriegsendes geraten. Tapfer fragten sie sich durch, suchten nach *Lothars* Vater. Frei nach Old Shatterhand fanden sie dessen Spur: Sie wies nach Bad Triberg. Doch so weit kamen sie nicht mehr: Französische Besatzungssoldaten schöpften Verdacht, nahmen die beiden Knaben fest und übergaben sie den Schweizer Zöllnern. Die machten wenig Federlesen: *Erich* und *Lothar* wanderten ins Gefängnis. In getrennte Zellen. Eine Nacht lang. EvD erinnert sich mit Schaudern: „Am anderen Morgen hörten wir Schritte – und zu meinem Entsetzen erkannte ich die Stimme meines Vaters. Ich hatte grauenhafte Angst. Noch heute sehe ich die Szene plastisch vor mir. Vater kam rein in die Zelle, und sagte kein Wort, kein einziges Wort. Auch ich blieb stumm, nur meine Zähne klapperten."

Beide Buben kamen glimpflich davon – die Freude ihrer Eltern (auch Lothars Vater war inzwischen wieder heimgekehrt) überdeckte allen Groll. Zehn Tage hatten dieses Abenteuer gedauert. Die Furcht EvDs vor seinem Vater war nicht unbegründet. Der Schneidermeister *Otto von Däniken* war ein strenger und frommer Mann. War *Erich* unfolgsam, dann steckte ihn das autoritäre Familienoberhaupt in den Kohlenkeller. Diese Erinnerung hat sich bei EvD auch im Alter jung erhalten. So gut sein Verhältnis zur Mutter war und ist – er besucht die alte Dame regelmäßig –, so gespannt war es zum Vater. *Däniken* hat ihm vermutlich die Strafexzesse nie verziehen. „Ich habe meinen Vater nie als Freund betrachtet", sagt er heute noch.

Der Psychologe *Knut Hebert* aus Frankfurt („Psychologen haben immer die gleichen schmutzigen Dinge im Kopf", sperrt sich EvD gegen ungewollte Analysen) glaubt in der väterlichen Strenge den Ansatzpunkt für *Dänikens* spätere Hypothesen um die Götter-Astronauten entdeckt zu haben. „Ziel seines ersten Buches, ‚Erinnerungen an die Zukunft', war nichts anderes als – der Vatermord. Gottvater im Himmel ist tot. Unsere Götter sind Astronauten von fremden Sternen", theoretisiert der Seelenkenner. Welch Glück, daß wir die Psychologen haben – sie wissen für alles des Rätsels Lösung.

Gewiß ist jedenfalls, daß es zwischen dem religiösen Vater und seinem wißbegierigen Sohn immer wieder zu Differenzen kam. Vor allem dann, als der Kleiderfabrikant sowohl *Erich* als auch den älteren Bruder *Otto* ins katholische College Saint-Michel steckte, wo EvD schon bald mit seinen Religionslehreren „übers Kreuz" geriet.

Erich von Däniken war kein Ketzer. Er war gewillt zu glauben – aber Glaubensdogmen mußten ihm logisch erläutert werden. Das war die erste Enttäuschung. Fragte er den Abbé: „Wieso wird so unterschiedlich übersetzt? Als Jesus vom Hohen Rat vernommen wurde, fragte man ihn: ‚Bist du der Sohn Gottes?' Nach lateinischer Version soll er geantwortet haben: ‚Ich bin es.' In der griechischen Übersetzung aber lautete seine Antwort: ‚Du sagst es.' Welche aber ist nun richtig?"

Däniken spürte intuitiv die Zweideutigkeit solcher Übersetzungen. In lateinischer Version beharrte der Gottessohn auf seinen Rang; laut griechischer Überlieferung gab er dem Hohen Rat lediglich die Antwort zurück, ließ ihn sozusagen bei seiner Annahme. Zwei völlig unterschiedliche Interpretationen. Der Abbé verweigerte die Antwort. Nur in *Dänikens* Zeugnis stand unter „Fleiß": gut, aber schwatzhaft.

Die Zweifel im Herzen des Schülers *Erich* wuchsen. Er vermißte die Logik.

„Eigentlich ging in den ersten eineinhalb Jahren noch alles gut", weiß Bruder *Otto.* Dann jedoch veränderte sich die Situation. Vor allem das Verhältnis des zweifelnden *Erich* gegenüber dem strenggläubigen Vater wurde gespannter. Hätte der Schneidermeister geahnt, welch „ketzerische" Lektüre sein jüngster Sohn in aller Heimlichkeit konsumierte, wäre ein Donnerwetter unausbleiblich gewesen.

Ausgerechnet aus der Universitätsbuchhandlung lieh sich EvD *Nietzsches* „Antichrist", und *Kant* wie *Schopenhauer* gehörten ebenso zu *Dänikens* Pflichtrepertoire wie *Haeckels* Abstammungslehre, die so ganz und gar nicht mit der Paradieslegende aus der Religionsstunde in Einklang zu bringen war.

Mit seinem Vater vermied *Erich* jede Diskussion. Er wußte ja, daß dabei für ihn nichts zu ernten war. So hielt er eine Zeitlang durch, dann aber brach es aus ihm hervor. Er überwand die Furcht gegenüber dem strengen Elternteil, mehr noch: Die engstirnigen Ansichten des Papas reizten *Däniken* junior zur Provokation. Nach drei absolvierten College-Jahren, als nunmehr 17jähriger, stellte er erstmals unbequeme Fragen.

Otto von Däniken: „Da gab es dann Streitgespräche, die sehr oft böse endeten, weil Vater natürlich das letzte Wort behielt. Nicht etwa, daß es ihm gelungen wäre, *Erich* zu überzeugen, doch das Argument der erhobenen Stimme und des väterlichen Drucks waren zu gewichtig."

Däniken senior hielt viel von religiöser Pflicht. Jeden Abend wurde zu Hause der Rosenkranz gebetet, und sonntags marschierten alle zur Kirche. Der Vater wußte ein probates Mittel, seine Kinder auf den Meßgottesdienst zu konzentrieren, mußten ihm diese doch beim Mittagstisch präzise berichten, was der Herr Pfarrer diesmal gepredigt hatte. EvDs großer Bruder: *„Erich* und ich hatten natürlich anderes im Sinn. Wenn's dann mit der Predigt so weit war, schlichen wir uns – oft auch zu spät – hinter die brummelnde Gläubigenmasse, um am laufenden zu sein. Ging's aber schief, gab es natürlich fürchterlichen Krach, und die Sündendrohung vom heiligen Geist schwebte lautstark über unseren Häuptern."

Knut Hebert, der bereits zitierte Psychologe, weiß wieder einmal mehr. Im Internatsleben, religiös ausgerichtet, habe EvD lediglich „Maria, die keusche Jungfrau" kennengelernt, und seine Kindheit sei restlos von der geliebten Mutter dominiert gewesen, der er sich ausnahmslos anvertraute. Folglich – behauptet der Frankfurter Seelenforscher – wäre dadurch auch *Dänikens* Einstellung zum Sex beeinflußt worden. „Er hat keinen. Er ist ein Narziß – ein Mensch, der nur sich selber liebt." Sein Verhältnis zu Frauen sei daher „eher kompliziert".

Sicher ist, daß der Aufenthalt in Saint-Michel nicht nur von Vorteil für den wißbegierigen Zögling war. *Knut Hebert* befindet:

„Die repressive Erziehung erhält für *Erich von Däniken* eine neue Dimension. Ungewißheit über das Wesen der Geschlechter schleicht sich ein, und der eigene Trieb strauchelt im Dunkel der Beichtstühle. Die Welt des Kollegs ist männlich. Die Abbés leben im Zölibat, die Zöglinge in der Wirrnis ihrer Herzen. Der fünfzehnjährige *Erich* wird hinter dem Klostermäuerchen von einem Kameraden geküßt . . ."

Erich von Däniken in unwilliger Erinnerung: „Ich spürte nichts. Der andere wurde rot! . . . Jedenfalls war ich damals nicht reif, nicht in jeder Hinsicht, und gerade was das Geschlechtliche anlangt, glaube ich, daß ich verklemmt war, durch diese Scheißerziehung."

Rocholl/Roggersdorf zitieren in ihrem „seltsamen Leben des *Erich von Däniken"* Auszüge aus dem am 30. Oktober 1947 vom Staatsrat genehmigten „Schüler-Reglement", das die engen Grenzen, in denen EvD sich bewegen mußte, als er im Frühjahr 1949 in Saint-Michel Einzug hielt, deutlich macht:

1. Die Religion ist die Grundlage der Erziehung und des Unterrichts am Kollegium ... Der Unterricht beginnt und schließt mit einem Gebet.

2. Das Studium ist für die Schüler eine Gewissenspflicht, ihre Standespflicht ...

8. Trägheit, Nachlässigkeit und ungenügende Resultate können den Ausschluß nach sich ziehen. Ein Schüler, der ... nicht die Durchschnittsnote 4 erzielt (die beste Klassifizierung war die 6, die schlechteste die 1. Anm. d. Verf.), kann zum Austritt aus dem Kollegium aufgefordert werden ...

15. Die Lektüre und das Halten von Büchern, Zeitungen und Schriften, die der Religion, den guten Sitten und der sozialen Ordnung widersprechen, ist strengstens untersagt.

Bei einem forschenden Geist, wie dies *Erich von Däniken* schon in Jugendjahren war, fanden derart dogmatische Direktiven logischerweise keinen Widerhall. Als der Präfekt am letzten Schultag des Jahres 1952 seine Zöglinge anwies, an jedem Tag so zu leben, daß sie in jeder Stunde reinen Herzens vor Gott treten könnten, weil sie nie an seinem Wort gezweifelt und immer an ihn geglaubt hätten – „Dann werdet ihr zu jenen gehören, die am Jüngsten Tag zur Rechten Gottes stehen werden" –, wußte EvD, daß ihm die linke Seite reserviert sein würde, denn er war voller Zweifel.

Otto von Däniken: „Auf der Heimfahrt sprach *Erich* mit mir, ganz gegen seine sonstige Gewohnheit, kein Wort. Er starrte nur durch das Abteilfenster, geistig völlig anderswo."

EvD wollte es nicht in den Sinn, daß der weise, allmächtige Gott des Präfekten Ansicht teilte, derart kindliche und unlogische Lehren bedenkenlos glauben zu müssen. Hatte er seinen intelligentesten Geschöpfen nicht den Verstand gegeben, damit sie ihn benutzten? War es ihnen verboten zu fragen, zu zweifeln? Für *Erich* stand an diesem Tage fest: „Sein" Gott, den er akzeptierte, an den er wahrlich glaubte, war kein Verfechter eines „blinden" Glaubens.

Zweiundzwanzig Jahre später, 1974, schrieb sich der inzwischen zum Weltbestsellerautor avancierte *Erich von Däniken* sein Grübeln über das wahre Sein der Dinge engagiert von der Seele. Das Buch „Erscheinungen" wurde kein typischer *„Däniken"*, denn darin behandelte er *seine* Auffassung von Religion und Glaubensdogmen. *Seine* Erklärungen für unerklärbar scheinende „Wunder". Und in seinem dritten Bestseller, „Aussaat und Kosmos", fragte EvD provokant:

„. . . Soll man Tempel sprengen, Kirchen schleifen? Nie und nimmer.

Wo Menschen sich zusammenfinden und den Schöpfer preisen, empfinden sie eine wohltuende stärkende Gemeinsamkeit. Wie vom Ton einer Stimmgabel angerührt, schwingt gemeinsame Ahnung von etwas Großartigem im Raum. Tempel und Kirchen sind Orte der Besinnung, Räume des gemeinsamen Lobes für das Undefinierbare, für ES, das wir behelfsweise Gott zu nennen gelernt haben. Diese Versammlungsstätten sind notwendig. Der Rest aber ist überflüssig."

Es ist schlicht unwahr, wenn man EvD von bestimmter Seite unterschiebt, atheistisches Gedankengut zu propagieren. Er *glaubt* auch heute noch ungebrochen an ein höchstes Wesen. Doch dieses Unfaßliche – hier ist sich *Däniken* völlig sicher – handelt in jeder Phase seines Tuns *logisch*. ES ist gewiß, definiert der Schweizer. Religionen aber sind Glaubenssache. So zieht sich ein weiter Bogen religiösen Grübelns von *Dänikens* Kindheit bis zum heutigen Tage.

„Das ES des *Erich von Däniken* ist aller Welten Geist, astral und etwas wie der Schlüssel zur großen Wahrheit", erkennt auch der Psychologe *Knut Hebert,* und diese Wahrheit suche der Götterforscher. *Hebert* zeigt sich fasziniert von der Konsequenz, mit der *Däniken* nach dem schlagenden Beweis für seine Behauptungen suche: Dem Raumschiff, das einst seine Astronauten, an die er glaubt, aus dem All zur Erde gebracht haben soll. „So ist er auf seine Weise glücklich und gewiß kein Fall für den Psychiater."

Die Idee, daß einst außerirdische Besucher diesen Planeten betreten haben könnten, kam EvD bereits – freilich völlig unbewußt – mit acht Jahren. Es war an einem Februartag des Jahres 1943, damals wurde *Erichs* Phantasie jäh aufgestachelt: Mit vor Erstaunen aufgerissenen Augen sah er die Notlandung eines amerikanischen Bombers in Schaffhausen. Es war ganz seltsam und für den Buben ein denkwürdiges Erlebnis: Da stiegen acht vermummte Männer aus einem glänzenden Vogel und gingen stumm – anzusehen wie fremde Astronauten – an dem kleinen *Däniken* vorbei.

Und später, als er zwanzig geworden war, fielen ihm zum erstenmal utopische Romane eines *Clark Darlton* in die Hände, in denen der Autor rätselhafte Begebenheiten aus der menschlichen Vorzeit mit dem Besuch außerirdischer Intelligenzen identifizierte, die von den unwissenden Erdbewohnern als „Götter" angesehen wurden. Dieser *Clark Darlton* alias *Walter Ernsting,* der zwölf Jahre danach mit EvD Freundschaft schließen sollte, war indirekt ein Wegbereiter für den Schweizer Götterforscher.

In einem zufälligen Gespräch zu dritt kamen wir dahinter: Auch ich war Mitte der Fünfzigerjahre (wie *Däniken*) ein *Darlton*-Fan gewesen und hatte seine Roman-Hy-

pothesen vom Besuch fremder Astronauten-„Götter"
mit wachsender Begeisterung gelesen. Ohne es zu wissen, hatte *Ernsting* gesät – und diese Saat war, Jahre später, bei *Erich* und mir aufgegangen. Ganz unabhängig
voneinander, denn auch *Däniken* und ich kannten einan-
der damals noch nicht. Das zufällige Gespräch zu dritt
brachte uns drauf: Drei Freunde, die – ohne es zu ahnen
– durch eine geistige Brücke verbunden waren, zu einer
Zeit, als noch keiner vom anderen wußte. Jenes Kriegs-
erlebnis, die Notlandung amerikanischer Piloten im
heimatlichen Schaffhausen, hatte den kleinen *Erich* zu
weiteren Taten animiert. Obgleich aus einem Mißver-
ständnis heraus gerade dieses Schweizer Städtchen am
1. April 1944 mit einem furchtbaren Ereignis konfrontiert worden war – auf Schaffhausen fielen amerikanische Bomben, es gab 42 Tote –, ließen sich *Däniken* und
seine Kameraden nicht davon abhalten, auf Entdek-
kungstour zu gehen.

„*Erich* war wieder mal der Boß", erzählt mir sein Bru-
der *Otto*, der mit dabei war, als die Horde begeistert
Bombensplitter sammelte – verlockende Relikte für die
Kinderschar – oder in Häuserruinen herumkletterte.

Otto von Däniken: „*Erich* und ich fühlten uns relativ un-
gefährdet. Auch als wir die Stiegen bis zum dritten Stock
eines bombendemolierten Restaurants hochstiegen. Da
gab es plötzlich einen ohrenbetäubenden Krach, die
eben passierte Treppe hatte sich in ihre Bestandteile aufgelöst. Wir waren im 3. Stock isoliert. Ein Abstieg kam
nicht mehr in Frage. Unsere Hilferufe wurden glücklicherweise gehört, kurz danach war die Feuerwehr zur
Stelle. Man lieferte uns zu Hause ab und erinnerte unseren Papa an seine Aufsichtspflicht.

Natürlich gab es ein Donnerwetter und uns beiden
wurde das Versprechen abgenommen, solche Kletter-
touren nie wieder zu unternehmen. *Erich* versprach dem
Vater hoch und heilig *diese* Ruinenstätte künftig zu mei-

67

den, der schlaue Wicht dachte in dem Augenblick wohl schon daran, daß es ja auch noch *andere* zerbombte Häuser in Schaffhausen gab. So war er reinen Gewissens in der Lage, *sein* Versprechen zu halten."

Otto von Däniken erinnert sich noch mit Vergnügen an die ungezählten Streiche, die er und sein Bruder in ihren Kinderjahren ausheckten, und daß darin der kleine *Erich* zumeist den Ton angab, versteht sich von selbst.

„Als Knaben hatten wir oft Häuser- oder Quartierschlachten. Dabei ging es durchaus sanft und lustig zu. Buben und Mädchen der einen Seite stritten in sportlichem Wettstreit mit den Mädchen und Buben der anderen Seite. Gemeint sind hier aber keine Ballspiele, vielmehr fing man sich gegenseitig ein und der gefangene Gegner mußte ein Pfand abliefern.

Erich nahm diese ‚Schlachten' etwas zu ernst. So schwänzte er mehrere Nachmittage die Schule nur deshalb, um in aller Ruhe die entsprechenden Vorbereitungen treffen zu können. Er konstruierte beispielsweise eine Kanone aus einem Kartonrohr und zündete solcherart Feuerwerksraketen. Das ging dann so vor sich, daß er eine Art Lafette auf einen Leiterwagen montierte und damit durch die ‚feindlichen' Quartiere eilte. Da passierte es prompt. So ein Geschoß, farbige Sterne sprühend, landete unversehens im Parterre der alten Frau *Hausammann*. Der Vorhang fing Feuer."

Während die anderen Spielgenossen Hals über Kopf die Flucht ergriffen, bewies Klein *Däniken* Übersicht und Geistesgegenwart. Er raste über den Parterrebalkon und riß den brennenden Vorhang herunter. Das schöne Stück war zwar zum Teufel, aber ein Wohnungsbrand damit verhindert. Nicht verhindern konnte der Übeltäter jedoch die Tracht Prügel, die der wütende Vater „spendierte". Schon deshalb, weil er Frau *Hausammann* den verkohlten Vorhang ersetzen mußte.

„Von da an änderte mein Bruder seine Kampftaktik",

lacht *Otto von Däniken* und denkt dabei an ein spannendes Erlebnis, das damals nicht nur ihm in die Glieder fuhr.

„Eines Nachmittags hatte *Erich* erneut die Schule geschwänzt und mich überredet, mit ihm in den nahen Wald zu fahren um Pfeile fürs Bogenschießen zu schneiden. Wir befanden uns im sogenannten ‚Enge-Wald' auf dem ‚Köpferplatz' (im Schaffhausener Umkreis), als wir beide plötzlich hinter einem Baum, kaum zehn Meter von uns entfernt, einen fremden Mann mit einer Pistole in der Hand erblickten. Wir realisierten weder Größe noch Kleidung, geschweige denn Gesichtsfarbe oder Augenbrauen des Fremden – wir hatten nur eines im Sinn: Flucht. Aber wohin? So duckten wir uns beide in panischer Angst hinter ‚unseren' Baum. Die fremde Hand mit der Pistole zeigte, schien es mir, drohend auf uns. Nur noch der Himmel konnte uns retten. Verzweifelt rief ich, damals nicht älter als 13 Jahre: ‚Hilf, Maria Mutter Gottes!'

Neben mir aber ließ sich *Erich* laut und deutlich vernehmen: ‚Wir sind hier im Wald!'

Er hatte offenbar Bedenken, ob die Mutter Gottes unseren Standplatz wußte."

4

DIE GANZE WELT IST SEIN ZUHAUSE

Wer mit *Däniken* auf Reisen geht, lebt gefährlich. Daß ausgerechnet mir das passieren würde, hätte ich mir allerdings nicht träumen lassen. So aber wurde ich in ein Geschehnis mit hineingezogen, das für EvD bedrohlich aussah.

Es war im Jahr 1974, zwischen dem 26. und 28. April. Ort der Handlung war das mondäne First-Class-Hotel „Arlington Park Towers", zehn Kilometer außerhalb von Chicago. Dort tagte drei Tage lang die Ancient Astronaut Society, eine Gesellschaft, deren weit über 2000 Mitglieder aus aller Welt es sich zur Aufgabe gestellt haben, den Nachweis für den einstmaligen Besuch außerirdischer Raumfahrer auf diesem Planeten zu erbringen.

Prominentester Gast der 1. Weltkonferenz in Chicago war einmal mehr *Erich von Däniken*. Er sowie *Walter Ernsting* und ich waren die einzigen europäischen Gäste. Den Löwenanteil an Wissenschaftlern und Autoren stellten die USA. Eine Delegation allerdings war aus dem Land der aufgehenden Sonne angereist – aus Japan. Daß ausgerechnet von dort Gefahr drohen würde, kam überraschend.

Das Zwei- oder Drei-Mann-Team (so ganz genau wissen wir es heute noch nicht) hatte schon vor unserem

71

Eintreffen im „Arlington Park Towers" Quartier bezogen. Unverzüglich (so erfuhren wir später) gingen die Japaner daran, die Teilnehmerliste zu studieren. Natürlich stießen sie zu allererst auf *Erich von Däniken*. Minuten später verlangten die Herren ein Gespräch mit Rechtsanwalt *Gene Phillips*, dem Gründer der Ancient Astronaut Society. Er empfing die Delegation in seinem Büro und vernahm überrascht die ultimative Forderung der Japaner: *Däniken* muß weg! Er müsse von *Phillips* unverzüglich wieder ausgeladen werden. Der Schweizer sei ein böser Plagiator, er habe in seinen Büchern unerlaubt Fotos japanischer Dogu-Statuetten (merkwürdige Bronzefiguren, die Raumanzüge zu tragen scheinen) veröffentlicht, ohne die Urheberrechte zu beachten. Die aber lägen, empörten sich die gelbhäutigen Delegierten, bei einer japanischen UFO-Gruppe. *Däniken* habe dies einfach ignoriert.

Gene Phillips war konsterniert. Die unverhüllte Drohung der Japaner hing in der Luft: „Entweder, *Däniken* reist sofort wieder ab – oder es passiert was . . ."

Der Rechtsanwalt wußte sofort: Das war kein Bluff. Die meinten es ernst. Dennoch lehnte er die Forderung der Japaner glatt ab. Der Versuch, ein Gespräch zwischen *Däniken* und den UFO-Leuten herbeizuführen, blieb ergebnislos. Die Japaner weigerten sich.

Däniken, Ernsting und ich wußten zu diesem Zeitpunkt noch nichts von den drohenden Wolken am Astronautenhimmel. Wir hatten inzwischen unsere Zimmer bezogen, was heißt hier „Zimmer": Das waren Säle, wo man bequem hätte Fußball spielen können. Minuten später waren wir gewarnt. *Phillips* hatte uns von dem Vorfall erzählt, und auch davon, daß die japanischen Gäste die Konsequenz aus seiner Ablehnung gezogen hatten: Sämtliche für die Veranstaltung vorbereiteten Blumenarrangements aus Japan waren entfernt worden. Was würde passieren?

Ein bißchen mulmig wurde uns, als wir auf dem Weg in den Vortragssaal einem der Japaner begegneten. Er erkannte *Däniken* auf der Stelle. Sein Gesichtsausdruck nahm eine bedrohliche Miene an. War es das Exotische, das mich irritierte – oder blickte der andere wirklich so gefährlich?

Gene Phillips riskierte nichts. Im Zimmer *Dänikens* trafen wir alle Sicherheitsvorkehrungen. Der Rechtsanwalt und Society-Gründer, ferner *Walter Ernsting,* ich sowie drei Kongreßmitarbeiter „beschatteten" EvD unaufhörlich.

Zunächst blieb alles ruhig. Von der japanischen Delegation zeigte sich hinfort nur noch ein Teilnehmer. Wir behielten ihn stets im Auge.

Am letzten Tag, am 28. April, geschah es dann. Ausgerechnet beim Lichtbildvortrag unseres Freundes *Josef Blumrich.* Der NASA-Ingenieur demonstrierte seine *Ezechiel*-Version. Da sein Referat zeitmäßig eher ungünstig mittags angesetzt worden war, hielt sich die Zuhörerzahl in Grenzen. Mit dabei waren *Däniken, Ernsting* und ich, *Gene Phillips* sowie die drei „Aufpasser" der Society. Mit dabei war aber auch der Japaner, der scheinbar aufmerksam dem *Blumrich*-Vortrag folgte.

Plötzlich erlosch im Saal das Licht. Mir lief es siedendheiß über den Rücken. War dies der Auftakt zu einem Attentat auf EvD? Wahrscheinlich dachten die anderen „Beschatter" ebenso. Sekunden später wurde es wieder hell – aber *Däniken* war verschwunden. Hatte man ihn entführt? Was war geschehen?

Unser nächster Blick galt dem Japaner. Er saß immer noch – scheinbar völlig unbeteiligt – auf seinem Platz. Und dann fiel uns eine ganze Steinlawine vom Herzen: *Däniken* war wohlauf. Er saß allerdings am entgegengesetzten Ende des Saales. Der Grund war sonnenklar: Auch der Schweizer wollte nichts riskieren. Als das Licht erlosch, reagierte er blitzartig. Er wechselte Platz und

Reihe, veränderte seinen Standort. Wäre ein Attentat auf ihn geplant gewesen, hätten sich die Anstifter schwer getan – *Däniken* schien sich ja in Luft aufgelöst zu haben.

Alles war harmloser als es zunächst aussah: Die Stromstörung war nicht künstlich herbeigeführt worden – es war „höhere Gewalt". Was immer die Japaner beabsichtigt hatten, wir haben es nie erfahren. Die restlichen Stunden verliefen störungsfrei. Dennoch: so ganz falscher Alarm war es vielleicht doch nicht gewesen.

Wenn man so ein bestimmtes Gefühl in der Magengrube hat, dann lohnt es sich aufzupassen. Wie etwa in dem Städtchen Florenz im US-Bundesstaat Alabama. Dort machte *Erich von Däniken* Station. Nicht ohne Grund. Das Lecture-Büro seines amerikanischen Verlages Bantam Books hatte für den Götterforscher im Rahmen unseres Amerika-Aufenthaltes im April/ Mai 1974 eine vierzehntägige Vortragstournee arrangiert. Florenz gehörte mit zum Programm.

Es ist eine typische amerikanische Kleinstadt. Dort blüht das Sektenunwesen, was sich schon darin dokumentiert, daß fast jedes zweite Haus eine Kirche ist. Das hätte uns nicht weiter gestört. Mehr schon, daß in Florenz Alkoholverbot herrscht. Wer dort unbedingt einen guten Tropfen trinken will, muß sich seinen Whisky von auswärts holen.

Wir drei wußten davon nichts. Abends begleitete ich EvD zu seinem Vortrag. Wie fast überall in den USA, fand die Veranstaltung in der Universität statt. Die Aula war dicht besetzt. Auffallend: Im Publikum saßen viele Geistliche.

Ich bediente während *Dänikens* Referat den Diaprojektor. Der stand nicht – wie sonst üblich – *im* Saal, sondern in einem Raum *hinter* dem Rednerpult. Von dort aus wurden die Bilder (zumeist seitenverkehrt) auf die Leinwand projiziert. Mit Fernsteuerung, die *Däniken* vom Pult aus bediente. Meine Aufgabe war es, das Dia-Magazin rechtzeitig auszuwechseln. Das wäre nichts besonderes gewesen. Merkwürdig war nur, daß hinter der Bühne – wo der Projektor stand – zwei Polizisten unaufhörlich auf und ab patrouillierten, die Hände in Gürtelhöhe, den Colt stets griffbereit.

Ich weiß nicht, ob EvD am Rednerpult davon etwas mitbekam, mir jedenfalls schien die Atmosphäre rund um seinen Vortrag bedrohlich. Weder vor, noch nach diesem Gastspiel habe ich während der Amerikareise ähnliches erlebt.

Zu diesen Merkwürdigkeiten paßt recht gut ein Vorfall, der mir ein bißchen von dem Stimmungsbild der Sektenstadt Florenz verriet. *Däniken* ist es gewohnt, seinen Vorträgen eine humoristische Note zu geben. Er würzt sie – wo immer – mit ein paar harmlosen Bosheiten. Stets mit dem gleichen Resultat: Das Publikum amüsiert sich. So war es auch in Florenz geplant.

An der Stelle, wo EvD von der Ebene von Nazca berichtet und sich laut Gedanken über das Entstehen der Scharrbilder (die nur aus großer Höhe zu überblicken sind) macht, kommt er meist auf die möglichen Initiatoren der Gebilde – Priester – zu sprechen. „Da hatte ein Priester einen Einfall"; leitet er zumeist ein, um fortzufahren: „Priester haben doch immer gute Ideen . . ." Hier schlägt das boshafte Wortspiel Funken. Eine Lachsalve aus dem Auditorium ist *Däniken* gewiß.

Nicht so in Florenz. Kaum war die obligate Bemerkung gefallen, begannen – gezählte – zwei Personen zu lachen. Es war nur ein Ansatz erkennbar. Auf dem Höhepunkt der Heiterkeit brach ihr Lachen ab. Im Saal war es still wie in einer Gruft. Die Macht der Sektierer hatte triumphiert.

Unsere Stimmung, nach dem Ende der Veranstaltung, war dementsprechend. Sie wurde noch „besser".

Im Hotel empfing uns ein stocksaurer *Walter Ernsting*. Ausgerechnet ihm, dem man eine echte Leidenschaft zum Whisky nachsagen kann, mußte das passieren. Da hatte er versucht, *Däniken* und mir ein formidables Nachtmahl zu offerieren, mit Wein und Champagner. Nonsens. Ein paar Flaschen Cola waren die einzige, karge Ausbeute gewesen.

Grollend legte er sich aufs Ohr, während EvD und ich bis in den Morgen hinein fachsimpelten. Ein Glück, daß *Däniken* in seiner Flugtasche noch ein paar Souvenirs in Form von Mini-Whiskyfläschchen entdeckte. Wir hatten sie während unserer Binnenflüge als kleine Aufmerksamkeit diverser Fluglinien in Empfang genommen. Jetzt waren sie uns von Nutzen. Cola mit Whisky – die richtige Stimulanz, um den Ärger über das verd . . . Florenz aus der Kehle zu spülen. „Dieses Kaff sieht mich nie wieder", schwor *Däniken* am nächsten Morgen. Daß er den Schwur auch halten wird, dessen bin ich sicher.

Diese Amerikareise hatte es in sich. Da große Strecken zu bewältigen waren, ging das natürlich nur via Flugzeug. 15 Binnenflüge waren zu überstehen. An sich kein Problem, sieht man von jener Luftfahrt ab, die uns drei von Atlanta nach Huntsville beförderte. *Walter Ernsting* erinnert sich daran mit leisem Schauder. Als Sciencefiction-Autor versteht er plastisch zu erzählen. „Erst gab es einen Fehlstart. Das Ding rollte an, nahm plötzlich Gas weg, rollte wieder aus – und zu seinem Ausgangspunkt zurück. So standen wir mit unserer Maschine wieder vor der Flughalle. Einigermaßen ratlos. Was war geschehen? Man brachte es uns schonend bei: Die Maschine sei zu schwer gewesen. Also wurde Benzin abgelassen. Dann rollten wir erneut zum Start. Ich, der ich ohnehin ein bißchen Horror vor dem Fliegen empfinde, hatte ein flaues Gefühl. Bislang hatte ich auf meinen guten Stern vertraut, und darauf, daß Freund *Däniken* immerhin seit Jahren kreuz und quer durch die Weltgeschichte fliegt und ihm nie etwas geschehen war. Von wegen Absturz und so . . .

Wir starteten also neuerlich. Die Maschine zog steil nach oben, der Pilot hatte es offenbar eilig, verlorene Flugzeit wettzumachen. Sehr hoch flogen wir ja nicht, denn die Strecke Atlanta-Huntsville ist nicht sehr weit – nur der Pilot machte so seltsame Sachen. Erst flog er präzise Links-, dann ebenso jähe Rechtskurven. Dann wieder rutschte er mit der Maschine seitlich ab. Ich warf einen vorsichtigen Blick auf *Erich* und empfand Genugtuung: Auch sein Gesicht zeigte eine bedenkliche Miene. Starr blickte er geradeaus, ab und zu nippte er an seinem Whiskyglas. Auf dem anderen Fensterplatz saß *Peter* und schaute so seelenruhig hinaus, als ob nichts geschehen wäre . . ."

Der gute *Walter* hatte unrecht. Von Seelenruhe konnte bei mir keine Rede sein. Warum ich so angelegentlich aus dem Fenster starrte? Fliegen Sie mal neben einer Düse, die dauernd blubbert. Irgend etwas war mit dem Ding nicht in Ordnung. Ich zählte die Minuten. Endlich war Land in Sicht. Offensichtlich hatte es auch unser Pilot plötzlich eilig. Im Sturzflug stießen wir auf Huntsville hinab. Ein scheuer Seitenblick zu meinen Gefährten machte mir klar: Auch *Däniken* und *Ernsting* waren von dem Manöver nicht unbeeindruckt geblieben. Bleich saßen sie in ihren Sitzen. Gepreßt fragte *Ernsting*: *„Erich, was hältst du von diesem Sturzflug?"* Darauf *Däniken*, obwohl blaß um die Nase: „Das muß früher ein Kampfpilot gewesen sein." Humor ist, wenn man trotzdem lacht.

Flugabenteuer hatten auch andere Reisebegleiter des Götterforschers zu überstehen. So etwa *Hans Neuner*, der EvD bei drei Weltreisen assistierte. Die letzte vom 23. September bis 19. November 1968. Zielpunkt war die Osterinsel.

„Wir starteten von Chile aus – besser gesagt, wir hatten es vorgehabt", erinnert sich der Tiroler. Schlechtwetter war daran schuld, daß der Start mehrere Male verschoben werden mußte. Statt 9 Uhr vormittag war es 2 Uhr früh geworden. Der Hinflug war erträglich, wenngleich der Pilot Mühe hatte, die Insel zu finden. Das trübe, diesige Wetter erschwerte die Sicht nicht unbeträchtlich.

„Erst unser Rückflug wurde zur Tortur", erzählt mir *Neuner*. „Nach kaum einer halben Stunde Flugzeit waren sämtliche Fenster der Maschine mit Öl verschmiert. Wie uns zumute war, kann sich jeder ausmalen. Dann setzte das linke Triebwerk aus, der Pilot schaltete es ab. Jetzt war der Teufel los. Wir flogen mit einer DC-9, einem methusalemischen Modell. Von Komfort war natürlich keine Rede. Dazu noch das Dilemma. Der Pilot sah jedenfalls kein Weiterkommen – also machte er kehrt. Das war leichter gesagt als getan, denn die Osterinsel lag unter einer dichten Wolkendecke. Der Pilot funkte den Kontrollturm an. Keine Reaktion. Bald wußten wir weshalb: Der Flughafen auf der Osterinsel war nur zu Anflugzeiten besetzt.

Unser Pilot gab nicht auf, auch wenn der Sprit knapp zu werden drohte. Er funkte unentwegt, doch der Kontrollturm blieb stumm. Uns war nicht wohl in der Haut. Vom Cockpit kam die Anweisung, die Passagiere mögen sich anschnallen – was wir befolgten. Weiter geschah nichts. Sieht man davon ab, daß wir eine Zeitlang über der Osterinsel umherirrten, keinen Funkkontakt bekamen und uns schön langsam auf den unvermeidlichen Absturz vorbereiteten. Welch ein Glück, daß ein paar Leute des Bodenpersonals schließlich doch noch den Motorenlärm vernahmen und den Kontrollturm alarmierten. So konnte das Landemanöver vonstatten gehen. Alles ging glatt, wenngleich unter größten Vorsichtsmaßnahmen. Die volle Wahrheit erfuhren wir erst auf festem Boden: Während des Fluges waren gleich zwei von vier Triebwerken der DC-9 ausgefallen. Wir lebten staunenswerterweise immer noch."

Nach drei Stunden Zwangsaufenthalt auf der Osterinsel – solange dauerte die Reparatur am Flugzeug – starteten *Däniken* und *Neuner* zurück nach Chile. Diesmal verlief der Flug klaglos. „Die Götter waren auf unserer Seite", witzelt *Hans Neuner*. Acht Jahre später hat er leicht lachen.

„Lachen", das ist ein Stichwort, sich auch heiterer Episoden unserer Amerikareise zu erinnern. Etwa jene in der Hafenstadt Mobile im Bundesstaat Alabama. Wir drei waren in einem bezaubernden bungalowartigen Hotel, inmitten einer prächtigen Parkanlage außerhalb der Stadt, untergebracht worden. Dort erlebten wir einen der stimmungsvollsten Abende unserer Tour. *Däniken, Ernsting* und ich saßen in dieser sternenklaren Nacht am Meeresstrand, philosophierten vor uns hin und genossen die Ruhe. Die Ruhe vor dem Sturm – wie sich am anderen Morgen zeigte. Da ging es nämlich ans Abfahren. EvD hatte zu diesem Zweck einen typisch amerikanischen „Superkreuzer" gemietet. Doch dieser Leihwagen hatte seine Tücken. Darin ging alles automatisch. Etwa das Anschnallen.

Erich von *Däniken* am Steuerrad saß startbereit, nur seine beiden Begleiter, *Ernsting* und ich, kämpften mit den Sicherheitsgurten. Zuerst galt es, sich die verteufelten Dinger umzuschnallen und sie dann an der richtigen Stelle einzuhaken. Leichter gewollt als getan. Man zog also die Gurte raus, versuchte sie einzuhaken, flupp glitten sie aus den Fingern, zack, waren sie wieder in ihre Ausgangsposition zurückgekehrt. Also das Ganze noch einmal. Mit dem gleichen „Erfolg".

Schließlich versuchte *Ernsting* das Wunderauto zu überlisten. Vorsichtig zog er seinen Gurt heran, tat so als ob – und hakte ihn ein, ohne sich selbst anzuschnallen. Resultat: Der Motor sprang nicht an. Zähneknirschend mußte er sich nun doch zur verpönten Prozedur des Anschnallens bequemen. Flupp, sausten die Gurte davon, zack, waren sie wieder am alten Platz. Der „Superkreuzer" rührte sich nicht von der Stelle. Unsere ganze Verzweiflung spiegelte sich im Mienenspiel unseres Chauffeurs wider. *Däniken* saß da und lachte. Die Tränen liefen ihm übers Gesicht. Wer den Schaden hat . . .

Der gute *Ernsting* tat dann noch ein übriges, unser Fahrzeug aufs Glatteis zu führen. Während der Fahrt löste er vorsichtig seinen Sicherheitsgurt – da streikte der Motor neuerlich. Computer kann man nicht betrügen.

Wenn EvD auf Reisen ist, egal ob er nach Spuren seiner Götter fahndet oder Vortragstourneen absolviert, er versucht immer das Beste daraus zu machen. Für *Eduardo Chaves*, einem gleichfalls nach „Göttern" forschenden Jung-Brasilianer mit Wohnsitz in Rio de Janeiro, begann die Bekanntschaft mit EvD mit einem blauen Fleck auf der Schulter. *Chaves* hatte den Schweizer in der Flughafenhalle erwartet und herzlich begrüßt. *Däniken* reagierte ebenso spontan, wenn auch schmerzhaft. „Obwohl ich diesen liebenswürdigen Schulterschlag noch zwei Tage danach spürte, machte ich mir weiter nichts daraus, vielleicht war das ein Schweizer oder germanischer Volksbrauch", versuchte *Chaves* mir und sich einzureden. Obgleich *Däniken* acht Tage in Rio verlebte, blieb ihm nur ein halber Tag Zeit für seinen brasilianischen Freund. Wie allerorts war EvD auch hier bemüht, die Eigenheiten Brasiliens kennenzulernen. Als Bewunderer der Fußballkünste eines *Pele* verschaffte er sich selbstverständlich Zutritt ins Stadion von Rio, wo er mit 180 000 Enthusiasten des runden Leders um die Wette brüllte. Eine volle Woche verbrachte er in Piaui, im Nordosten des Landes. Dort gibt es Brasiliens bekanntestes und besterhaltenes archäologisches Gebiet zu bestaunen: den Nationalpark von Sete Cidades. Auch der Besuch diverser Museen gehörte mit zum Besichtigungsprogramm des Schweizer Weltenbummlers.

Kummer hatte *Erich von Däniken* eigentlich nur mit den

Kellnern. Eine Beobachtung seines Gastgebers *Chaves*, die ich aus eigener Anschauung zu bestätigen vermag. „Ich habe das Gefühl, daß *Erich* immer in Versuchung kommt, seine ehemaligen Kollegen auf ihre Tüchtigkeit zu prüfen", glaubt der Brasilianer erkannt zu haben und führt diese *Däniken*-Tests auf dessen einstmaligen Berufserfolg in der gastronomischen Branche zurück. Möglich. Jedenfalls ärgerte sich EvD grün und blau, als er im Sheraton Hotel von Rio Kaffee mit Sahne bestellte, der Kellner ihm jedoch ungerührt nur Kaffee servierte. *Däniken* reklamierte augenblicklich, worauf man ihm erklärte, daß keine Sahne im Hause sei.

Der frühere Hotelpächter wußte seine Pappenheimer richtig einzuschätzen. Natürlich war ihm bekannt, daß in Brasilien Kaffe mit Sahne nicht üblich war – aber er bestand auf seiner Bestellung. Also mußte er warten.

Siehe da, als der Kaffee fast ausgekühlt war, kam auch die Sahne. Freudestrahlend wurde sie ihm serviert, freudestrahlend tat sie *Däniken* in den Kaffee, nippte – und verzog schmerzlich das Gesicht: Die Sahne war sauer.

Däniken ließ sich's dennoch nicht verdrießen und nützte seine karge Freizeit, um gute Restaurants, Snackbars oder Nightclubs zu besuchen. Nur eine Stätte blieb für ihn unauffindbar – das Spielkasino. Es ist in Brasilien offiziell nicht zugelassen.

Ganz anders in Jugoslawien. EvD-Adlatus *Dünnenberger* erlebte dort mit seinem Chef eine denkwürdige Kasinonacht.

„Nach unserer strapaziösen Tour durch Kaschmir wollten wir über *Titos* Reich zurück in die Schweiz. Hundemüde kamen wir abends um 21 Uhr im Zagreber Hotel Intercontinental an. Eine staubige Autofahrt lag hinter uns. Mit letzter Kraft schleppten wir uns zum Nachtessen. Da war *Erich* plötzlich hellwach. Kein Wunder. Vor uns auf dem Tisch lag eine Hotelreklame, darauf der Hinweis, daß dem Hotel im 17. Stock ein Spielkasino angegliedert sei. *Erichs* Lebensgeister rührten sich wieder. Doch niemand soll glauben, in *Däniken* einen blindwütigen Spieler erkannt zu haben. Er ist auch am Roulett-Tisch ein Individualist."

Man wechselte das Stockwerk, dann 100 Dollar und *Däniken* war sich völlig sicher: „Die hundert ‚Piaster' werden wir schnell verloren haben, dann ab in die Federn." Gesagt, doch längst nicht getan. EvD setzte sich an den Spieltisch, bestellte eine Flasche Rotwein (was in diesem Kasino möglich war) und blieb zunächst passiv. Er beschränkte sich allein darauf, dem Lauf der Kugel zu folgen. Erst nach einer Viertelstunde wagte er den ersten Einsatz. *Willi Dünnenberger* gähnte währenddessen herzzerreißend und sehnte sich nach dem weichen Bett.

Eine halbe Stunde später hatte der müde Krieger seine Sehnsucht vergessen. Seine Aufmerksamkeit galt nur noch der Schicksalskugel. Sie routierte, und die Jetons vor seinem Chef häuften sich. Göttin Fortuna hielt es an jenem Abend mit *Däniken*. „Wo Tauben sind, fliegen Tauben zu"; einmal mehr bestätigte sich der bekannte Spruch.

EvD setzte . . . und gewann. Er setzte weiter . . . und gewann noch mal soviel. Es war kaum auszuhalten. *Dünnenberger* hielt die Stellung, vor seinem Chef türmten sich die Jetons.

Der Spielsaal hatte sich fast völlig geleert. Um den Spieltisch gruppierten sich nur noch zwei Gäste – und *Däniken*. Sein Sekretär war ein stiller, doch um so aufmerksamerer Beobachter. Nicht nur er übrigens. Das gesamte Kasinopersonal hatte von der Glückssträhne des kleinen stärkeren Herrn am Roulett-Tisch vernommen und scharte sich um die drei Spieler. Schon hatte es sich herumgesprochen: „Das ist der *Däniken*, der da soviel gewinnt!" EvD riskierte große Einsätze aus seinem Gewinn und zwinkerte *Dünnenberger* zu: „Das verdammte Geld muß doch zu verlieren sein!" Denkste. Nach 45 Minuten häuften sich vor ihm Jetons im Wert von 223 000 Dinar, etwa 30 000 DM. Und dann platzte die Bombe. *Erich von Däniken* hörte abrupt zu setzen auf, blickte in die andächtig staunenden Gesichter des Personals – und hielt eine Rede. Die hatte es in sich. *Karl Marx* hätte keine Freude gehabt.

„Dieses Kapital hier", hob er an, „habe ich wahrlich nicht verdient. Es hat sich nämlich ohne Leistung vermehrt. Ich aber bin ein Anhänger des Leistungsprinzips. Wer mehr leistet, soll dafür entsprechend bezahlt werden. Wer aber nichts leistet und kassiert, ist ein Ausbeuter.

Ich frage Sie: Ist es heute nicht schon so, daß nicht allein die Kapitalisten Ausbeuter sind? Schauen Sie sich doch um: Die wahren Ausbeuter stehen links, sie sind Marxisten. Das sind jene Neider, die nichts Produktives tun, sondern vorhandenes und nicht vorhandenes Kapital ‚umverteilen'. Glauben Sie mir: Ich kenne keine größeren Ausbeuterstaaten als jene, die sich als ‚supersozialistisch' bezeichnen.

Seien Sie ehrlich: Geht es auch nur einem einzigen Arbeiter im Osten besser als seinem Kollegen im Westen? Sieht so ein ‚Arbeiterparadies' aus?"

Die Angestellten des Spielkasinos standen wie vom Donner gerührt. Soviel „klassenfeindliche" Politik hatte ihnen noch keiner aufzutischen gewagt. Doch die Pointe des Abends kam erst: Ehe den Zuhörern eine Antwort in den Sinn kam, drückte *Erich von Däniken* jedem lächelnd 30 000 Dinar in die Hand. Nicht verkneifen konnte er sich's allerdings, seine „Spende" mit den Worten zu kommentieren:

„Hier, nehmen Sie das Geld! Ich kann es nicht gebrauchen – es war ohne Leistung verdient!"

Der Schweizer hatte in diesem Augenblick nicht mehr daran gedacht, daß man ihn andernorts um ein Haar – ohne freiwillige Geldgeschenke abzuwarten – völlig

ausgeplündert hätte. So geschehen während der vorangegangenen Autotour quer durch Kaschmir. *Däniken*
war unterwegs zum *Ezechiel*-Tempel, nahe Srinagar. „Nahe" – das klingt wie ein schlechter Scherz. Denn um die
andere Seite des Indus zu erreichen, war wegen der riesigen Überschwemmungen ein Umweg von 250 km notwendig. So waren *Däniken* und sein Begleiter gezwungen, über den Damm bei Alipur zu fahren; anders wäre
es unmöglich gewesen, das Ziel der Unternehmung –
Quetta – zu erreichen.

An einer Straßenkreuzung wird das Duo angehalten.
Gestikulierend deutet man ihnen, umzukehren. Die
Straße nach Quetta sei unpassierbar, die Brücken über
den Indus weggeschwemmt. Also wendet EvD seinen
Range Rover, rollt zurück. In einem „Kaff" namens Dera
Ghazi Khan macht man halt. Es ist eine trostlose Gegend.
Die Menschen, zumeist armselige Händler, die um kleine Feuerchen an den Straßenrändern sitzen und ihre wenig appetitanregenden Früchte und Gemüse anbieten,
starren die Neuankömmlinge unfreundlich an. *Däniken*
fragt um ein Nachtquartier. Einer der Umsitzenden zeigt
ihnen ein Hotel. Das „Shezan"-Hotel sei erstklassig, lobt
er die Absteige. Noch heute schüttelt sich *Däniken*, wenn
er daran denkt. Erstklassig, ja – aber: erstklassig verlaust
und verwanzt, schmutzig bis zum Exzeß.

Der „Komfort" paßt dazu. Im Innenhof ein Brunnen,
ohne Wasser. EvD ist gewitzigt. In diesem „Hotel" ver-
kehren sicher zweifelhafte Existenzen. Also besteht er
darauf, mit dem Range Rover in den Hof fahren zu dürfen und das Gittertor zu schließen. Seine Vorsichtsmaß-
nahme erweist sich als richtig. Ein mitleidiger Pakistani –
er spricht ausgezeichnet Englisch – warnt die beiden
Schweizer vor dem Gesindel, das sich hier nachts her-
umtreibe. Nicht erst ein Reisender sei ausgeplündert
worden, und die Behörden wären machtlos, dies zu verhindern.

„Das war ja eine nette Nachricht", erzählt EvD-Sekretär *Dünnenberger*. Zum erstenmal schläft sein Chef mit der Gaspistole unter dem Kopfpolster. Beide träumen in dieser Nacht unruhig. Und beide wachen fast gleichzeitig auf. Im Hof tut sich was. Ein Blick durchs Fenster vertreibt die Müdigkeit. Dubiose vermummte Gestalten huschen über den Hof, schleichen ums Auto herum. *Däniken* packt die Unruhe. „Er hat sich einfach die Pistole unters Hemd geschoben und ist hinausgegangen. Ich folge ihm auf den Fuß. Plötzlich ein Rasseln wie von Ketten, der Ruf von Stimmen – dann flammt eine Karbidlampe grell auf, erleuchtet den Hof taghell. Um den Range Rover stehen vier vermummte Gestalten. Eine bedrohliche Situation. Wir nehmen unser Herz in beide Hände. *Erich* zieht seine Pistole, ich halte den Tränengasspray abwehrbereit. Die Nachteulen beginnen sich lautstark untereinander zu unterhalten. Dann siegt die Angst vor unseren Waffen, die wir drohend auf sie gerichtet halten. Die Meute zieht sich zurück. Uns war leichter."

Da *Däniken* argwöhnte, daß sich die Vermummten nur zurückgezogen hatten, um Verstärkung zu holen, brach man augenblicklich auf. Die Nacht war ohnehin schon vorüber. Auto und Wertsachen waren noch einmal davongekommen.

Vor mir liegt eine Ansichtskarte, darauf abgebildet die Ruinen von Perspolis. EvD und *Willi* haben sie mir kurz nach ihrem Srinagar-Abenteuer geschickt. Die Worte darauf treffen ins Schwarze:

„Was wir hinter uns haben, möchten wir nie mehr vor uns haben!"

Habe ich nicht vor kurzem erwähnt, daß der einstige Gastronom *Däniken* partout immer Ärger mit seinen früheren Kollegen runterzuschlucken hat? Was der Brasilianer *Chaves* in Rio beobachtete, und was auch ich – etwa während der Amerikareise – zu bestätigen vermag, schilderte mir Sekretär *Dünnenberger* auf seine plastische Art.

Die Reisestrapazen blieben für die Zwei-Mann-Expedition nicht ohne Folgen. „Als wir von Kalkutta, mit Zwischenstation in Delhi, wieder in Srinagar ankamen, war *Erich* plötzlich krank. Auf dem schnellsten Weg eilten wir in unser Zimmer im ‚Oberoi'-Hotel, dann nichts wie ins Bett. *Erich* hatte einen Kopf wie eine Tomate, das Fieberthermometer zeigte auf 39,8°. Als ungeduldiger Kranker – alles was Zeit kostet, macht *Erich* nervös – schluckte der Arme gleich eine Dosis Antibiotika aus der Reiseapotheke und ließ sich Eisbeutel auf Stirn und Füße legen. Zunächst schien das zu helfen, doch dann kletterte die Quecksilbersäule wieder auf 39,8° zurück. Das war übrigens am 16. August 1975. Am nächsten Tag war ein Rendezvous mit einem pakistanischen Archäologen von der Universität Srinagar, Prof. F. H. *Hassnain*, vorgesehen. *Erich* sagte ab."

Zwei Stunden später schickte ihm der Gelehrte den Chefarzt der Klinik von Srinagar. Professor *Mirai-U-Dins* Tinkturen erwiesen sich als Segen. Indische Viren, tröstete er *Däniken*, seien gegen europäische oder amerikanische Medikamente immun. So konsumierte EvD, an Kummer gewöhnt, acht Fläschchen und Röhrchen, besser gesagt: deren Inhalt.

Doch es waren nicht so sehr die unzureichenden Mittel aus der Reiseapotheke, die *Dänikens* Zustand zunächst andauern ließen – vielmehr die Hotelbediensteten des „Oberoi". Bestellte er einen Kübel Eis, wurden ihm prompt zwei Teller Trockenreis serviert. Läutete er nach kaltem Tee, verschönte man sein Zimmer mit einer Vase voll Lotusblumen. Zum Frühstück war er auf Obstsalat scharf, doch ein Kellner reichte ihm die Morgenzeitungen. Die, zu aller Freude, im Urdu-Dialekt gedruckt. Kurz vor der Explosion ließ der Fieberkranke den Empfangschef holen, trug ihm seine Wünsche vor. Der nickte verständnisvoll – eine halbe Stunde später kam der Page. Ihm zur Seite ein Taxichauffeur. Steif und fest beharrten beide darauf, *Däniken* selbst habe danach verlangt. Nach langem Palaver dampften beide wieder ab. Nicht aber, ohne noch schnell die Taxigebühr kassiert zu haben: 10 Rupien.

EvD ging es hundeelend. Er hatte weder Hunger noch Durst, er wollte nur schlafen. Irrtum.

„Manchmal standen bis zu sechs Zimmerboys um *Erichs* Bett, erzählt sein Sekretär. „Einer staubte den Ventilator ab, einer hantierte an der Bettdecke, ein anderer stellte nicht bestellte Blumen abwechselnd von einem Tisch auf den anderen, und allesamt warteten auf Bakschisch. Unser Rupienvorrat hat sich in diesen Tagen empfindlich verringert."

Ein Glück, daß eines Tages Prof. *Hassnain*, der Archäologe, in dieses Chaos hereinschneite. Er übersah augenblicklich die Situation und scheuchte die ganze Meute mit ein paar kräftigen Worten hinaus. „Urdu müßte man können", seufzt *Willi* in trüber Erinnerung.

Noch heute schlottern ihm die Knie, denkt er an jenen Vortragsabend in Kalkutta zurück, den sein Chef verpflichtet war, vor einer mehrtausendköpfigen, fanatisierten Menschenmenge zu halten. „Ich glaube, die Situation war damals für *Erich* und mich bedrohlicher, als jene in der Unterkunft in Dera Ghazi Khan, als wir unseren Range Rover verteidigten", meint *Dänikens* Reisebegleiter. Er hat zweifellos recht, denn, eingekeilt in den Menschenmassen, hätte den beiden auch eine Waffe in der Hand nichts genützt.

Schon zu Mittag war in *Dänikens* Appartement ein Empfangskomitee bestehend aus zwei Archäologen, zwei Anthropologen, einem Museumsdirektor und mehreren Assistenten, erschienen, und hatte dem Schweizer Gast versichert, alles sei bestens vorbereitet. *Willi Dünnenberger: „Erich* hätte sich so gerne Kalkutta, Indiens größte Stadt, angesehen – es war einfach nicht zu machen. Journalisten und Radioreporter gaben sich die Türklinke in die Hand, wir konnten das Hotelzimmer nicht verlassen." So verbrachte EvD einen Vormittag damit, Kalkuttas Zeitungen zu studieren, besser gesagt: ihren Inhalt zu erahnen, denn trotz Kenntnis von fünf Sprachen, ist der Weitgereiste außerstande, bengalische Schrift zu entziffern. Er mußte sich also darauf verlassen, was ihm englisch sprechende Reporter versicherten: Daß die Berichte über ihn durchwegs positiv lauteten. EvD genoß die gute Presse . . .

Alles sei also bestens vorbereitet, hatte man *Dänikens* Erwartungen angespannt. Diese schlugen aber in Panik um, als er, Sekretär *Willi* sowie das Empfangskomitee um 18 Uhr vor dem Museum vorfuhren. *Indira Gandhi* hätte vor Neid erblassen müssen. Es war wie bei einem Staatsempfang. Nur viel ärger.

„Noch ehe wir vor dem Museumseingang hielten, waren wir von tausenden Menschen eingekeilt", erzählt *Dänikens* treuer Vasall *Dünnenberger*. „Die Polizei hatte alle Hände und Füße voll zu tun, die Menge in Reih und Glied zu schlichten. Uns bugsierte man schleunigst in den Innenhof, ein Kordon machte für uns mit mehr oder weniger sanfter Gewalt eine Gasse frei. Durch die quetschten wir uns in den Saal. Glauben Sie mir, so etwas habe ich noch niemals mitgemacht, auch nicht *Erich*. Was sich in dem Vortragssaal tat, war unbeschreiblich. Es dürfte sich um eine große Halle gehandelt haben – wir sahen nichts davon. Alles war übersät mit Menschen. Sie klebten sogar an den Fenstersimsen. Und erst die Luft. Zum Schneiden. Im Saal war es stickig und schwül. Aber wo war *Erich*?" Das Menschengebrodel hatte den Sekretär von seinem Chef getrennt. *Dünnenberger* hatte sich – sicher ist sicher – einen knallroten Pulli angezogen, so eine Art Stopplicht, damit ihn *Däniken* in der Menge ausnehmen konnte. Vergebliche Liebesmüh. Während *Dünnenberger* mit begeisterten Studenten um die Plätze raufte, hatte man die „Beute" zur Stirnseite des Saales bugsiert. Dort, vor einer großen Leinwand, standen vier Stühle. In einen wurde EvD ohne viel Federlesens hineingepreßt. „Bevor *Erich* überhaupt zum Sprechen kam, mußte er zunächst einmal Lobeshymnen dreier Vorredner über sich ergehen lassen", erzählte sein Sekretär. „Es war ihm geradezu peinlich, was da an Schönfärberei ein Archäologe, eine Anthropologin, ja selbst der Museumsdirektor von sich gaben. Er selber kam minutenlang nicht zu Wort – Ovationen prasselten auf ihn nieder, so daß selbst das Mikrophon zu schwach gewesen wäre, um sich damit verständlich machen zu können."

Einmal mehr wußte sich EvD zu helfen. Er referierte eine Kurzfassung seines Lichtbildvortrages. Kaum war sie zu Ende – brach die Hölle los.

Tausende drängten auf *Erich* zu. Es war ein Tumult ohnegleichen. Verzweifelt ruderte ich mit den Armen, gebrauchte sogar die Fäuste, um ans Rednerpult zu gelangen. Keine Chance. *Erich* reportierte mir – Stunden später im Hotelzimmer – die bangen Minuten im Museumssaal. Bis zu diesem Augenblick habe er nicht gewußt, daß man solche Angst vor Menschen haben könne, beteuerte er mir – und ich muß ihm recht geben. Wer so etwas nicht am eigenen Leib erlebt hat, kann sich's nicht vorstellen."

Däniken wurde von dem Knäuel von Körpern zu Boden gepreßt. Auf allen vieren kroch er, immer in Gefahr, von seinen Fans erdrückt zu werden, schweißgebadet in eine freie Ecke. Zwei Wände gewährten EvD eine vorübergehende Atempause.

Die Polizei war nicht untätig gewesen. Mit Schlagstöcken verschaffte sie sich Luft. Sie trommelte ein Stakkato auf die Rücken der Entfesselten. Die blieben ungerührt. Sie hatten ohnehin nur das eine Ziel vor Augen: *Erich von Däniken*. Ihm und *Willi* war es inzwischen geglückt, der „Bestie Mensch" zu entkommen. Dank der

Polizei, die eine Schneise durch das Menschengewühl geprügelt hatte. *Dünnenberger* setzt fort: „*Erich* war das alles reichlich unangenehm, doch was sollten wir machen. Erschöpft saßen wir im Auto, das uns schleunigst zum Hotel zurückbrachte. Meine Kleidung, einschließlich des knallroten Pullis, hing in Fetzen herunter. Im Hotel angekommen, begannen wir uns gemeinsam vor dem nächsten Vortrag, diesmal in Kalkuttas Universität, zu fürchten." Zum Glück ohne Grund. Denn wenn auch EvD bei der Ankunft vor dem Gebäude nicht aus dem Auto herauskonnte – es war von Studenten blockiert –, die Polizei, dein Freund und Helfer, schuf Platz. Ungeachtet der Hiebe, die auf das jugendliche Publikum niederprasselten, rief man enthusiasmiert: „Long live EvD!" „Lang lebe *Däniken*!"

Der Götterforscher sprach zwei Stunden. Im Saal war es totenstill, alles total konzentriert. Der Vortrag ging im Auditorium für nukleare Physik in Szene, dem größten Saal der Universität. Und diese Uni wiederum ist mit ihren 240 000 Studenten die größte und älteste Asiens.

„Frage nicht, was sich nach dem Vortrag tat", schildert *Dänikens* rechte Hand. „Die Begeisterung war schier unbeschreiblich. *Erich* schrieb sich die Finger wund. Alle wollten Autogramme."

Was *Däniken* aber weit mehr mit Genugtuung erfüllte, war die Welle an Sympathie, die ihm auf diesem akademischen Boden entgegenschlug. Professoren erklärten sich spontan bereit, EvD mit ihrem Fachwissen zu unterstützen. Von Sanskritforschern wurde ihm jede Menge Material aus dem indischen Raum angeboten, und der Dekan versicherte dem Schweizer Jubelgast, daß die Theorien, die er in seinen Büchern vertrete, jedem Hindu jene Realität wären, die er seit je erkannt habe. Tatsächlich steht *Erich von Däniken* seit Monaten in eifriger Korrespondenz mit allen möglichen indischen und pakistanischen Wissenschaftlern. Vor allem der schon erwähnte Professor *Hassnain* will nun auf Zuspruch *Dänikens* alle finanziellen Möglichkeiten nützen, den riesigen Monolithen beim „Judentempel" von Srinagar mit Kränen heben zu lassen, um das Rätsel der radioaktiven Spur zu lösen.

Reisen mit *Däniken* bieten jedem etwas. Und sie verlaufen ja nicht immer lebensgefährlich.

5

PRO UND KONTRA

Ist *Erich von Däniken* am Ende seines Lateins? Haben sich seine phantastischen Theorien als Fata Morgana erwiesen? Keine Frage, daß solche Anspielungen durch die Massenmedien geisterten, als im August 1975 das offensichtliche Scheitern einer *Däniken*-Expedition bekannt wurde, die den Schweizer Götterforscher nach Kaschmir geführt hatte.

Ausgerüstet mit einem komplett ausgestatteten „Range Rover" und Suchgeräten im Wert von 150 000 Mark war *Erich von Däniken* Anfang August mit seinem Sekretär und engsten Mitarbeiter *Willi Dünnenberger* nach Pakistan aufgebrochen, um endlich einen unwiderlegbaren Beweis für seine in aller Welt engagiert verfochtene Hypothese zu erbringen, außerirdische Intelligenzen hätten einstmals diesen Planeten besucht und hierbei Spuren ihrer Anwesenheit an bestimmten Orten zurückgelassen. So ein „bestimmter Ort" schien sich im Kaschmirtal zu befinden, bei einem jüdischen Tempel im Gebiet von Srinagar, der Hauptstadt des indischen Staates Kaschmir.

Ein deutscher Prähistoriker, Studiendirektor *Karl Maier*, hatte *Däniken* den Hinweis gegeben, wobei er sich auf eine Episode aus dem Alten Testament bezog, die davon berichtet, daß der Prophet Ezechiel (Hesekiel) nach seiner ersten Begegnung mit außerirdischen Besuchern von diesen zu einem unbekannten Tempel – der sich offenbar außerhalb Palästinas befand – via Raumfähre mitgenommen worden war.

Aufgrund relativ genauer Beschreibungen im Bibeltext schloß *Maier* auf jene Tempelruine im Kaschmirtal, obgleich bekannt war, daß der Judentempel bei Srinagar erst im 8. nachchristlichen Jahrhundert errichtet wurde. Ezechiels Flugreise aber soll sich – laut den Angaben des Prophetenbuches – bereits 573 v. Chr. abgespielt haben.

Erich von Däniken ließ sich dennoch nicht abhalten, der aufgezeigten Spur zu folgen, hielt er es doch für möglich, daß jener Judentempel auf den Resten eines früheren Heiligtums errichtet worden sein könnte. Ihn lockte die Versuchung, mit Hilfe von Geigerzählern nachzuprüfen, ob auf dem Tempelareal noch heute Spuren radioaktiven Abfalls feststellbar seien. Ein entsprechender Hinweis scheint nämlich – wenn auch verklausuliert – aus dem Bibeltext hervorzugehen.

Zurück von einer kräftezehrenden Tour zum Tempel bei Srinagar, verkündete ein enttäuscht wirkender *Däniken* Pressevertretern in Neu-Delhi: „Ich fand keine Bestätigung des Bibeltextes. An der angegebenen Stelle kann es nicht gewesen sein."

Also keine Astronautenspuren in Kaschmir? War alles Forschen vergeblich?

Wie war das beispielsweise mit *Dänikens* Expeditionsbericht aus Ecuador? Dieser hatte – vor allem in deutschen Landen – erheblich Staub aufgewirbelt, als *Erich von Däniken* in seinem dritten Buch „Aussaat und Kosmos" euphorisch behauptete:

„Das ist für mich die unglaublichste, die unwahrscheinlichste Geschichte des Jahrhunderts.

Dies könnte eine Science-fiction-Story sein, wenn ich das Unglaubliche nicht gesehen und fotografiert hätte. Was ich gesehen habe, ist weder Traum noch Phantasie, es ist Realität . . ."

Was er gesehen haben wollte, war ein riesiges Tunnelsystem, das sich in einer Ausdehnung von mehreren tausend Kilometern tief unter der Erde zwischen Peru und Ecuador erstrecken soll. Er selbst sei dort unten gewesen, behauptete *Däniken* steif und fest, und zwar mit dem eigentlichen Entdecker dieser künstlich angelegten Höhlen, *Juan Moricz*, einem Argentinier ungarischer Herkunft.

Dieser will schon 1965 die unterirdischen Gänge aufgespürt, seine Entdeckung jedoch zunächst drei Jahre verschwiegen haben. 1969 war *Moricz* dann neuerlich mit siebzehn Mann Begleitung zu seinen Tunnels aufgebrochen, verschiedene Schwierigkeiten – tropische Regenfälle, Nahrungsmangel – ließen das Unternehmen jedoch scheitern.

Am 4. März 1972 kam es zur ersten Begegnung zwischen *Moricz* und *Däniken*. Nach stundenlangem Gespräch war der mißtrauische Argentinier schließlich bereit, dem Schweizer Götterforscher sein Geheimnis zu zeigen. Er führte *Däniken* und dessen Reisebegleiter *Franz Seiner*, einen Österreicher, zu einem Nebeneingang des Tunnelsystems. Er befindet sich in der ecuadorianischen Provinz Morona-Santjago, im Dreieck Gualaquiza–S. Antonio–Yaupi, in einem von fremdenfeindlichen Indios bewohnten Gebiet. Nähere Angaben wurden EvD von Moricz untersagt.

Doch was tat es. *Erich von Däniken* sah sich am Ziel. Die Beweise für seine Überzeugung, daß die Herren vom anderen Stern einst hier gewesen waren, lagen und standen sichtbar herum. Begeistert notierte er:

„Die Höhlenwände sind samt und sonders rechtwinkelig, mal schmal, mal breit, die Wände glatt, oft wie poliert, die Decken plan und wie von einer Glasur überzogen. Das freilich sind keine auf natürliche Wei-

95

se entstandenen Gänge – Luftschutzbunker unserer Zeit sehen so aus!"

Erich von Däniken war fasziniert – dann häuften sich die Überraschungen. Zuerst streikte sein Kompaß; *Moricz* erklärte dies mit angeblichen Strahlungen. Dann lag plötzlich ein Skelett vor ihm auf dem Boden, besprüht mit Goldstaub. „Wie aus einer Spraydose", fiel ihm dazu ein.

Weiter ging es. Sie betraten einen Saal, geschätzter Grundriß 110 mal 130 Meter. EvD vergleicht die Maße mit jenen der Sonnenpyramide von Teotihuacan. Da wie dort seien die genialen Baumeister, überragende Techniker, – wie *Däniken* befindet – anonym geblieben.

Der Saal war nicht leer. Darin gab es einen Tisch und sieben Stühle. Aus welchem Material? Stein? Holz? Metall? *Däniken* weiß es nicht. Für ihn fühlten sich die Gegenstände an „wie eigentemperierter Kunststoff", sie seien jedoch schwer und hart wie Stahl gewesen.

„Hinter den Stühlen stehen Tiere; Saurier, Elefanten, Löwen, Krokodile, Jaguare, Kamele, Bären, Affen, Bisons, Wölfe – kriechen Echsen, Schnecken, Krebse . . . Nicht wie bei Darstellungen der Tiere der Arche Noah in Paaren. Nicht, wie es der Zoologe gern hätte, nach Abstammung und Rasse. Nicht, wie es der Biologe möchte, in der Rangordnung der natürlichen Evolution.

Es ist ein zoologischer Garten der Verrücktheiten, und seine Tiere sind aus reinem Gold . . . "

Zwei Stichworte in einem Satz, die später zu einem richtiggehenden Kesseltreiben gegen *Däniken* führen sollten: *Verrückt* und natürlich unwahr sei sein Bericht von den unterirdischen Höhlen; eine Lüge seine Schilderung von *Goldschätzen*, die sich darin befinden sollen – so urteilen einige Wissenschaftler und Journalisten. Ebenso wischten diverse Meinungsbildner deutscher Güte EvDs sensationellsten Hinweis vom Tisch, den er in dem gleichen Saal – „gegenüber dem zoologischen Garten, links hinter dem Konferenztisch" (so die wörtliche Beschreibung) – besichtigt haben will: eine Bibliothek aus *Metallplatten*!

„Teils Platten, teils millimeterdünne Metallfolien, die meisten in der Größe von 96 × 48 cm. Mir ist, nach langem kritischen Betrachten, schleierhaft, welches Material eine Konsistenz hat, die das Aufrechtstehen so dünner und so großer Folien ermöglicht. Sie stehen nebeneinander wie gebundene Blätter von Riesenfolianten. Jede Tafel ist beschriftet, trägt Stempel, ist gleichmäßig wie von einer Maschine bedruckt. *Moricz* schaffte es bisher nicht, die Seiten seiner Metallbibliothek zu zählen, ich akzeptiere seine Schätzung, daß es einige tausend sein können ..."

Dieser *Juan Moricz*, der bei dem Notar Dr. *Gustavo Falconi* in Guayaquil eine von mehreren Zeugen unterfertigte, absolut rechtsgültige Urkunde hinterlegt hatte, die ihn dem Staat Ecuador und sonstigen Interessenten gegenüber als Entdecker des rätselhaften Tunnelsystems legitimiert (*Erich von Däniken* besitzt eine Fotokopie des Dokumentes, datiert mit 21. Juli 1969), war jedoch in einem Interview, das er dem Magazin „Der Spiegel" 1973 gab, anderer Ansicht.

Däniken sei nie in seinen Höhlen gewesen, behauptete der Argentinier. Sein Schweizer Gast habe auch nie die Metallbibliothek oder den Zoo goldener Tiere mit eigenen Augen gesehen. Auf die erstaunte Frage des „Spiegel"-Reporters, wie dann *Däniken* zu solchen Angaben gekommen sei, meinte *Moricz* unwirsch:

„Ich habe ihm alles erzählt. Stunden-, tagelang hat er mich ausgequetscht. Er wollte immer mehr hören. Er hat sogar mit 200 000 Dollar für eine Höhlenexpedition gewinkt ..."

Däniken sei zwar tatsächlich bei einem Seiteneingang zu seinem Höhlenlabyrinth gewesen,

„. . .aber man konnte in diese Höhle nicht hinein, sie ist verschüttet. *Däniken* kann lügen soviel er will, ich nicht . . ."

Hat aber *Däniken* wirklich gelogen? Sprach *Juan Moricz* die Wahrheit? Der Götterforscher kontert heftig. „Wenn *Moricz* und ich lediglich an einem Seiteneingang gewesen sind, bei dem, wie er sagt, ,nichts zu sehen war', weshalb hätte er mich dorthin führen sollen. Weshalb mußten wir 48 Stunden lang zu Fuß und per Jeep durch den Urwald? Bloß um zu einem Eingang zu gelangen, der verschüttet gewesen sein soll und bei dem ,nichts zu sehen war'?"

Auch das Politmagazin „Der Spiegel" stellt Herrn *Moricz* kein gutes Zeugnis aus. Der Direktor des archäologischen Instituts von Quito, *Hernan Crespo Toral*, nannte ihn unverblümt einen „Schwindler und Abenteurer". Beim „Spiegel" ist man davon überzeugt, daß weder *Moricz* noch *Däniken* den „Goldenen Zoo" sowie die Metallbibliothek jemals gesehen haben.

„Doch im Unterschied zu *Däniken* hat *Moricz* wahrscheinlich niemals wirklich an deren Existenz geglaubt . . ."

Sicher ist, daß die Legende vom „Goldenen Zoo" und den sonstigen Relikten, die sich in den Ecuador-Tunnels befinden sollen, in diesem Land schon sehr lange kursiert. Ein angeblich verrückter Hauptmann namens *Jaramillo* soll davon vor 40 Jahren berichtet haben.

Dies bedeutet jedoch weder, daß *Erich von Däniken* noch *Juan Moricz* gelogen haben müssen. Und wie wir noch sehen werden, haben es sich auch die „Spiegel"-Rechercheure zu leicht gemacht. Immerhin existiert eine Urkunde des argentinischen Höhlenforschers, notariell beglaubigt, und immerhin haben 1969 17 Männer, unter ihnen *Moricz*, an einer solchen Expedition teilgenommen. Sie führte zum Haupteingang des Tunnelsystems. Davon existieren eine Menge Fotos. Die Leute *waren* in

Höhlen, haben deren künstlichen Ursprung bestätigt und darin Relikte verflossener Jahrtausende mit eigenen Augen gesehen. *Juan Moricz* ließ nach Abschluß der – widriger Umstände wegen – nicht zu Ende geführten Forschungsreise, jeden einzelnen Teilnehmer ein Dokument unterzeichnen, das diesen zum absoluten Stillschweigen über Gesehenes und Erlebtes verpflichtete. Auch davon gibt es Fotokopien.

Und schließlich existieren briefliche Unterlagen der amerikanischen Filmgesellschaft Media Associates Company, mit Niederlassungen in Los Angeles (Kalifornien) und Quito (Ecuador), die sehr konkret zu jenem geheimnisvollen Tunnelsystem Stellung nehmen – Beweismittel, die der Autor dieses Buches gelesen hat.

Am 5. März 1973 hatte EvD das erste Schreiben des zuständigen Direktors der Filmgegellschaft erhalten. Mister *James B. Mobley* (so sein Name) teilte dem Schweizer darin mit, daß sich Verhandlungen mit *Juan Moricz* zerschlagen hätten. Ursprünglich war der Exilungar bereit gewesen, für 50 000 Dollar was die Rechte betraf, sowie weiteren 1000 Dollar pro Expedition, das Filmteam in seine Höhlen zu führen. Unvermittelt wollte er dann davon nichts mehr wissen, und erklärte sich nur noch mit einem gefilmten Interview einverstanden. Das wiederum lehnte die Filmgesellschaft ab.

Doch die Media Associates Company schaltete schnell. Man „vergaß" *Moricz,* suchte und fand einen neuen Expeditionsleiter. Sein Name: *Pino Torrola. Däniken* erfuhr, daß dieser „die Höhlen ausgiebiger erforscht hat als irgend jemand anderer und das mindestens eineinhalb Jahre *vor* der *Moricz*-Expedition . . ." *Erich von Däniken* war „happy". Endlich ein Silberstreif am Horizont und die Möglichkeit, seine Behauptungen aus „Aussaat und Kosmos" auch filmisch zu beweisen. Wörtlich schrieb ihm Dir. *Mobley*:

„ . . . Nach ausgedehnten Nachforschungen sind wir

zu dem Schluß gekommen, daß irgendwelche Maschinen, Platten aus fremdem Metall, Gegenstände aus Gold usw., die sich in den Höhlen befinden, nicht in den Kammern zu finden sind, in die Mr. *Moricz* ging, sondern in einer besonderen Kammer, die viele Meilen entfernt am oberen Flußlauf des Santiago River liegt.

Dieser Eingang kann nur erreicht werden, wenn man durch den Fluß schwimmt und innerhalb der Höhlen auftaucht. Unsere Expedition wird beide Kammern, die von *Mr. Moricz* und die am Fluß, untersuchen. Wenn es irgendeine Grundlage für diese Geschichten gibt, haben wir eine großartige Gelegenheit zu beweisen, was stimmt und was nicht. Eines ist sicher: Wir werden ein großes Abenteuer aus dem Film machen."

EvD wiederum hatte an den Rechtsanwalt von *Moricz*, *Matheus Pena*, geschrieben. *Pena* verlangte nämlich in einem vorangegangenen Brief, namens seines Mandanten, prozentuale Beteiligung an sämtlichen Büchern des Schweizer Erfolgsautors, weil dieser – angeblich widerrechtlich – die Entdeckung des argentinischen Höhlenforschers öffentlich bekanntgemacht habe. Auch von einem Plagiat *Moriczschen* Gedankengutes las man in *Penas* Schreiben. *Däniken* konterte:

„ . . . Von einer prozentualen Beteiligung an meinen bisherigen Werken kann keine Rede sein. Ideen und Theorien lassen sich nicht patentieren. Es gibt keinen geistigen Anspruch darauf . . . Was die von mir publizierten Fotos betrifft, so habe ich Ihnen diesbezüglich bereits geschrieben. Herr *Moricz* hat in Anwesenheit von Herrn *Seiner* mir diese wenigen Bilder zur Publikation freigegeben.

Zudem sei nochmals darauf verwiesen, daß diese Bilder bereits von der Presse publiziert worden sind, *bevor* ich sie von Herrn *Moricz* erhielt . . . Ich finde es außerordentlich unfair, von mir in Ecuador zu wün-

schen, daß ich über die unterirdischen Anlagen des
Herr *Moricz* berichte, und – nachdem dies geschehen
ist – den Spieß plötzlich umzudrehen. Es war doch der
Zweck unseres Gespräches und es war meine Aufgabe, die Welt darüber zu informieren, daß Herr *Moricz*
einen unterirdischen Schatz und unterirdische Höhlen entdeckt hatte. Es war beabsichtigt, die internationale Welt auf Herrn *Juan Moricz* aufmerksam zu machen. Dies ist von meiner Seite geschehen . . . Nun dafür von mir Prozente kassieren zu wollen – Prozente
für was? – ist ein Witz."

Einmal in Harnisch gebracht, stellte EvD auch gleich die
Moricz-Behauptung im „Spiegel" richtig, er habe dem Argentinier 200 000 Dollar für eine Höhlenexpedition zu-
gesagt.

„Ich wiederhole nochmals, daß es durchaus korrekt
ist, daß ich im Gespräch mit Ihnen zusicherte, ich wollte mich darum bemühen, daß eine Expedition finan-
ziert werden könne. Wir hatten diskutiert, daß eine
große Firma – oder mehrere – sich an diesen Unko-
sten beteiligen sollte, um eine Expedition zu ermögli-
chen. Diesen Firmen wäre auf der Gegenseite das
Recht irgendwelcher Reklame zugestanden worden.
In diese Richtung gingen unsere freundschaftlichen
Gespräche, ohne daß definitive Vereinbarungen getroffen oder Verträge gemacht worden waren . . . Ich
bin nach wie vor überzeugt, daß es auch möglich wäre,
größere Geldmittel für eine Expedition *Juan Moricz*
aufzutreiben, sofern Herr *Moricz* bindende Zusagen
an die betreffenden Firmen macht, denn logischerweise verschenkt ja niemand 200 000 US-Dollar ohne Ge-
genleistung . . . Würden Sie die Freundlichkeit haben,
mich darüber zu informieren, für *welche* Gegenleistun-
gen ich diese angeblichen 200 000 US-Dollar versprochen haben soll? . . ."

Rechtsanwalt Dr. *Pena* blieb die Antwort schuldig – doch

untätig dürfte er nicht geblieben sein. Denn natürlich hatte ihm *Erich von Däniken* mitgeteilt, daß die Media Associates Company „nun unabhängig von *Herrn Moricz* die Höhlen in Ecuador filmisch auswerten wird". Der mit einigem Recht verärgerte Schweizer ließ auch nicht unerwähnt, daß ein gewisser *Pino Torrola* die angeblich von *Juan Moricz* entdeckten Höhlen bereits eineinhalb Jahre vorher besichtigt hatte und nunmehr das amerikanische Filmteam dorthin führen würde. *Leider*, wie sich in der Folge erweisen sollte.

Däniken zeigte mir im Herbst 1973 ein weiteres Schreiben Dir. *Mobleys*, das ihn – verständlicherweise – mit größter Genugtuung erfüllte. *Torrola* und das Filmteam waren nämlich inzwischen in den betreffenden Höhlen gewesen. Einige tausend Meter Film wären belichtet worden, erfuhr EvD. Nach schwierigen Manövern – Urwaldmärschen und Tauchaktionen, um den Höhleneingang zu erreichen – sei es dann möglich gewesen, in jenem unterirdischen Labyrinth zu drehen. „Wir filmten in Sälen eindeutig künstlichen Ursprungs, in denen 6000 Menschen mühelos Platz gefunden hätten", begeisterte sich Dir. *Mobley*. Man wolle aus dem gewonnenen Material keinen Dokumentar-, sondern einen Spielfilm machen – und schon in ein paar Monaten würde *Däniken* das Resultat dieser Bemühungen zu sehen bekommen.

Ich erinnere mich, mit welcher Freude mir EvD damals jenes Schreiben offerierte. Für ihn war alles klar: In ein paar Monaten würden seine von der Fachwelt und den Zeitungen so geringgeschätzten Angaben eine gloriose filmische Rehabilitierung erfahren. Einer, der damals schon zu zweifeln begann, war *Dänikens* Buchbearbeiter *Utz Utermann*.

„Ich bat einen guten alten Freund in Hollywood, zu versuchen, die Filmmuster anzusehen", erinnert er sich. „Mein Freund bemühte sich – erfolglos. Der Film kam nie heraus."

102

Was war passiert? *Utermann* hat da so seine eigenen Anschauungen. „Sehen Sie, nach ecuadorianischem Gesetz gehören alle in diesem Land gemachten Funde dem Entdecker. Nichts davon darf entfernt oder rausgetragen werden. Aber das hat das Filmteam sicher nicht beabsichtigt, also muß es etwas geben, von dem wir uns – samt eifriger Reporter – nichts träumen lassen. *Däniken* wurden aus Ecuador laufend Klagen angedroht, geklagt wurde bisher nirgendwo auf der Welt. Nicht einmal in südamerikanischen Staaten, wo das Buch ‚Aussaat und Kosmos' längst Bestseller ist."

Für *Utermann* steht fest, daß die Gruppe um *Moricz* nicht nur nachträglich am Bucherfolg *Dänikens* mitverdienen wollte, sondern auch mit gezinkten Karten operierte, die – davon ist *Dänikens* Bearbeiter und Duzfreund überzeugt – „eines Tages auf den Tisch kommen". Erst dann, so *Utermann*, wird *Erich von Däniken* volle Rehabilitation erfahren.

Hat also der Schweizer Götterforscher seinerzeit geblufft, oder beruhen seine Schilderungen auf Tatsachen? Warum hat er nicht selber Nachschau gehalten, was aus dem „verschollenen" Film der Amerikaner geworden ist? Hat er sich alles aus den Fingern gesogen? Beruhen seine Kenntnisse des Tunnelsystems lediglich aus den Erzählungen seines Entdeckers?

Der Econ-Verlag war interessiert, Licht ins Dunkel der mysteriösen Geschichte zu bringen. Verlagschef *Erwin Barth* von *Wehrenalp* finanzierte im Frühjahr 1973 eine „Kontrollreise" des bekannten Bonner Völkerkundlers Prof. *Udo Oberem* nach Ecuador. Das Unternehmen verlief nicht so, wie es sollte. „Beispielsweise ist der Ort, an dem der Einstieg zu den Höhlen liegt, nur mit einem Flugzeug erreichbar", schildert *Utermann* die sich *Oberem* in die Wege stellenden Schwierigkeiten.

„Professor *Oberem* fand dann zwar nach langen Bemühungen endlich doch noch ein Flugzeug – aber der Pilot, der es zum Tunneleingang fliegen sollte, war mangels Flugaufträgen schon längst nach Argentinien zurückgekehrt. Eine andere Möglichkeit, zu den Höhlen zu gelangen, gab es aber nicht. Es war nämlich Regenzeit, alles war überschwemmt. Mit einem Jeep weiter zu kommen, wäre sinnlos gewesen. Man wäre im Schlamm steckengeblieben."

„Und wenn es *Däniken* auf eigene Faust gewagt hätte . . .?" *Utermann* winkt ab: „*Erich* wollte ja spontan nach Ecuador. Ich, das heißt alle, die es gut mit ihm meinen, haben ihm aber dringend und flehentlich abgeraten. Sehen Sie: *Juan Moricz*, der Höhlenentdecker, und sein Anwalt *Pena* sind ecuadorianische Staatsbürger und wohlakkreditiert. Was ist, wenn sie *Erich* gleich an der Staatsgrenze hätten verhaften lassen? Ich sage Ihnen, in Ecuador gibt es finstere Machenschaften. *Moricz* hat *Erich* von den Höhlen erzählt und ihn in einen Seiteneingang geführt. Er hat aber kein Wort davon gesagt, daß er mit einem Honorar rechne, wenn *Erich* darüber berichten sollte. Im Gegenteil. Ich kenne ja die Korrespondenz. Wenn *Moricz* Geld für seine Schilderungen hätte haben wollen, hätte er sagen müssen: ‚Herr von *Däniken*, wenn Sie das schreiben, kostet das, sagen wir, 10 000 Dollar.' Dann hätte sich *Erich* das alles überlegen können. Und wie ich ihn kenne, hätte er dazu sicher ‚nein' gesagt. Ob nämlich in ‚Aussaat und Kosmos' diese knapp 14 von insgesamt 287 Seiten drinnengewesen wären oder nicht; das hätte den Erfolg des Buches nicht entschieden . . ."

Hier bin ich – und dies nicht als einziger – anderer Meinung. Für das gewaltige Echo des „3. *Däniken*" in den Massenmedien sorgten nämlich gerade die von *Utermann* so gering geschätzten 14 Seiten zum Ecuador-Abenteuer. Eine Tatsache, die auch EvD anerkennt. *Utermann* beklagt die negativen Pressestimmen (so im „Spiegel" oder im „Stern"). Sie hätten den Erfolg von „Aussaat und Kosmos" im deutschsprachigen Gebiet stark vermindert, glaubt er. Der *Däniken*-Bearbeiter ist wie auch Verlagschef *Wehrenalp* überzeugt, daß der Götterforscher die Wahrheit sagt. *Utermann* zitiert *Däniken* Begleiter *Franz Seiner*, der sich als Fotograf ebenfalls in Ecuador aufhielt. Auf *Utermanns* Zweifel, was sich in Ecuador nun wirklich ereignet habe und ob die Geschichte, nämlich die von dem Besuch der unterirdischen Höhlen, auch stimme, engagierte sich der gebürtige Vorarlberger: „Ich bin doch nicht verrückt! Ich bin mit *Erich* dort gewesen, ich bin mit ihm in den Seiteneingang – und *Erich* hat ja auch nichts anderes behauptet – eingestiegen. Wenn *Erich* verrückt wäre, bin ich's dann auch? Zwei Verrückte auf einmal und nur vorübergehend? Das wäre doch irre!"

Auch Econ-Boß *Erwin Barth von Wehrenalp* sieht keinen schwarzen Fleck auf *Dänikens* weißer Weste: „Ich bin fest überzeugt: *Erich von Däniken* war natürlich dort. Es scheint aber eine Rivalität zwischen *Moricz* auf der einen Seite und *Däniken* auf der anderen Seite zu bestehen. Dabei habe ich das Gefühl, daß *Däniken* in diesem Falle einem Menschen mehr geglaubt hat als es gut war ihm zu glauben."

Der Sciencefiction-Autor *Walter Ernsting*, Kennern dieser Literaturgattung unter dem Pseudonym „*Clark Darlton*" geläufig, zählt seit acht Jahren zu den *Däniken*-„Insidern". Er hegt keine Zweifel an der Ehrlichkeit des Schweizers. „Die Sache ist so, daß in der Zeitschrift ‚Bild der Wissenschaft' – und das noch bevor *Erich von Däniken* nach Ecuador fuhr – bereits über ähnlich künstlich angelegte Höhlen in Peru berichtet wurde. Dies von anerkannten Wissenschaftlern – und wenn man es richtig liest, noch weit phantastischer, als *Erich von Däniken* es getan hat. Doch damals hat sich kein Mensch darüber aufgeregt. Man hat's gelesen, zur Kenntnis genommen – und wieder vergessen."

Ernsting hält *Dänikens* Schilderung der Höhlen Ecuadors durchaus nicht für einen Bluff, mit der kleinen Einschränkung, „daß in gewissen Einzelheiten die Phantasie vielleicht ein wenig mit ihm durchgegangen ist". Auf keinen Fall aber – so *Ernsting* – habe *Däniken* „bewußt gelogen". Ähnlich wie *Wehrenalp* sieht er seinen Freund von dem Entdecker der Höhlen, *Juan Moricz*, „hinters Licht geführt", möglicherweise „auch geblufft", trotzdem: „Das, was *Däniken* gesehen hat, hat er gesehen, davon bin ich überzeugt!"

Ernsting bindet dem Bestsellerautor – in Gedanken – einen Strauß Rosen, ohne dabei die Dornen zu vergessen. „Es scheint nun mal *Erichs* Schicksal zu sein, ernster genommen zu werden als die Wissenschaftler. Jedenfalls ist er mehr als diese den Kritikern ausgesetzt. „Der 60jährige Autor weltweiter Utopie-Serien („Perry Rhodan") fühlt sich beim Stichwort „Kritik" mit seinem Freund solidarisch. Vehement, mit der Empfindlichkeit des sich oft ungerechtfertigt angegriffen Fühlenden, steht er *Däniken* zur Seite: „Überhaupt scheinen mir manche Journalisten und Kritiker der Auffassung zu sein, sie könnten es nur dann zu etwas bringen, wenn sie alles, was ihnen in die Quere kommt – egal ob das Filme, Bücher oder Schauspieler sind – negativ kritisieren. Offenbar sind sie der Ansicht, nur dann ernstgenommen zu werden. Positive Reaktion wird nach Meinung dieser Leute als ein Zeichen eigener Schwäche angesehen."

Erich von Dänikens Abstecher nach Kaschmir bzw. Ecuador waren nur zwei von zahlreichen weiteren Forschungsreisen des beweissüchtigen Globetrotters. Sieht man von der Volksrepublik China und Sowjetunion (ausgenommen Moskau) ab, so gibt es meines Wissens kein bedeutendes Land mehr auf dieser Erde, das *Erich von Däniken* nicht schon durchkämmt hat, um seinen Indizien für einen Götterbesuch in grauer Vorzeit weiteres Material hinzuzufügen.

Er aber sucht weiter nach dem letzten Glied in der Indizienkette: *den Beweis*. Gelegentlich siedelt er ihn, von neugierigen Fans oder Reportern befragt, an einem „mathematisch-logischen Punkt in unserem Sonnensystem" an, ohne die Hoffnung aufgegeben zu haben, ihn schließlich doch noch im festen Boden unter seinen Füßen zu entdecken. Auch ich bin der Ansicht, daß der Schweizer Götterforscher – was sein Ecuador-Abenteuer angeht – die Wahrheit sagt. Allerdings: In Detailberichten, die er nur im engsten Freundeskreis preisgab, findet sich ein Faktum, das nicht nur von EvD als authentischer Beweis angesehen wird.

Ungeachtet aller Warnungen, Ecuador noch einmal aufzusuchen, um nicht der Willkür eines *Juan Moricz* zum Opfer zu fallen, kann mich schon deshalb *Dänikens* hartnäckige Weigerung, aus diesem Motiv heraus die Tunnels mit der Metallbibliothek noch einmal aufzusuchen, nicht voll zufriedenstellen. Handelte es sich lediglich um die Sammlung von Metallfolien mit den rätselhaften Schriftzeichen – an sich schon Beweis genug – so würde ich darüber hinwegsehen. *Däniken* aber will in dem unterirdischen Labyrith „ein Ding" entdeckt, ja „gefühlt" haben, das – wenn er die Wahrheit sagt – schlechthin als „der" Beweis anerkannt werden müßte.

Seine Rechtfertigung „Ich habe es gesehen, ob die anderen mir glauben, ist mir egal" ist schon deshalb nicht überzeugend, weil EvD – wer ihn näher kennt, muß es bestätigen – kein Hindernis scheut, um an das Ziel seines Forscherlebens heranzukommen: *An den endgültigen Beweis!* Er allein wäre ja die Bestätigung seiner Überzeugung für die einstmalige Identität außerirdischer Astronauten.

Bleiben also nur zwei Folgerungen, die *Dänikens* Weigerung, an den Ort seiner Entdeckung – die Höhlen Ecuadors – zurückzukehren, echt motivieren:

– Entweder: Der Götterforscher hat *gelogen*, hat sich seinen Beweis aus den Fingern gesogen;
– oder aber: Es gibt in Ecuador eine *Gefahrenquelle*, die jede diesbezügliche Vermutung übersteigt – von der nur *Däniken* weiß – und die imstande ist, selbst einen von seiner Idee so Besessenen, wie EvD, von seinem Ziel abzuschrecken.

Muß also bittere Bilanz für den Schweizer Globetrotter gezogen werden? Fehlschläge auf der ganzen Linie? In Ecuador ebenso wie in Kaschmir?

Gemach, gemach.

Kaschmir war kein Fehlschlag, ganz und gar nicht. *Däniken* selber hatte dafür gesorgt, daß jene Pleitemeldung in die Presse kam. Und warum?

Indien und Pakistan befinden sich bekanntlich im Kriegszustand. Sie haben zueinander keine diplomatischen Beziehungen. Die entsprechenden diplomatischen Kontakte werden von der Schweiz, einem neutralen Staat, vorgenommen. Schon aus diesem Grund ist das Überqueren der Grenze zwischen Pakistan und Indien auch heute noch ein kleines Abenteuer. Inder und Pakistani meiden den Grenzübergang. Höchstens Ausländer, im Tag vielleicht zehn, wechseln die Staaten.

Erich von Dänikens „Expedition" bestand nur aus zwei Mitgliedern: aus ihm selbst und seinem Sekretär *Willi Dünnenberger*. Das Reisegepäck allerdings hätte für einen ganzen Stoßtrupp gereicht: Im vollbepackten „Range Rover" befanden sich nicht nur etwa fünfzehn Koffer, sondern auch die verschiedensten Instrumente: Strahlensuchgeräte beispielsweise, Metalldetektoren, Schreibmaschinen, Diktiergeräte, Fotoapparate und natürlich auch Waffen – Gaspistolen. Auf so einer viele hundert Kilometer lange Tour muß man gegen alles gewappnet sein.

Auch gegen die reguläre und geheime Polizei.

EvD hatte seine gesamten Apparaturen illegal mitgenommen. Ein Umstand, daß davon nichts aufkam, ist auch beim Zoll zu suchen. *Erich von Däniken*: „Die Zöllner zwischen Pakistan und Indien sind, Gott sei Dank, meist Analphabeten. Sie verstehen einfach gar nichts. Man kann ihnen den Paß sogar verkehrt in die Hände drükken, sie sagen ,okay', drücken ihren Stempel drauf. Andererseits kann ihre Ungebildetheit zu fürchterlichen Komplikationen führen. Hinter einem einfachen Radiogerät argwöhnen sie gelegentlich sogar eine Geheimdienstapparatur." Hätte EvD also die Wahrheit über die Identität seiner Instrumente bekannt, wäre seine Forschungsreise ins Wasser gefallen. „Wenn die Zöllner erfahren hätten, daß ich Metalldetektoren und Strahlensuchgeräte in meinem Gepäck führe, so wäre mein Gastspiel beim Zoll – davon bin ich überzeugt – wohl erst nach eineinhalb Monaten zu Ende gewesen. Die ratlosen Zöllner hätten sich vermutlich an den indischen Geheimdienst gewandt. Verhör auf Verhör wäre die Folge gewesen.

Also sagten wir nichts, und wurde ein Zöllner dennoch argwöhnisch und wies auf unser Strahlensuchgerät, so meinten wir mit stoischer Ruhe, das sei ein Radioapparat."

Selbst wenn der Zöllner, das Mißtrauen in Person, nunmehr forderte, das Gerät einzuschalten, ließ sich das Schweizer Duo nicht beirren. Däniken: „Wir haben also das Suchgerät in Tätigkeit gesetzt, schnell die Uhr daran gehalten, schon machte es ,tick, tick, tick' und wir erklärten dem Zöllner mit unschuldsvoller Miene, im Radio sei offenbar eine Störung."

Beim Zoll „fraß" man schließlich alles, was EvD an Notlügen offerierte – der Weg zum Tempel bei Srinagar war frei.

Nach ihrer Rückkehr von der Tempelanlage in die Hauptstadt von Kaschmir, hielt *Däniken* an der dortigen Universität, vor vollbesetztem Auditorium, einen Vortrag zum Götterthema. Daran schloß sich – wie üblich – ein Frage- und Antwortspielchen an.

Indische Journalisten hatten jedoch von dem Vorhaben *Dänikens*, die Tempelruine bei Srinagar zu besuchen, läuten hören, folglich fragten sie ihn neugierig, ob er auch etwas gefunden habe. *Däniken*: „Ich konnte den guten Leuten doch nicht verraten, daß ich im Tempelgelände nach Spuren von Radioaktivität gesucht hatte – die hätten mich doch natürlich sofort gefragt: Mit welchen Geräten?"

Wegen des Kriegszustandes zwischen Indien und Pakistan und auch der Diktatur, die im Moment im Lande *Indira Gandhis* herrscht, ist Indien mißtrauisch gegen Fremde. Der Geheimdienst hat überall seine Agenten, man denunziert den Nächsten – *Erich von Däniken* mußte schweigen, um sich zeitraubende Schwierigkeiten zu ersparen. Also spielte er den Erfolglosen. „Nein, wir haben nichts gefunden", meinte er mit kummervoller Miene zu den erwartungsvollen Journalisten. Es habe nichts Schönes in Indien gegeben als die Umgebung, die netten Menschen und das gute Essen. Selbst das war gelogen.

„Denn die Menschen waren nicht nett, und das Essen war scheußlich", rückt *Däniken* die Dinge ins rechte Lot.

Doch die abenteuerliche Fahrt zu jenem rätselhaften Heiligtum, 80 Kilometer außerhalb von Srinagar, auch Sonnen- oder Judentempel genannt, war nicht vergeblich. Sie erbrachte aufregende Indizien – und eine De-facto-Bestätigung des Bibeltextes.

Der Prophet *Ezechiel* hatte die Wahrheit geschrieben, Studiendirektor *Maier* mit seiner Vermutung recht behalten. Recht behalten, womit?

In der Bibel – im Alten Testament – finden wir das überaus interessante Buch des Propheten *Ezechiel* (alias *Hesekiel*). Dieser, ein jüdischer Priester, war 597 v. Chr. gemeinsam mit einer Reihe einflußreicher Juden in der Nähe von Babylon deportiert worden, nachdem Jerusalem den Babyloniern und ihrem König *Nebukadnezar* in die Hände gefallen war.

In seinen Niederschriften schildert nun besagter *Ezechiel* seine wundersamen Begegnungen mit Wesen aus dem All, die ihn mit der Landefähre – „der Herrlichkeit des Herrn" – am 4. April 593 v. Chr. erstmals kontaktierten und diese Begegnungen im Verlaufe von zwanzig Jahren noch drei weitere Male erneuerten. *Ezechiels* erstes Rendezvous ereignete sich am Fluß Kebar bei Tel-Abib (wo die Deportierten lebten), nahe der Stadt Babylon. Der jüdische Priester, ein sehr kluger Kopf, wurde von den Raumfahrern ausersehen, seine Umwelt mit den Weisungen der Auftraggeber zu beeinflussen – was er auch tat.

Dafür wurde er Zeuge sogenannt „göttlicher Schauungen", will heißen: die Fremden nahmen ihn jeweils in ihre Raumfähre und brachten ihn zunächst zum Salomonischen Tempel von Jerusalem, später dann zu einem vorerst unbekannten Heiligtum auf einem hohen Berg nahe einer Stadt.

Josef Blumrich, der NASA-Ingenieur, fand bei seinen Untersuchungen bald heraus, daß dieser zweite Tempel *nicht* in Palästina existiert haben konnte und daß es sich dabei keinesfalls um den Salomonischen gehandelt hat. Von diesem sind uns nämlich Grundriß und Aussehen überliefert.

Die sehr eingehende Beschreibung des unbekannten Tempels im „Buch *Ezechiel*" läßt keinen Trugschluß zu: Der jüdische Priester war von den Fremden via Raumfähre außerhalb des Landes zu einer anderen Tempelanlage gebracht worden. Wo war die aber zu suchen?

Studiendirektor *Karl Maier* fand eine brauchbare Spur. Sie führte ihn – mittels Atlas und Reiseführer – in den indischen Bundesstaat Kaschmir, zu dessen Hauptstadt Srinagar.

Srinagar war nicht immer Kaschmirs Metropole ge-

111

wesen. Die frühere Hauptstadt hieß Martand. Ihre Ruinen liegen, nur wenige Wegstunden von Srinagar entfernt, stromaufwärts, am Fluß Dschilam. Dicht daran die Überreste des einstigen Judentempels, der bis heute ein Rätsel der Archäologie geblieben ist.

Srinagar liegt 1600 Meter hoch, mitten in einer weiten Talmulde des Dschilam, umgeben von den höchsten Riesen des Himalaja. Diese Berge erreichen Höhen zwischen 4000 und 6000 Metern. Die entsprechende Passage im „Buch *Ezechiel*" lautet aber:

„ . . . In gottgewirkten Schauungen brachte er mich in das Land Israel und ließ mich auf einem sehr hohen Berge nieder. Auf diesem war mir gegenüber etwas wie eine Stadtanlage (40, 2)."

Sowohl Ing. *Blumrich* wie auch Dir. *Maier* sind sich gewiß, daß der Priester *Ezechiel* damals keineswegs in Palästina gewesen sein kann, kannte er doch die Umgebung Jerusalems „wie seine eigene Westentasche" und hätte solcherart wohl auch den Namen des „sehr hohen Berges" gewußt. Ihm war die Gegend, in der er hineingestellt worden war, jedoch offensichtlich unbekannt.

Daß es aber dennoch erkennbare Querverbindungen zu jüdischen Traditionen gegeben haben muß, schließt *Maier* aus mancherlei Indizien. So gibt es in Kaschmir heute noch Orte, welche die Namen biblischer Städte tragen; man sieht Frauen in typisch jüdischer Kleidung, erkennt hebräische Inschriften auf Grabsteinen, viele Familiennamen tragen im Gefolge das Wort „Joo" oder „Ju", was zu deutsch Jude bedeutet.

Erich von Däniken wollte es – wie üblich – genauer wissen. Also machte er sich auf den Weg zum Judentempel von Srinagar. „Wir haben rund 25 solcher Tempel in Kaschmir besucht. Durchwegs Heiligtümer, den indischen Gottheiten geweiht. Nur dieser eine Tempel bei Srinagar paßt überhaupt nicht dazu", stellte EvD fest. Die Tempelanlage entspricht bis ins Detail dem *Ezechiel*-Bericht. Sie liegt eigentlich auch nicht bei Srinagar, sondern nahe den Ruinen der Exmetropole Martand. *Däniken*: „Tatsächlich handelt es sich um eine riesige Anlage, ähnlich gebaut wie der uns aus Überlieferungen bekannte Salomonische Tempel von Jerusalem, der ja leider 586 v. Chr. zerstört worden ist – übrigens sieben Jahre nach *Ezechiels* erstem Kontakt mit den Raumfahrern."

Was aber suchte *Däniken* eigentlich? Dazu muß neuerlich die Bibel bemüht werden. In den Niederschriften des Priesters *Ezechiel* finden sich nämlich Hinweise, daß in jener Tempelanlage in Kaschmir spaltbares Material von den Allbesuchern vergraben wurde. Heißt es beispielsweise:

> „Er rief dem Mann, der in Linnen gehüllt war, zu und sprach: ‚Tritt in den Raum hinein, der zwischen den Rädern liegt, unterhalb der Kerubim, fülle deine beiden Hände mit glühenden Kohlen aus dem Raum zwischen den Kerubim . . . (10,2)',
>
> . . .da trat dieser hinein und stellte sich neben dem Rad auf (10,6). Der Kerub streckte seine Hand von dem Raum zwischen den Kerubim nach dem Feuer hin aus, das sich zwischen den Kerubim befand, griff zu und legte davon in die Hände des Mannes, der in Linnen gehüllt war; er nahm es und ging hinaus (10,7)."

Bei den „glühenden Kohlen" handelt es sich gewiß nicht um den uns bekannten Brennstoff – hier steckte offenkundig mehr dahinter.

Erich von Däniken und sein Mitarbeiter *Willi Dünnenberger* betrieben intensive Strahlungssuche, dies mehrere Tage lang. Man forschte nicht nur im Zentrum des Tempels, sondern auch an den vier Tempeltoren. EvD kombinierte nämlich nicht zu Unrecht, daß auch die Raumfähre radioaktive Spuren hinterlassen haben könnte, als sie im Tempel einfuhr. Wörtlich hat uns der Prophet *Ezechiel* überliefert:

„Dann führte er mich zu dem Tor, das in östlicher Richtung lag (43,1). Und siehe da, die Herrlichkeit des Gottes Israel kam von Osten her. Es rauschte gleich dem Rauschen gewaltiger Wasser. Die Erde strahlte von seiner Herrlichkeit (43,2). Die Erscheinung, die ich zu schauen bekam, glich der Erscheinung, die ich schaute, als er kam, die Stadt zu vernichten. Auch der Anblick des Gefährts glich der Erscheinung, die ich am Fluß Kebar geschaut hatte. Ich fiel auf mein Angesicht nieder (43,3). Die Herrlichkeit des Herrn zog in den Tempel ein *durch* das Tor, dessen Vorderseite nach Osten schaute (43,4)."

Josef Blumrich, der in seinem Buch „Da tat sich der Himmel auf" mit gewont wissenschaftlicher Akribie nach der Stichhaltigkeit der *Ezechiel*-Beschreibung fahndete, leistete *Erich von Däniken* unbewußt Schützenhilfe. Der Götterforscher stieß nämlich auf eine Spur. Allerdings nicht – wie bei *Ezechiel* zu lesen – beim Ost-, sondern beim *Nordtor* des Judentempels. *Däniken*: „Die Strahlendetektoren, die uns zur Verfügung standen, waren von außerordentlicher Empfindlichkeit. Mit ihnen ließ sich sogar Radioaktives messen, selbst wenn inzwischen 25 000 Jahre vergangen gewesen wären. Überhaupt waren das ganz phantastische Instrumente. Mit ihnen war alles mögliche anzufangen. Zum Beispiel konnten sie auch separat auf Alpha-, Beta-, Gammastrahlen oder alle möglichen Strahlungen eingestellt werden. Wenn's dann anfängt zu knistern, dann beginnt man zu sortieren: Welche Strahlung ist es, die das Gerät anzeigt?" EvD und seinen jungen Begleiter hatte – wen wundert es? – das Entdeckerfieber gepackt. Wahrscheinlich war die Hoffnung, dem Tempel tatsächlich ein Geheimnis zu entreißen weit größer als die Zuversicht – doch dann geschah es . . .

Däniken: „Wir hatten schon ein schönes Stück Tempelareal mit unseren Geigerzählern abgetastet, zunächst vergeblich. Um so jäher wurden wir überrascht. Wir hatten gerade die verlängerte Linie des nördlichen Hauptausganges überquert, als plötzlich der Zeiger des Gerätes wie verrückt auszuschlagen begann, gleichzeitig gab es im Gerät ein fürchterliches Geräusch – wie das Knattern eines Maschinengewehrs.

Ich dachte einen Moment, wir hätten uns verhört, und liefen – ungläubig ob solcher Entdeckung – die ganze Strecke noch einmal retour. Wiederholung. Es war kein Irrtum. Wieder dieses knatternde Geräusch. Hier war ein Punkt mit erhöhter Radioaktivität. Sie war derart hoch, daß wir sie nicht mehr messen konnten. Sie war höher, als unsere Skalen anzuzeigen vermochten. Der Zeiger drohte förmlich aus dem Gerät herauszuspringen." *Erich von Däniken* drückte alle Knöpfe der Apparatur, einzig deshalb, um das ohrenbetäubende Geräusch zu vermeiden. Vergeblich. Der Lärm in den Kopfhörern der beiden Schweizer blieb konstant.

Däniken: „Das war eine kuriose Sache. Unsere Messungen ergaben einen radioaktiven Bereich von genau eineinhalb Meter Breite. Außerhalb dieses Bereiches war alles still, kaum hatten wir das Strahlungsfeld erreicht, begann wieder dieser fürchterliche Lärm: Ra-tatata-ta."

EvD hatte zunächst nur die Breite gemessen, jetzt wollten er und *Dünnenberger* feststellen, über welche Länge sich die Radioaktivität hinzog.

Däniken: „Es wurden 52 Meter, wir haben das mit dem Meßband eruiert. Damit's genau stimmt, haben wir ein paar Knaben, die uns über den Weg liefen, mit ein paar Geldmünzen dienstbar gemacht. Sie hielten in regelmäßigen Abständen unser Meßband, jeder vom anderen zirka drei Meter entfert. Das war notwendig, weil die Meßbänder nur 25 Meter weit reichen. *Willi* und ich waren bei unseren Messungen bald von Kindern umgeben. Es war eine tolle Sache! Einer von uns hielt das Meßband, der andere das Strahlensuchgerät. Und das Tollste: Die Strahlungsintensität blieb auf diesen 52 Metern unvermindert gleich. Vom Hauptportal weg, auf einer schnurgeraden Linie!"

Der Götterforscher folgte der radioaktiven Spur der Allbesucher – 2500 Jahre nach ihrem Erscheinen – noch einmal. Sein Weg führte ihn und seinen Mitarbeiter vom Nordtor, dem Hauptportal des Tempels, bis hinein ins Zentrum. Am Ende lag das Heiligtum, vom Zahn der Zeit bereits stark angenagt. 52 Meter lang waren EvD und *Dünnenberger* der radioaktiven Spur gefolgt, bis hin zum Mittelpunkt des einstigen Heiligtums.

Däniken: „Diesen Mittelpunkt bildet ein gewaltiger Steinklotz. Ein Steinquader, der offenbar nicht behauen, sondern gegossen wurde. Seine Seitenlänge maßen wir mit zirka 2,80 Meter, seine Höhe mit etwa eineinhalb Meter. Er ist aus einem einzigen Stück geformt. Um diesen Monolithen von der Stelle zu rücken, hätten selbst Kräne größte Schwierigkeiten. Unser Geigerzähler war davon unbeeindruckt. Deutlich zeigte er an: Der Strahlungsherd war in diesem Steinquader zu suchen. Vielleicht unterhalb, wir wissen es nicht . . ."

Erich von Däniken macht sich jedoch Hoffnungen, bald Antwort auf seine Frage zu erhalten. Während seines Aufenthaltes in Indien war er in dauerndem Kontakt mit Kapazitäten diverser Universitäten. Ihnen hat EvD – im Gegensatz zu den Journalisten – die Wahrheit erzählt. Dies deshalb, weil diese gelehrten Herren Professoren seinen Denkmodellen weit aufgeschlossener begegnen als ihre Kollegen in Europa.

Däniken: „Ich habe ihnen geschrieben, daß ich mir die Ursache der radioaktiven Tempelspur nicht erklären könne. Ich bat sie, das was ich fand nachzukontrollieren, dort vielleicht einmal zu graben."

Warten wir also ab.

Wie aber ist die Diskrepanz im *Ezechiel*-Bericht – der

116

sich auf das Osttor des Judentempels festlegt – mit *Däni-kens* Fund beim Nordtor zu erklären? Ich erwähnte *Josef Blumrich*, der unabhängig vom aktuellen Anlaß, sich vor die gleiche Problematik gestellt sah. Der NASA-Fach-mann glaubt, die logischste Lösung gefunden zu haben.

Der Prophet *Ezechiel* wird bekanntlich mehrmals via Raumfähre zu einem Tempel mitgenommen. Er (oder aber der Bibelschreiber) glaubte, daß es sich hierbei um den Salomonischen in Jerusalem handeln müßte. Aller-dings: die mitgelieferte Beschreibung der Anlage stimmt nicht. Da ist auch von äußeren Vorhöfen die Re-de. Dazu *Blumrich* in seinem Buch:

„Es ist nun sehr interessant, daß der Salomonische Tempel . . . nur *eine* Mauer und keine äußeren Vorhö-fe hatte! . . .Diese überraschende Wendung wird durch eine Verschiedenheit in der Geländebeschrei-bung noch unterstrichen. In 9,2 lesen wir, daß die Männer ‚von der Richtung des oberhalb gelegenen Tores' her kamen. Der genannte Plan zeigt jedoch das Tempelgebäude auf einer Erhöhung; das Nordtor des Salomonischen Tempels lag also etwas *unterhalb*."

Bleibt uns also der Schluß, daß *Ezechiel* gar nicht im Sa-lomonischen Tempel gewesen ist, daß er schon bei vor-angegangenen „Tempelausflügen" jenes Heiligtum bei Martand in Kaschmir betrat, ohne dessen Identität zu ah-nen.

Auch die Bibelkommentatoren sind sich übrigens nicht sicher, in welcher Himmelsrichtung dieses Tor, das die „Herrlichkeit des Herrn" durchfährt, in Wahrheit lag. *Blumrich*, zitiert: „ . . .so daß letztlich die Lage dieses To-res doch fragwürdig bleibt."

Für den modernen Bibelexegeten der NASA gilt als weiteres Indiz für die Richtigkeit seiner Vermutung, daß *Ezechiel* bei seiner Landung nicht in Israel, sondern in Ka-schmir festen Boden betrat, der Hinweis des Priesters, sie sei „auf dem Berge östlich der Stadt" erfolgt.

Kombiniert *Blumrich* messerscharf:

„Jemand, der Jerusalem so gut kannte wie *Ezechiel*, mußte nicht nur selbstverständlich den Namen des Berges wissen – Ölberg – sondern hätte diesen ihm wohlvertrauten Namen ebenso selbstverständlich angewendet, wenn er tatsächlich diesen Berg bezeichnen wollte; besonders, wenn er zu Leuten sprach, die mit der Gegend gleichermaßen vertraut waren. *Ezechiel* versäumt ja auch nie seine Verbanntengemeinde ‚am Flusse Kabar' zu erwähnen."

Wesentlich erachtet *Blumrich* ferner – und das erscheint mir besonders erwähnenswert – daß das „Buch *Ezechiel*" in der uns überlieferten Form keinen Originalbericht des jüdischen Priesters darstellt.

Blumrich: „Ein Bearbeiter des Buches *Ezechiel* konnte deshalb in gutem Glauben und bester Absicht den Tempel dieser Begegnung in den allgemeinen religiösen Zusammenhang aufnehmen und nach Jerusalem verlegen."

Wie die Faust aufs Auge paßt hierzu ein vielleicht wegweisendes Detail, das ich dem Lexikon für Theologie und Kirche aus dem Jahr 1959 entnehme. Darin heißt es, daß „den späteren Juden . . . die Lektüre der Anfangs- und Schlußkapitel wegen ihrer Dunkelheiten untersagt" war. Nicht verwunderlich: Gerade Anfang und Schlußabschnitt des *Ezechiel*-Buches behandeln ja die außerirdischen Kontakte mit dem Priester aus Israel. Die strenggläubigen Rabbiner wußten freilich mit *Ezechiels* phantastisch anmutenden Berichten nichts anzufangen.

Wir aber, Kinder an der Schwelle des 2. Jahrtausends, sehen schärfer. Daß es so ist, dazu haben sicherlich auch die Erkenntnisse eines *Blumrich*, *Däniken* oder *Maier* maßgeblich beigetragen. Die Beweissammlung mehrt sich stetig.

Ist also – um noch einmal zurückzublenden – *Erich von Däniken* am Ende seines Lateins? Mag es auch manchen blasphemisch klingen: Bei Gott nicht! Erst ein Hundertstel unserer Erdoberfläche wurde archäologisch erforscht – will da wirklich noch jemand allen Ernstes behaupten, es gäbe nichts Neues mehr zu entdecken?

Aber auch zum „Streitfall Ecuador" – nehmen Sie mich künftig ruhig beim Wort – ist längst nicht das letzte Wort gesprochen. Finanzkräftige Gesellschaften, Konzerne und private Geldgeber stehen bei *Däniken* Schlange. Sie alle sind bereit, einer Expedition in die geheimnisvolle Höhlenwelt Ecuadors finanzielle Unterstützung zu geben. EvD gäbe jeder Unternehmung seinen Segen, mit einer Einschränkung: Er selbst will nicht mehr dorthin, es ist ihm zu riskant.

Ganz grundlos sind *Dänikens* persönliche Bedenken gewiß nicht: Flatterte doch im Januar 1976 eine Meldung in die Zeitungsredaktionen, wonach sich in Ecuador die Machtverhältnisse neuerlich verändert hätten. Der bis dato regierende Präsident Lara mußte einer dreiköpfigen Militärjunta weichen. Solche Unruhen färben ab.

Postskriptum: Als unwahr erwies sich eine 1976 kolportierte Zeitungsmeldung, wonach der frühere US-Astronaut Neil Armstrong eine 70köpfige internationale Forschungsexpedition zu den „Däniken-Höhlen" nach Ecuador führen würde. Ein derartiges Unternehmen fand zwar tatsächlich statt, hatte jedoch mit EvD überhaupt nichts zu tun. Eine deutsche Illustrierte trieb es dabei besonders „bunt". Ihre Verleumdungskampagne erwies sich jedoch als zu „entenhaft" – und schlug fehl.

6

LÜGEN HABEN KURZE BEINE

Auch Journalisten haben Grundsätze. Sollte sich das bisher in der Öffentlichkeit noch nicht herumgesprochen haben, so sei es hiermit ausdrücklich vermerkt. Artikel I der publizistischen Grundsätze vom 31. Dezember 1978, der sogenannte bundesdeutsche Pressecodex, hält fest:

Achtung vor der Wahrheit und wahrhafte Unterrichtung der Öffentlichkeit sind oberstes Gebot der Presse.

Leider sehen vielfach die Tatsachen anders aus. Leider gibt es diverse Presseerzeugnisse, die nach eigenem Gutdünken mit der Wahrheit, mit der wahrhaften Unterrichtung der Öffentlichkeit verfahren. Sie manipulieren Tatsachen, gestalten sie nach eigenem Ermessen, und präsentieren ihrer Leserschar danach eine Darstellung, die man objektiv nur noch mit einer einzigen Stampiglie versehen kann:

Verfälschung!

Eine Gazette, die hierbei besondere „Erfahrung" zu besitzen scheint, ist die Illustrierte „Stern". Weltanschaulich ist sie „links" orientiert, wogegen nicht das mindeste zu sagen wäre. Anders verhält sich die Sachlage hingegen, wenn eine solche Tendenz in tendenziöser

Berichterstattung ausartet. Wenn man sich (die dafür maßgeblichen Gründe sind für Außenstehende oft nur schwer zu durchschauen) zum Zweck derartiger Kampagnen bestimmte „Feindbilder" schafft, um anhand dieser die eigene politische Tendenz zu motivieren.

Ein solches „Feindbild" der „Stern"-Leute ist beispielsweise der CDU/CSU-Kanzlerkandidat *Franz Josef Strauß*. Aus ihm hat die linksgerichtete Illustrierte eine Art Hitler-Duplikat gemacht, und im „Stern" schreckt man vor keiner Diffamierung zurück, wenn es gilt, dem bayerischen Ministerpräsidenten „am Zeug zu flicken". Kann man aber im Falle *Strauß* diese (politisch motivierte) Antipathie noch irgendwie verstehen, so bleibt die seit einem guten Jahrzehnt dort betriebene Zementierung eines anderen „Feindbildes" zumindest undurchsichtig.

Im „Stern" scheint man einen Mann zu hassen, dessen Horizont über den unseres kriegsverseuchten Planeten weit hinausreicht:

Erich von Däniken.

Beginnen wir beim Anfang der Affäre.

1979 hatte das bekannte internationale Reisebüro „American Express" eine lukrative Idee. Man organisierte gemeinsam mit der „Deutschen Lufthansa" einen Trip nach Lateinamerika. Aber damit allein wollte man es nicht bewenden lassen. Nein, hier mußte auch ein „Aushängeschild" her, um diesen Plan attraktiv zu machen. Und dieses „Aushängeschild" sollte EvD sein. Nach einigem Hin und Her sagte dieser zu. Das Reiseprojekt von „American Express" wurde terminisiert. Zwanzig Interessenten sagten zu, „auf den Spuren Erich von Dänikens" (so der offizielle Werbetitel des Unternehmens) und gemeinsam mit dem Götterforscher die Schauplätze seiner weltweit diskutierten Theorien einmal persönlich zu besichtigen.

Unter den angemeldeten Reiseteilnehmern waren auch zwei Journalisten: *Franz Hellebrand* von der „Neuen

122

Revue" sowie *Heinrich Mühle* vom Züricher „Tagesanzeiger".

Mit von der Partie waren auch ein *Hans Conrad Zander* aus Köln, der sich als Leiter eines Übersetzungsbüros auswies – sowie ein gewisser Dr. *Jürgen Gebhardt* aus Hamburg. Er behauptete, Unternehmensberater zu sein.

Diese beiden Herren waren nichts von dem, was sie zu sein vorgaben. Ihre Berufsbezeichnungen waren falsch; nur die Namen stimmten. *Hans Conrad Zander* und Dr. *Jürgen Gebhardt* sind „Stern"-Redakteure. Man hatte sie in die Reisegruppe eingeschleust, um (wie der Titel des Illustriertenreports verrät) „mit Däniken auf Göttersuche" gehen zu können.

Am 8. November 1979 erschien dann *Zander/Gebhardts* Fotobericht von einer Südamerika-Reise, die vom 21. September bis 13. Oktober gedauert hatte.

Am 4. Januar 1980 richtete der Hauptbetroffene, *Erich von Däniken,* eine *Beschwerde* an den Deutschen Presserat in Bad Godesberg, worin er zweierlei beantragte:
- Eine öffentliche Rüge der Illustrierten „Stern", sowie
- Die Richtigstellung sämtlicher diskriminierender Punkte in dem „Stern"-Artikel „Mit Däniken auf Göttersuche" Nummer 46 vom 8. 11. 1979.

Es erscheint reizvoll, hier einmal Anlaß und Wortlaut einer solchen Beschwerde dokumentarisch festzuhalten. Nicht, um den Beschwerdeführer zu entlasten oder zu rehabilitieren, sondern um einmal die Gangart und Machinationen bestimmter Presseorgane für jedermann ersichtlich ins Scheinwerferlicht zu rücken. Um aufzuzeigen, daß durch eine Entlarvung einseitig durchgeführter Zeitungskampagnen manches wieder ins rechte Lot gebracht werden könnte; daß die künftige Hintanhaltung solcher manipulierten Berichte tatsächlich eine „Stern"-Stunde für das deutsche Pressewesen sein könnte.

„Erich von Däniken packte mich am Arm: ‚Um Gottes

willen, Peter, das darf doch nicht wahr sein. Ich krieg'
einen Herzkasper. Diese Leute hier, das ist doch nicht
unsere Expedition?'
‚Doch, Erich, das ist sie . . .'
‚ . . . Sag mir lieber, wer ist denn die da drüben mit
dem steilen Kinn?'
‚Das ist die gereifte Goldspekulantin aus Luxemburg.'
‚Und der dort, der jetzt schon zum zwanzigsten Mal
erklärt, wie Hitler Moskau hätte erobern können?'
‚Das, Erich, ist der Möbelmillionär vom Niederrhein.'
‚Aber die da hinten, die sieht doch ganz vernünftig
aus.'
‚Ja, das ist die Krankenschwester aus Berlin.' . . .
Dann schrak Erich von Däniken zusammen: ‚Jesses
nein, und die dort! Peter, die nehme ich nicht mit auf
unsere Expedition. Die setzen wir auf der Osterinsel
aus. Die sieht ja aus wie Draculas Tochter!'
So begann, mit der Äquatortaufe zu Lima in Peru, die
‚Expedición internacional de Zurich' . . ."

. . . und so beginnt auch der Report der Herren *Zander*
und *Gebhardt* im „Stern". Hat es diesen Dialog zwischen
EvD und „Peter" *Zander* („ . . . Und im übrigen heiße ich
gar nicht Peter." „Unsinn, Peter, du kommst doch aus Solothurn, und bei uns im Kanton Solothurn heißt man Peter . . .") tatsächlich gegeben?

Erich von Däniken bestreitet dies in seiner Rechtfertigung an den Deutschen Presserat entschieden.

Richtig ist:

„Dieser angebliche Dialog zwischen ‚Stern'-Reporter
Conrad Zander und mir hat nie stattgefunden. Alle
mir in Anführungsstrichen in den Mund gelegten
Aussagen sind erfunden.

Beweis:

Ich begrüßte alle Reiseteilnehmer mit Handschlag
und kurzer Vorstellung sofort nach der Ankunft in Lima während der Busfahrt zwischen Flughafen und

Hotel. Zander kannte zu diesem Zeitpunkt die behaupteten Einzelheiten über die Reiseteilnehmer nicht. Wie sehr er erfindet, belegt der Satz: ‚Aber die da hinten, die sieht doch ganz vernünftig aus.‘ – ‚Ja, das ist die Krankenschwester aus Berlin.‘

Bei der ‚Krankenschwester‘ handelt es sich um Frau Käthe Zeuschner, eine langjährige Bekannte von mir. Ich kann mich folglich bei Zander nicht erkundigt haben, wer sie sei.“

Frau *Zeuschner* ihrerseits hatte nach Lesen des *Zander-/ Gebhardt*-Reports postwendend reagiert. Sie schrieb an die „Stern“-Redaktion und dementierte. EvD legte dem Presserat eine Briefkopie bei – und ergänzte diese Widerlegungspassage mit der Bemerkung:

„Mündliche Aussagen aller Reiseteilnehmer können eingeholt werden.“ (Adressen im Anhang.)

Wie wenig sich die beiden „Stern“-Leute an Tatsächlichem orientierten, beweist die Behauptung:

„Jahrelang hatte Erich von Däniken seinen gläubigsten Lesern diese gemeinsame Wallfahrt zu den Landeplätzen der Götter verheißen.

. . . zum wahrhaft außerirdischen Preis von 8580 Franken (9000 Mark). Wo doch ziemlich die gleichen Reisen auch schon für 4500 Franken zu haben sind . . . Drum haben wir alle gern das Doppelte bezahlt. Denn es war schon immer etwas teurer, einen besonderen Glauben zu haben.“

Man merkt die Absicht . . . kann man dazu nur sagen – . . . und ist verstimmt. Denn *Zander/Gebhardt* (letzterer war der Bildreporter. Anm. d. Verf.) beabsichtigten zu Beginn ihres Berichts gleich zweierlei:

● Zunächst versuchen sie den Lesern ihrer Gazette weiszumachen, die Teilnehmer des Däniken-Trip seien hier lediglich einer jahrelangen „Verheißung“ gefolgt, seien also – wie sie es EvD einmal in den Mund legen – so etwas wie eine „Alterssekte“, um

125

danach den Verdacht auszustreuen,

- der zweifellos enorme Preisaufschlag sei einzig zur entsprechenden Honorierung des „Ehren-Reiseführers" EvD vorgenommen worden.

In seiner Richtigstellung nennt *Däniken* beide Dinge beim Namen:

„Die Reise ist vom Reisebüro „American Express" Bahnhofstraße, Zürich, Abteilung Gruppenreisen (zuständig Herr Zahnd) organisiert worden. AMEXCO und „Lufthansa" haben die Reise erstmals Ende Februar/anfangs März 1979 ausgeschrieben. Von einer ‚jahrelangen Verheißung' und ‚Wallfahrt' keine Spur.

Zum Preis wird vom ‚Stern' subtil unterstellt, ich hätte mich auf Kosten der Reiseteilnehmer ganz gehörig bereichert. (Unterschied von 4500 Fr. auf 8580 Franken.) Ich habe an der Reise kein Geld verdient sondern – berücksichtigt man den Zeitaufwand und die Extras in den Hotels – Geld dazugelegt. Der Preis der Reise stammt ausschließlich aus Berechnungen von AMEXCO.

Beweis: Aussage von Herrn Peter Zahnd, AMEXCO, Zürich, kann eingeholt werden." (Adresse im Anhang.)

Geschickt und scheinbar harmlos eingestreut, versuchten die „Stern"-Reporter bei ihren arglosen Lesern überdies bestimmte Emotionen zu wecken. Zunächst einmal indem sie die Reiseteilnehmer lächerlich machen („Unter den 21 Pilgern lediglich vier jüngere Leute. Der Rest zumeist in jenem Alter, in dem man in Peking allmählich Chancen hat, Mitglied zu werden im Zentralkomitee der Kommunistischen Partei."). Da paßt es gut hinzu, daß Artikelschreiber *Zander* EvD wieder einmal unterstellt:

„Sag, Peter', flüsterte Erich beklommen, ‚ich bin doch nicht etwa der Chef einer Alterssekte?'

Nun. Alle reden von den Jugendsekten. Derweil ist Erich von Däniken, der ‚Prophet der Vergangenheit',

aufgestiegen zu einem der erfolgreichsten deutschsprachigen Autoren unseres Jahrhunderts . . ."
Die Volksmeinung über Jugendsekten darf als bekannt
vorausgesetzt werden. Die Aversionen ebenfalls. Wenn
jetzt zusätzlich EvD die Worthülse „Alterssekte" selber
in den Mund nimmt, dann trifft man gleich zwei Fliegen
mit einem Schlag: Man stachelt gegen „Sektenchef" *Däniken* auf – und man nimmt seinen Beweisbestrebungen
die Glaubwürdigkeit. Wer nimmt eine „Alterssekte"
schon ernst?

EvD stellt in seinem Schreiben an den Presserat richtig:

> „Eine derartige Aussage (, . . . ich bin doch nicht etwa
> der Chef einer Alterssekte?') habe ich nie gemacht.
> Das Durchschnittsalter der Reiseteilnehmer lag unter
> 45 Jahren.
> *Beweis:* Altersangaben zur Reiseteilnahme; erhältlich
> über AMEXCO, Zürich."

Zwischen diesem von *Zander/Gebhardt* ausgestreutem
„Zweckgerücht" und der eigentlichen Kernaussage der
„Stern"-Reportage – der (partei-)politischen Tendenz
dieses Herrn Däniken – wird noch jede Menge Negativ-
werbung betrieben. Was ist von einem Ehren-Reisefüh-
rer zu halten, der sich in plumper Vertraulichkeit – und
sternhagelvoll – seinem Freund „Peter" *Zander* (samt
Whiskyflasche und heulend) an die Brust wirft, den Hei-
de-Erika, „unsere tapfere kleine Expeditionsärztin", um
zwei Uhr früh energisch ins Bett verweist, und von dem
EvDs angeblich „treuester Spezi, Tomi, der gescheite
Speditionskaufmann aus Schaffhausen", kopfschüttelnd
behauptet haben soll: „Ich bin seit sieben Jahren mit dem
Erich privat befreundet. Aber so habe ich meinen Erich
noch nie erlebt. Manchmal scheint es mir, als habe er den
Glauben an sich selbst verloren." Der danach dem wahr-
heitsbeflissenen Geheimreporter „Peter" *Zander* anver-
traut: „Du, Peter, der Erich steckt in einer ‚ganz, ganz tü-

fe' Krise!"?

Erich von Däniken, Opfer einer Midlife-Crisis? Was für ein „Leitbild" wird da von einem Millionen-Autor entworfen? Das Bild eines konzept-, rat- und energielosen Mannes, mit dem es abwärtsgeht. Der zitierte Speditionskaufmann aus Schaffhausen, *Thomas Ruf,* dürfte die Zander-Ergüsse einigermaßen geschockt gelesen haben. Am 10. November 1979 setzte er sich hin und schrieb einen entsprechenden Brief an die „Stern"-Redaktion. Darin dementierte er nachdrücklich.

Auch Däniken stellte gegenüber dem Presserat richtig:

„Tomi (Thomas Ruf) ist nicht seit sieben Jahren mit mir privat befreundet. Ich kenne ihn oberflächlich seit 1977."

Entrüstet hält er fest, die ihm unterschobenen Äußerungen nie gemacht zu haben."

Daß dennoch beim Leser dieses „Stern"-Pamphlets einiges „hängebleiben" würde – darauf hatten der (oder die) Verfasser sicher nicht ganz zu Unrecht die Diffamierungskampagne aufgebaut. Zudem wird EvD als versponnener Astronautensucher ins Lächerliche gezogen, dessen Hypothesen nicht das Geld wert seien, das seine Bücher kosten. Aber es kommt noch besser. Unter anderem kann man lesen:

„‚Was soll ich anderes tun, als mich vollaufen lassen', murrte *Erich von Däniken* kleinlaut, ‚ich bin ja hier unterwegs mit einer Bande von Idioten.'

Erich, dieses Urteil war ungerecht! Hast du vergessen, wie wir beim Berg El Fuerte durch den bolivianischen Dschungel marschiert sind, und wie wir zur Verwunderung aller Klapperschlangen links und rechts im Urwald wie die alten Eidgenossen aus einem Halse sangen ‚Ich hatt' einen Kameraden, einen besseren findst du nit'?"

So macht man hellhörig für *Dänikens* politische Tendenzen, so setzt man ihn ins „rechte Licht". EvD hatte allerdings (und ebenso auch die anderen Reiseteilnehmer) die *Zander-/Gebhardt*-Story anders im Gedächtnis behalten. In seiner Richtigstellung für den Presserat heißt es:

„Die ersten beiden Sätze des Liedes ,Ich hatt' einen Kameraden' sind ausgerechnet von ,Stern'-Reporter *Zander* angestimmt worden und zwar nicht beim Anmarsch auf den Berg ,El Fuerte', sondern auf dem Rückweg im Bus. Niemand hat miteingestimmt.

Auf der gesamten Reise hat die Gruppe bei keiner Wanderung gesungen. Die Reiseteilnehmer marschierten weit auseinandergezogen.

Beweise:

Aussagen aller Beteiligten.

In dieser, wie auch in früheren Passagen des Artikels soll ich für den ,Stern'-Leser in die politisch rechte Ekke abgedrängt werden. Das Vorgehen ist symptomatisch für den gesamten Bericht, indem meine Person vollständig entstellt gezeichnet wird."

Genau das war ja auch der Sinn der Sache. Hätte man nämlich beim „Stern" die objektive Absicht besessen, einfach zwei seiner Reporter über Evds Reisetrip nach Lateinamerika berichten zu lassen, so wäre hierzu eine Berufsverfälschung à la Zander und Gebhardt nicht notwendig gewesen.

Mit der Wahrheit nimmt man's eben in Hamburg nicht so genau, wenn es gilt, einem Mißliebigen zu schaden. Daß man außerdem sämtliche Fotos der Reiseteilnehmer ohne deren Wissen und ohne deren Zustimmung im Blattext veröffentlichte, paßt zum seriösen Bild des „Stern".

Was immer man gegen *Däniken,* sei es persönlich oder im Hinblick auf seine provokanten Astronautenthesen, einzuwenden hat, so steht ihm dennoch (wie auch anderen) das demokratische Recht zu, eine *objektive* Berichterstattung fordern zu dürfen. Im Schlußteil seiner *Be-*

schwerde an den Presserat bemerkt EvD offenherzig:

„Als umstrittener Autor muß ich es mir sehr wohl gefallen lassen, zerpflückt zu werden, auch wenn ich dabei Haare lassen muß. Niemals aber darf die freie Presse zu erlogenen Mitteln, erfundenen Aussagen, irreführender Darstellung von Ereignissen greifen, um
eine Person und ihre Arbeit zu verunglimpfen, madig
zu machen. Dem ‚Stern'-Leser ist entgegen den tatsächlichen Begebenheiten eine Figur Erich von Dänikens plausibel gemacht worden, die der Leser nur ab-
lehnen, ja verabscheuen kann. Das Mittel der Verun-
·glimpfung ist in vorliegendem Falle besonders krass
und schwerwiegend, da nicht nur die Hauptperson
verlächerlicht wird, sondern auch die anderen Reiseteilnehmer teils als Narren, ‚Gläubige', ‚Sektierer', un-
kritische Fans eines ‚Sektenführers' hingestellt werden.

Ich bitte Sie, sehr geehrte Damen und Herren, diese
Beschwerde zu prüfen.

Mit freundlichen Grüßen

Erich von Däniken"

Ich wollte es nicht allein auf die Reisedarstellung *Erich
von Dänikens* ankommen lassen. Deshalb befragte ich
(brieflich) einen jungen Mann, der in den Herbstmona-
ten des Vorjahres ebenfalls der einundzwanzigköpfigen
Reisegruppe angehört hatte.

Wolfgang Siebenhaar ist gebürtiger Berliner, man merkt
es sofort, wenn er den Mund auftut. Ich kenne ihn schon
seit einigen Jahren, und was mir an dem Versicherungs-
angestellten besonders imponiert, ist sein ungehemmter
Reisetrieb. Siebenhaar verdient in seinem Job bestimmt
keine Häuser, aber er spart sich mit Bedacht immer so
viel Geld von seinen Einkünften ab, daß ihm auch gelegentlich teure Reisen kein Kopfzerbrechen bereiten. Die
Südamerika-Reise vom 21. September bis 13. Oktober
1979 *war* eine kostspielige Fahrt.

Im Eßzimmer Erich von Dänikens, in seinem Solothurner Domizil, hängt eine Malerei, die der Schweizer vor vielen Jahren in einer Berner Galerie entdeckt und spontan erworben hat: Dieser von einer Kirchenkuppel herabschwebende Raumfahrer, Dänikens „Paradeastronaut", verkörpert gleichzeitig EvDs „Bekenntnis": Unsere Götter kamen von den Sternen!

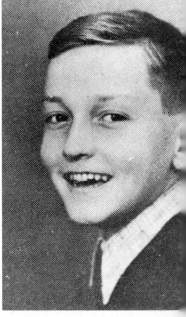

Bei den Pfadfindern avancierte das Organisationstalent Däniken zum Jungfeldmeister. „Papa" Erich (oben, 2. von links) und seine vier besten Pfadfinderfreunde. Damals, mit 15 Jahren, war EvD noch schlank und rank (unten, links) – und mit zwölf (unten, rechts) bei Lausbübereien immer tonangebend.

Als Trompeter in einer Jazzband machte EvD als Student Furore (oben, 2. von rechts). Jahrzehnte danach probierte Däniken in einem Wiener Jazzlokal aus, wieviel Puste ihm geblieben war (unten, Mitte). Nach den „feucht-fröhlichen" Mienen in den Gesichtern seiner Begleiter Walter Ernsting (links) und Peter Krassa (rechts) zu schließen, scheint es ein geglückter Versuch gewesen zu sein.

Viel Zeit bleibt ihm ja heute nicht, um auch mal an Urlaub zu denken. Aber Ski fahren gehört alljährlich bei Däniken unbedingt dazu. In jungen Jahren (oben, Mitte) fuhr EvD regelmäßig mit seinem Freund Theo Bos (links) mit den „Brettln" talab... Aber auch als Barmann in exklusiven Hotels sowie auf Hochseeschiffen bewies Erich von Däniken (unten, rechts) damals sein gastronomisches Talent.

EvD (links) unterwegs in Ägypten. Mit ihm auf der „Wüstenschaukel": sein langjähriger Reisebegleiter und Freund Hans Neuner.

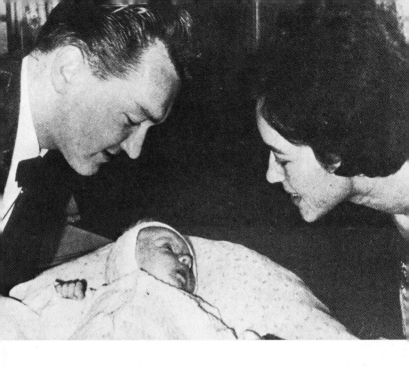

Dänikens Sohn Peterli (oben, Mitte) erstickte, gerade erst zwei Monate alt geworden, im Kopfkissen eines Kinderheims. Ein furchtbarer Schicksalsschlag für die jungen Eltern, die am 26. November 1960 in Stein am Rhein geheiratet hatten (unten). Elisabeth von Däniken, von ihrem Mann „Ebet" genannt, ist gebürtige Bundesdeutsche. Zwei Jahre nach dem tragischen Tod ihres kleinen Sohnes gebar Dänikens Frau ihr zweites Kind – diesmal ein Mädchen: Cornelia, auch „Lela" gerufen, wurde heuer 17 Jahre und ist zu einer außerordentlich hübschen jungen Dame aufgeblüht.

Dieses Küßchen in Ehren darf ihnen niemand verwehren... Immerhin feiert das Ehepaar Däniken bald seinen 20. Hochzeitstag. Da wird man doch noch ein wenig „busserln" dürfen, oder?

Wenn ihm einmal Zeit bleibt (und das ist selten genug), läßt sich Erich von Däniken willig in die Geheimnisse des Sportfischens „einweihen". Im gegenständlichen Fall von einem „Profi": seinem älteren Bruder Otto (rechts).

Diese beiden eher skeptisch blickenden Herren haben das Ihre zu Dänikens Erfolgsbilanz beigetragen: Econ-Verleger Erwin Barth von Wehrenalp (oben, 2. von rechts) und Buchbearbeiter Utz Utermann alias Wilhelm Roggersdorf (oben, rechts außen). Die unten, links abgebildeten Männer hingegen – links: Staatsanwalt Willy Padrutt, rechts: Untersuchungsrichter Hans-Peter Kirchhofer – brachten 1970 EvD auf den Anklagestuhl (unten, rechts).

Erich von Däniken in seinem Element: Wieder hat er offenbar ein „Götterrelikt" irgendwo in einem Weltwinkel aufgestöbert und bannt es entschlossen auf die Platte.

Gezeichnet von den Strapazen seiner Kaschmirreise blickt hier Erich von Däniken in die Kamera (oben). Aber schließlich erreichte er sein Ziel: den geheimnisvollen Sonnen- oder Judentempel von Srinagar, durch den eine radioaktive Spur verläuft (unten).

Direkt im Hauptquartier der NASA, in Huntsville, Alabama, traf EvD seinen Freund Josef Blumrich (oben, links), den Dänikens Ezechiel(Hesekiel)-Deutung gleichermaßen faszinierte. Aber auch in den USA war und ist Däniken regelmäßig Gaststar der dort üblichen Talk-Shows (unten).

Über Gegner verfügt EvD genug. In den frühen Siebzigerjahren war es der Student Gerhard Gadow (oben, Mitte), der zum „Anti-Däniken" hochgejubelt wurde... und 1979 führte eine gehässige, unwahre Artikelkampagne der Illustrierten „Stern" zu einer Zeitungsrüge durch den Deutschen Presserat. Unten, rechts, neben Däniken, einer seiner Entlastungszeugen: der Berliner Wolfgang Siebenhaar.

Eine der interessantesten Bekanntschaften, die Erich von Däniken bisher gemacht hat: Der weißhäutige Amazonas-Indianer Tatunca Nara (oben, links). Doch alle seine Reisen wären zwecklos, könnte EvD nicht auf ein riesiges und vorbildlich organisiertes Archiv in seinem Heim in Solothurn zurückgreifen, wo er stets findet, was er für seine Bucharbeit benötigt (unten).

Daß in diesem Autorenarchiv alles an seinem richtigen Platz zu finden ist, dafür sorgt Dänikens Paradesekretär Willy Dünnenberger (links). Er ist EvDs lebender „Computer" und hat maßgeblichen Anteil daran, daß sein Herr und Meister sämtliche Terminpläne für Reisen und Vorträge im Kopf behält.

Viel zu selten findet Erich von Däniken Zeit und Muße für ein gemütliches Gespräch in den eigenen vier Wänden. Solche Gelegenheiten weiß dann seine Frau Elisabeth richtig zu genießen.

Da die europäische Touristengruppe sich zumeist in Sichtweite EvDs aufgehalten hatte, war somit die Gewähr gegeben, eine Bestätigung (oder ein Dementi) eines Augenzeugen für die Behauptungen der beiden „Stern"-Reporter zu den angeblichen Vorkommnissen in Südamerika zu bekommen. *Wolfgang Siebenhaar* war die meiste Zeit in der Nähe *Dänikens* – er war daher über alles, was sich rund um ihn abspielte, ziemlich im Bilde.

Meine erste Frage nach dem Eindruck, den die beiden, unter falschen Berufsangaben reisenden Journalisten *Hans Conrad Zander* und Dr. *Jürgen Gebhardt,* auf ihn gemacht hätten, nützte mein Briefpartner zu einer recht eindrucksvollen Charakterisierung der beiden „Stern"-Reporter.

Siebenhaar: „Mein Eindruck von Gebhardt und Zander – und nicht nur meiner – war außerordentlich mies. Insbesondere bei Gebhardt. Der hatte zwar stets ein Grinsen auf dem Gesicht, doch gleichzeitig die Angewohnheit, sich ständig vor den anderen vorzudrängeln – wie, das war ihm egal. Rücksichtnahme kannte *der* nicht. Ihm war nur wichtig, ständig in der Nähe von EvD zu verweilen . . .

Auf dem Indio-Markt in La Paz stieß er beim Fotografieren einen Sack Bohnen um. Dazu muß man wissen, daß Bohnen für die armen Indios geradezu bares Geld bedeuten, und daß die nunmehr über den Steinboden kollernden Hülsenfrüchte für den Besitzer verloren waren. *Gebhardt* dachte nicht im entferntesten daran, sich zu entschuldigen oder etwa für den Schaden aufzukommen.

. . . *Zander* wiederum wurde von mir zunächst nur als vollkommen überspannter Mensch eingestuft. Das einzige Auffallende an ihm waren oftmals peinliche Äußerungen, die man nur durch Schweigen übergehen konnte . . ."

Daß sich *Erich von Däniken* während der Tour über einzelne Mitglieder seiner Reisegruppe lustig gemacht haben soll – wie im „Stern"-Bericht behauptet wurde –, läßt *Wolfgang Siebenhaar* nicht gelten: „EvD hat sich ganz bestimmt nicht über irgend jemanden lustig gemacht oder abfällig geäußert. Daß im Verlaufe einer solchen Reise von jedem mal die eine oder andere Äußerung fällt, die aber nie ernst gemeint ist, ist doch logisch. Mit irgend etwas kann man schließlich jeden mal aufziehen, aber doch nicht in der Art und Weise wie im „Stern" publiziert. Das gleich zu Beginn des Illustriertenartikels zitierte Gespräch zwischen *Zander* und EvD hat meines Wissens nie stattgefunden . . .

Natürlich haben wir auch mal was getrunken. Du kennst das ja auch. Niemals aber waren wir betrunken – schon gar nicht EvD. Das kann ich beschwören! Wir hätten uns, nach diesen anstrengenden Tagen, solche Saufgelage gar nicht leisten können . . .

. . . Und wenn der „Stern" noch so gelogen hat: EvD hat sich, als wir über Nazca flogen, nicht „seinen Rausch ausgeschlafen" (wie Herr Zander schrieb), sondern war zu diesem Zeitpunkt Ehrengast des Bürgermeisters von Nazca; ja, er wurde von diesem sogar zum Ehrenbürger von Nazca ernannt . . ."

Ich habe hier nur ein paar Auszüge aus dem Brief von *Wolfgang Siebenhaar* wiedergegeben. Die entscheidenden Gegendarstellungen wurden ja von EvD sowie den übrigen Reiseteilnehmern (die als Zeugen fungierten) dem Deutschen Presserat in Bad Godesberg übermittelt.

Und das ist der Inhalt des Antwortschreibens, das der Deutsche Presserat am 14. März 1980 an EvD, CH-4532 Feldbrunnen/Solothurn, Baselstraße 10, Schweiz, adressierte:

„Betr.: Ihre Beschwerde ./. „Stern"
Sehr geehrter Herr von Däniken,
der Beschwerdeausschuß des Deutschen Presserats hat sich auf seiner letzten Sitzung am 10. März 1980 in Bonn

sehr ausführlich mit Ihrer Beschwerde befaßt. Die Beschwerde wurde gemäß Ziffer 11 der Beschwerdeordnung als begründet anerkannt.

Dem „Stern" wurde eine öffentliche Rüge ausgesprochen.

Nach übereinstimmender Ansicht der Mitglieder des Beschwerdeausschusses sind in dem Artikel Äußerungen von Herrn von Däniken und anderen Reiseteilnehmern grob verfälscht oder frei erfunden wiedergegeben worden. Damit hat der „Stern" gegen die Ziffer 1 des Pressekodex verstoßen.

Mit freundlichen Grüßen

Peter J. Velte"

Peter J. Velte ist Sekretär des Beschwerdeausschusses im Deutschen Presserat.

Für *Erich von Däniken,* dessen diverse Gegner sehr oft nicht zwischen fundierter, sachlicher Kritik und persönlich diffamierender Herabsetzung zu unterscheiden vermögen, ist dieses Urteil des höchsten Pressegremiums in der Bundesrepublik eine späte, aber nicht zu späte Rehabilitierung. Und die hat sich der Götterforscher zweifellos verdient.

Zu welchen Methoden mitunter gegriffen wurde, um die Glaubwürdigkeit des umstrittenen Autors als Schriftsteller und als Mensch zu erschüttern, zeigt auch eine andere, von der Presse breitgewalzte Attacke auf Erich von Däniken im Zusammenhang mit dem Prozeß, der 1970 in Chur/Schweiz in Szene ging. EvDs Intimsphäre gab den brauchbaren Hintergrund für eine Gerüchtewelle ab, die durch den von der Staatsanwaltschaft beauftragten „Spezialarzt für Psychiatrie" Dr. Erich Weber, Direktor der Klinik Beverin, ausgelöst wurde. Dieser hatte, wenn zunächst auch widerwillig, ein Gutachten über den Angeklagten *Erich von Däniken* erstellt, das ganz allgemein ein vernichtendes Urteil erntete. Der versierte „Spiegel"-Berichterstatter *Gerhard Mauz,* ein Experte in Prozeßfragen, fragte bang:

„Was alles lassen diese Gesetze zu?

Sie ließen zu, daß der Psychiater im Auftrag des Untersuchungsrichters tätig wurde, der keiner unabhängigen Instanz, sondern der Staatsanwaltschaft untergeordnet ist. Die Fragen, zu denen sich der Psychiater zu äußern hatte, wurden ihm vom Untersuchungsrichter und der Staatsanwaltschaft aufgegeben. Als der Psychiater das Gutachten erarbeitete, legte er die Schuldfeststellungen der Anklage als zutreffend zugrunde – die erst vom Urteil als zutreffend befunden werden sollten."

Man kann dieses Resümee auch in klareren Worten ziehen: Was sich damals in Chur getan hat, war eine abgekartete Sache! Oder, wie es EvD-Verleger *Wehrenalp* formulierte: „Zu dem Gutachten von Dr. *Weber* möchte ich nur fragen: Wer begutachtet eigentlich solche Psychiater?"

Dr. *Weber* ging mit dem Angeklagten besonders kritisch ins Gericht. Er beschränkte sich nicht darauf, Verlangtes aufzuzeigen, wie es seine Pflicht gewesen wäre – nein, der große und gestandene Herr, der für den Beschauer so wirkt, „daß er einem Wandgemälde von Hodler entsprungen scheint" *(Mauz)*, war darauf aus, *Dänikens* Image als Buchautor endgültig den Garaus zu machen. Darum unternahm er ja auch – unter dem Mäntelchen eines ihn schützenden „Gutachtens" – Ausflüge ins Sexuelle und Literarische, beschäftigte sich genüßlich mit *Dänikens* Familienchronik, so *seinen* Beweis führend, „daß die Anklageschrift zutrifft" (Dr. *Weber*).

Er habe gegen die Phantastereien des Angeklagten „einen inneren Widerstand" empfunden, bekannte der hagere Psychiater mit dem Jesuitenprofil (so *Mauz*), *Däniken* habe zudem in seinen beiden Büchern (damals waren erst „Erinnerungen an die Zukunft" und „Zurück zu den Sternen" erschienen. Anm. d. Verf.) „in journalistischer

134

Manier Hypothesen als Tatsachen hingestellt". Er schreibe über Genetik ohne Genetiker zu sein, solche Bücher könnten seriösen Wissenschaftlern nur ein mitleidiges Lächeln abgewinnen.

Dr. Weber glaubte, das abgründig Böse dieses *Däniken* aus einem Brief entnehmen zu können, den EvD in begeisternden Worten an seinen Freund *Hans Neuner* geschrieben hatte.

Der Angeklagte, so kombinierte der Sherlock Holmes in Taschenformat, müsse entweder homo- oder bisexuell veranlagt sein, oder aber er sei triebschwach, was *Weber* einer Hodenoperation zuschrieb, der sich *Däniken* in Jugendjahren hatte unterziehen müssen. Auf alle Fälle sei der Angeklagte „nur oberflächlicher Beziehungen zu Frau und Kind" fähig.

Nach Bewältigung dieser Fleißaufgabe, mußte der ehrenwerte Gutachter allerdings zugeben, daß seine Verdächtigungen zum Prozeßverlauf nichts beizutragen hätten, ja nicht einmal in Beziehung zur Anklage stünden. Über einen Menschen gutachten zu müssen, geschehe nicht leichten Herzens, versicherte er. „Spiegel"-Berichterstatter *Gerhard Mauz* schien sichtlich „gerührt" und ironisierte:

„Man sieht die Last auf ihm und ist für ihn froh, wenn er, nach ausführlicher Erörterung, ob homo oder bi, sich denn doch erinnern kann, daß die sexuelle Seite relativ unbedeutend für die Beurteilung sei."

Warum aber hatte der Psychiater Dr. *Weber* dennoch „Schmutzwäsche" gewaschen? Ging es ihm – und in wessen Auftrag? – darum, die Geschworenen in ihrer Urteilsfindung zu beeinflussen?

Wir wollen nicht abschweifen. Prozeß und vorgeworfene „Straftaten", die *Erich von Däniken* belasteten, sind einem anderen Buchabschnitt vorbehalten. *Hier* geht es um die nicht weniger spektakuläre Anschuldigung, EvD sei homo- oder bisexuell. Bezeichnenderweise – sieht

135

man von der öffentlichen Bezichtigung des ehrenwerten Dr. *Weber* einmal ab – werden solche Gerüchte als Flüsterpropaganda ausgestreut. Derartigen Unsinn in Zeitungen zu publizieren, ist zu riskant: eine presserechtliche Entgegnung wäre noch das mindeste, was der Redaktion „blühen" würde. Dennoch: solche Gerüchte kursieren wirklich, und potentielle Gegner aus unterschiedlichen Lagern, sind bestrebt, sie am Leben zu erhalten. Ganz abgesehen davon, daß etwa Homosexualität (sofern sich der Betroffene nicht an Minderjährigen vergreift) in fortschrittlich eingestellten Staaten längst straffrei ist – ist dieser Geschlechtstrieb Privatsache des einzelnen. Wie aber verhält sich bei EvD die Tatsache zum unbewiesenen Gerücht? Es ist ja hinlänglich bekannt: Propagiert man diskriminierende Verdächtigungen solange, bis sie irgendwo Feuer fangen, hat man sein erstes Ziel erreicht. Irgendein schwarzer Fleck bleibt stets auf der sonst weißen Weste. Auch der Psychiater Dr. *Weber* wählte diese Methode. Geschützt vom (pseudo-)wissenschaftlichen Mäntelchen seiner Zunft. Diffamierungskampagnen kennen viele Rezepte.

Theo Bos, Däniken-Kenner aus alten Tagen, weiß, was solche Gerüchte genährt hat – und er ist in der Lage, sie logisch zu entkräften. „Wenn man als Begründung annimmt, *Erich* sei homosexuell, weil er jüngere Begleiter auf seine Reisen mitnimmt, dann scheint mir der daraus resultierende Verdacht, dies habe mit abartigen Neigungen zu tun, völlig aus der Luft gegriffen."

Bos kennt seinen *Däniken*, und er weiß auch Bescheid, welche Schwierigkeiten bei einer solchen Forschungstour auf die Reisenden warten. Für ihn ist es weder Zufall noch triebgeförderte Absicht, weshalb EvD unbedingten Wert darauf legt, mit jüngeren Begleitern zu reisen. Auch wenn er selbst noch nicht mit dabeigewesen ist, aus den Berichten seines Freundes weiß *Theo Bos* sehr genau, was sich bei diesen Reisen so alles tut. Und die

Belastungen sind stets beachtlich.

„Wenn *Erich* daher mit Jüngeren reist, so deshalb, weil er mit der Ausdauer seines Begleiters rechnet. Ich glaube nämlich, daß eine ältere Person bei solchen, fast immer sehr anstrengenden Reisen nach ein, zwei Wochen einfach müde würde. Die Begeisterung besteht ja zumeist nur *vor* dem Reiseantritt. Nicht, daß *Erich* die bevorstehenden Strapazen unerwähnt lassen würde, doch man kennt das ja. Wer gibt im voraus schon gerne zu, daß er sich am Ende vielleicht übernehmen könnte. Daß *Erich von Däniken* niemals mit Frauen reist, hat ähnliche Gründe. Frau *von Däniken* muß es wissen. „Früher", sagte sie, „wäre ich sehr gerne mit meinem Mann mitgegangen, doch da ging es *Cornelia* wegen nicht, die war damals noch zu klein. Heute bin ich an und für sich froh, daß ich nicht mit muß, denn die Forschungsreisen sind zum Teil doch sehr, sehr primitiv und mühsam und die Vortragsreisen *Erichs* ziemlich anstrengend."

Es sind vernünftige Argumente, die *Dänikens* Gattin vorzubringen weiß. Man merkt, sie spricht aus der Erfahrung einer schon seit zwei Jahrzehnten haltenden Ehegemeinschaft. Sie versteht sich in die jeweilige Situation hineinzudenken.

Sie führt jetzt ein großes Haus, die Gattin des Weltreisenden vom Dienst, und es ist groß genug, um sie rund um die Uhr in Trab zu halten. Dazu kommen noch die beiden Hunde Neptun (die Riesendogge) und der Hochlandterrier Luna, das winzige Gegenstück. Außerdem wäre da noch der Stolz der *Dänikens:* der riesige Garten (schon eher eine Parklandschaft), der gleichfalls betreut sein will. Ein Grund mehr für *Elisabeth von Däniken*, strapaziöse Reisen mit ihrem „Götter-Gatten" nicht im Schilde zu führen.

Es ist aber weder das Haus, auch nicht der Garten oder die Hunde, die zu diesem Entschluß geführt haben. Frau *von Däniken* denkt hierbei in erster Linie an Töchterchen

137

Cornelia. Zwar ist das 17jährige Mädchen schon sehr selbständig, seine Mutter will jedoch alles vermeiden, was das Kind eventuell zur Vollwaise machen könnte. *Dänikens* Entdeckungsfahrten in die Gefilde seiner Götter sind fast ausschließlich Flugreisen, die seine Gattin als nicht ganz ungefährlich empfindet.

„Es sollte aber, wenn mal etwas passiert, immer noch ein Elternteil da sein, der *Lela* zur Seite steht", meint Frau *von Däniken,* die nebenbei Englisch lernt, „einfach um geistig ein bißchen fit zu bleiben".

Daß *Erich von Däniken* keinen Wert darauf legt, mit Frauen zu reisen, ist aus dieser Sicht besehen, verständlich.

„*Erich* hat, so berichtet Hans Neuner, sehr freimütig zugegeben, daß er sehr wohl wüßte, was verschiedene Leute über ihn dächten. Daß sie ihn für homosexuell hielten. Zwischen uns kam es zu sehr tiefsinnigen Gesprächen, die Ansichten wurden sehr offen geäußert, und *Erich* ließ mich nicht im unklaren, daß er als Mann relativ wenig Anschluß an die weibliche Welt gefunden habe. Meiner Meinung nach sieht er solche Kontakte eher vom Geistigen her und nicht vom Geschlechtlichen.

Ich glaube deshalb nicht, daß er homosexuell sein könnte, weil er eigentlich zu keinem der Geschlechter allzuviel Beziehung pflegt. Er braucht es einfach nicht."

Auch *Theo Bos* diskutierte seinerzeit mit *Däniken* seelische Probleme. Empfindsame Themen wie Liebe, Freundschaft und Ehe kamen zur Sprache. Auch die Homosexualität, wenngleich nur andeutungsweise.

„Wir sprachen beispielsweise über den Briefwechsel zwischen *Richard Wagner* und seiner Freundin *Mathilde Wesendonck;* Korrespondenzen, die ja erst einige Zeit nach *Wagners* Tod an die Öffentlichkeit gelangten. Diese Briefe sprachen über die Liebe, über Freundschaft zwischen Mann und Frau, von der Freundschaft von Frau zu

Frau und jener zwischen Mann und Mann." *Bos* kommt ins Philosophieren. Erinnerungen an die Vergangenheit.

„Freundschaft zwischen Mann und Frau – das ist die Ehe, ist Liebe. Freundschaft von Frau zu Frau – ist leider sehr oft nur Berechnung. Freundschaften zweier Frauen sind fast immer von einem gewissen Mißtrauen geprägt. Jede will von der anderen alles genau wissen: ‚Ja, warum machst du das?', ‚Weshalb denn?' Und selbst dann, wenn sich beide Freundinnen loben, geht es ohne Fragen nach dem Grund ihres Tuns nicht ab.

Anders ist das bei Freundschaften, echten Freundschaften zwischen zwei Männern. Man teilt dem anderen Geschehenes mit, der Freund nimmt es zur Kenntnis – aber er fragt nicht. Er weiß ja Bescheid, mehr will er gar nicht wissen. Er hat Verständnis für die Haltung seines Partners.

So ist auch die Freundschaft zwischen *Erich* und mir beschaffen. Wenn er mir etwas sagt, frage ich nicht. Wenn *Erich* über irgend jemand erzählt, dann höre ich zu. So hält es auch er. Er fragt nicht, aber er gibt seinen Rat, wenn ich danach verlange. Dies aus tiefstem Einfühlungsvermögen."

Geht Männerfreundschaft mit Triebverirrung Hand in Hand? Solcher Verdacht ist völliger Unsinn. Leider wird er unbegründet oft geschürt. Einer, der am ehesten wissen müßte, wenn an all diesen Flüstergerüchten, *Erich von Däniken* sei homosexuell, wirklich was dran wäre – ist dessen älterer Bruder *Otto*. Ich sprach ihn darauf offen an, seine Stellungnahme war klar und deutlich.

„Diese absurde Idee stammt wie so manches Absurde vom seinerzeitigen Seelenarzt, dem Psychiater Dr. *Weber*. Ich kenne doch meinen Bruder gut, habe mit ihm manche alkoholvernebelte Nacht tiefsinnig diskutiert. Ich weiß also, wie *Erich* über diese Dinge denkt. Sex ist für ihn im Glücksfall ein Vergnügen. Das was man Liebe nennt – und noch einiges dazu. Zu seiner angeblichen

Homosexualität sei bemerkt: *Erich* war und ist seinen Freunden stets loyal entgegengetreten."

Der Psychiater Dr. *Weber* scheint es, nach Meinung *Otto von Dänikens,* nicht verdaut zu haben, daß die zahlreichen (männlichen) Freunde dem Bruder – trotz gewaltiger Anschuldigungen diverser Presseorgane – dennoch die Treue hielten. Daß sie zusätzlich an EvD aufmunternde Briefe schrieben. Und daß dieser unter Streß stehende Häftling seinen Briefpartnern seinerseits liebenswürdige, ja tröstende Antworten zukommen ließ, wollte dem engstirnigen Seelenarzt schon gar nicht in den Sinn.

Meine provokant gestellten Fragen vor Augen, machte *Otto von Däniken* die Stichprobe aufs Exempel. Ein Griff zum Telefonhörer, das Wählen einer bestimmten Nummer – schon war Bruder *Erich* an der Strippe. Der kurze Dialog spricht für sich. Zwei *Dänikens* intim.

Otto: „Sag mal, *Erich,* wie würdest du reagieren, wenn dich heute jemand als schwul bezeichnet?"

Erich: „Das hinge davon ab, *wer* es sagt. Einem Demagogen intellektueller Sorte würde ich *seine* Antwort geben; die Antwort *seiner* Waffen. Einen Einfältigen würde ich fragen: ,Weshalb, sind *Sie* es?', und ein Journalist bekäme wahrscheinlich zu hören: ,Würde es Sie stören? Sind Sie dagegen?'

Ein normal erzogener und normal informierter Mensch würde mir deine Frage gar nicht stellen!"

7

EINE VERBALE HINRICHTUNG

Donnerstag, 13. Februar 1970, 17 Uhr. Für *Erich von Däniken* wahrhaftig ein Unglückstag. In dem spärlich besetzten Großratssaal des Graubündner Kantonsgerichts Chur geht einer der spektakulärsten Prozesse, die es seit langem in der Schweiz gegeben hat, zu Ende. Der Kantonsgerichtspräsident Dr. *Rolf Raschein* verliest das Urteil: Der Angeklagte *Erich Anton von Däniken* wird schuldig befunden der wiederholten und fortgesetzten Veruntreuung, des fortgesetzten und gewerbsmäßigen Betrugs und der wiederholten und fortgesetzten Urkundenfälschung.

Raschein diktiert die Strafe. Sie ist hart: Dreieinhalb Jahre Zuchthaus, abzüglich 300 Tage Untersuchungs- und Auslieferungshaft, 3000 Franken Geldstrafe sowie die Aberkennung der bürgerlichen Ehrenrechte für zwei Jahre nach Verbüßung der Haft.

Erich von Däniken erleidet einen Nervenzusammenbruch. Bis zur Verlesung des Urteils hatte der Exhotelier aus Davos immer noch gehofft. Gehofft auf ein Fünkchen Gerechtigkeit, ein Fünkchen Mitgefühl.

„Es ist hier aber nicht die himmlische Gerechtigkeit gemeint oder die natürliche Gerechtigkeit des menschlichen Gewissens, sondern jene blutlose Gerechtigkeit, welche aus dem Vaterunser die Bitte gestrichen hat: Und vergib uns unsere Schulden, wie auch wir vergeben unsern Schuldnern! weil sie keine Schulden macht und auch keine ausstehen hat; welche niemandem zuleid lebt, aber auch niemandem zu Gefallen ...

Diese Worte *Gottfried Kellers* stellte der „Spiegel"-Berichterstatter *Gerhard Mauz* an den Anfang seines Resümees über einen Prozeßverlauf, der ihn – einen „alten Hasen" der Gerichtssäle und emotionslos gegenüber dem Angeklagten EvD – zu denken geben mußte. *Mauz* überlegt:

... Es gibt Urteile, die mehr über die Richter sagen, als über den Gerichteten. Das Kantonsgericht von Graubünden erlag der Versuchung, nicht nur über *Erich von Dänikens* Geschäfsführung zu befinden, sondern auch über den Erfolg des Schriftstellers *Erich von Däniken*. Es schlug den Zeitgenossen, die den Schriftsteller *Erich von Däniken* lesen, den Betrüger *Erich von Däniken* um die Ohren. Das Gericht wollte in dem Angeklagten *Erich von Däniken* auch den Erfolg *Erich von Dänikens* treffen und in diesem Erfolg die Welt, die derartige Erfolge zuläßt."

Gerhard Mauz geht aber auch mit *Dänikens* Sympathisanten heftig ins Gericht, denen er – sicherlich teilweise richtig – Oberflächlichkeit gegenüber der Schweizer Justiz vorwarf.

„ ... Als *von Däniken,* Verfasser des im Düsseldorfer Econ-Verlag erschienenen Buches ‚Erinnerungen an die Zukunft', am 19. November 1968 in Wien auf Betreiben der Staatsanwaltschaft des Kantons Graubünden verhaftet wurde, waren sogleich jene Freunde zur Stelle, vor denen man sich fürchten muß. Bis zur Überstellung *von Dänikens* nach Chur im Februar 1969 entfalteten sie eine publizistische Aktivität, die nur vorgeblich der Sorge um den verfolgten Bestsellerautor entsprang.

Statt sich mit dem Strafverfahren der Schweiz auseinanderzusetzen, wozu der Fall *Däniken* auch schon damals Anlaß bot, griffen die sogenannten Freunde die Schweizer Justiz, im besonderen die des Kantons Graubünden, auf das persönlichste an: ‚Das ist behördliche Willkür.' Wo etwa die Stellung der Staatsanwaltschaft in der Schweiz zu erörtern gewesen wäre, diskriminierte man blindlings. Es ging eben nicht um grundsätzliche Fragen gelegentlich *von Dänikens,* sondern um einen Gewinn an unspezifiziertem Mißtrauen gegenüber der Justiz."

Der „Spiegel"-Prozeßexperte reagierte solcherart sein aus einem Gerechtigkeitsempfinden entsprungenes Unbehagen über ungleich gewichtete Waagschalen auch nicht ganz leidenschaftslos ab. Freunde und „Freunde" sind zweierlei Schuhe. Die Pro-*Däniken* schreibenden Publizisten waren im geringeren Maße davon beseelt, einem ungerecht behandelten Menschen, der zufällig Bestseller schrieb, unter die Arme zu greifen. Weit mehr war es doch das Sensationsbedürfnis der Masse, dem hier einige Radau schlagende Journalisten entgegenkamen. Aber *Gerhard Mauz* – dem man zu diesem „Fall" tatsächlich ein gebührendes Maß Objektivität zuerkennen muß – kannte ja EvD und jene, die sich zu dem inhaftierten Schweizer bekannten, kaum bis gar nicht. Fazit: Er warf alle in einen Topf. Mit dem Überblick, wie *Mauz* ihn hatte, sicherlich verständlich – pauschal gesehen.

Nachdem die Staatsanwaltschaft Graubünden die gegen sie ausgelöste Pressekampagne mit der überraschenden Bekanntgabe verschiedener Vorstrafen des festgenommenen *Däniken* unterlaufen hatte „und obendrein – nicht ohne List – die psychiatrischen Beurteilungen *von Dänikens* einführte ... während sich die Paulusse eilends in Saulusse zurückverwandelten" *(Mauz),* zeigte sich bald, wo Spreu und wo Weizen zu suchen war.

Walter Ernsting: „Als *Erich* im November 1968 in Wien verhaftet wurde, war ich fest davon überzeugt, daß gewisse Institutionen dahintersteckten, daß es also ein konstruierter Fall war, um ihn auszuschalten. Heute bin ich mehr der Meinung, daß es der Coup eines Mannes war, der ihn nicht mochte. Einfach ein Racheakt." Es sei ja nicht so schwer, einen Menschen, wahrscheinlich sogar jeden von uns, unter irgendeinem Hinweis nach den geltenden Gesetzen ins Gefängnis zu bringen, meint der Science-fiction-Autor. „Jeder Mensch, der mit einem Spazierstock durch die Gegend läuft, hat ein bißchen Dreck am Stecken. Ich möchte sehen, wer sich da zu melden wagt und ohne rot zu werden verkündet: ‚Ich nicht!'"

Wer ist dieser Mann, der mit ungewöhnlicher Zähigkeit, ja Verbissenheit *Erich von Dänikens* Verhaftung im Alleingang betrieb, der – wie das *Theo Bos* nicht ohne Grund vermutet – mit Hilfe eines Schauprozesses auf dem Rücken *Dänikens* „selber Karriere machen" wollte?

Rocholl/Roggersdorf sind dieser Frage nachgegangen, haben mit Rechtsanwälten gesprochen, deren Aussagen auf Tonband protokolliert, haben sich das Charakterbild dieses „Anti-*Däniken*" aus verschiedenen Angaben, auch solcher von Schweizer Politikern, geformt. Wer also ist dieser *Hans-Peter Kirchhofer,* seines Zeichens Untersuchungsrichter bei der Staatsanwaltschaft Graubünden? Wie ist er einzustufen? Die Meinungen sind aus dem „seltsamen Leben des *Erich von Däniken*" zitiert.

„ . . . *Kirchhofer* ist wahrscheinlich sehr ehrgeizig, stark von sich eingenommen . . . *Kirchhofer* ist von normaler Mannesgröße, wirkt aber größer, weil er sehr korpulent, ja dick ist . . . Er wirkt aufgeblasen . . . Ich hörte, daß er einmal geklagt habe, er finde in Davos gar keine Freunde. Leicht denkbar, es dürfte ihm schon sehr schwerfallen, Kontakt mit der Bevölkerung zu bekommen . . . Für seine Beurteilung ist vielleicht auch von Bedeutung, daß er wehrdienstuntauglich ist, ein Manko für einen Schweizer Bürger, der seinen Dienst leisten und auf der Stufenleiter im Militär hochkommen soll . . . Nun läuft er ständig, sommers und winters, mit einem Ledermantel rum, wie ihn eigentlich Stabsoffiziere tragen . . . Wer *Kirchhofer*, zu Recht oder Unrecht, widerspricht, verletzt seine Eitelkeit . . . *Kirchhofer* ist der Typ eines Studenten oder Studierten, der nach dem alten Ehrenkodex denkt . . . Er hat eine merkwürdige Art der Kopfhaltung, die den Kopf in den Nacken schiebt, also die Nase hoch trägt . . . Er hat ein gewisses Niveau, das möchte man ihm zugestehen, aber er denkt in reinen, absolut eingetrichterten und aufoktroyierten Schemata . . . Ich habe einen denkbar schlechten Eindruck von diesem Mann . . . Dieser Herr *Kirchhofer* hat ja einen miserablen Eindruck gemacht, ich darf das ruhig sagen, ich stehe dazu . . . Ich habe ihm von Rheinfelden aus einen Brief geschrieben, ob ich *Däniken* sprechen könnte, ich würde ihn anrufen, sobald ich in Chur sei. Das habe ich dann getan, ich habe mit dem Staatsanwalt *Padrutt* gesprochen, er war nett, anständig, ruhig und sachlich – während der andere *(Kirchhofer)* sofort in Rage gekommen ist und mir gedroht hat, er werde gegen mich vorgehen, was ich mir eigentlich erlaube . . . Man hat mir in Chur keinen Zutritt gewährt, man hat mir nicht erlaubt, ihn *(Däniken)* zu sehen . . ."

Quer durch den Gemüsegarten von Meinungen über *Hans-Peter Kirchhofer.* Sie machen vieles sichtbar, lassen Rückschlüsse zu. Der eidgenössische Untersuchungsrichter, das darf man ohne Gewissensangst feststellen, war „befangen". Er hatte sich eine Marschroute zurechtgelegt, der er unbeirrbar und hartnäckig folgte. EvD in einem Brief vom 2. April 1970 aus dem Zuchthaus Regensdorf (zitiert aus dem „seltsamen Leben . . ."):

„Bereits nach den ersten Verhören, welche von Herrn *Kirchhofer* durchgeführt wurden, mußte ich feststellen, daß nicht korrekt protokolliert wurde und daß wesentliche Aussagen unter den Teppich gekehrt wurden. Darauf angesprochen, erwiderte *Kirchhofer*, er bestimme, was wesentlich sei, und wir würden später erneut auf die beanstandeten Punkte zurückkommen. Auf diese Zusage hin unterzeichnete ich die Protokolle.

In den folgenden Wochen wurden mir des öfteren Zeugenprotokolle vorgelesen, die in wesentlichen Aussagen nicht den Tatsachen entsprachen, die aber erkennen ließen, daß den Zeugen keine Fragen zur subjektiven Seite der Anschuldigungen und zu meiner Person gestellt wurden; überdies war mir klar – weil ich die Zeugen seit Jahren kenne – daß Redewendungen nicht von den Befragten stammen konnten.

Gegen dieses hier entstehende Aktenbild legte ich mehrmals Beschwerde ein, die – auf bloße Stellungnahmen von *Kirchhofer* hin – als ‚unbegründet‘ abgewiesen wurde ... Nachdem ich einsehen mußte, daß keine Chance bestand, Wahrheit in die Akten zu bringen, ergab ich mich meinem Schicksal in der Hoffnung, die Untersuchung derart möglichst rasch einem Ende zuzuführen. Meine Absicht war, vor Gericht durch Fragen an die Zeugen in aller Öffentlichkeit die Unhaltbarkeit der *Kirchhofer*-Protokolle aufzudecken. Deshalb verlangte ich zu Protokoll, daß alle einvernommenen Zeugen vor Gericht erscheinen."

Dänikens Antrag wurde zwar formell nie abgelehnt, bezeichnend aber die überhebliche (protokollierte) Antwort des UR *Kirchhofer:* „Wie bereits gesagt, bin ich nicht bereit, mit Ihnen zu diskutieren!"

Der EvD-Antrag bestand zu Recht, wäre also auch noch während des Prozesses legal gewesen. Tatsache ist jedenfalls, daß sämtliche von der Verteidigung zur Entlastung des Angeklagten vorgeschlagenen Zeugen vom

Gericht abgelehnt wurden. Dazu der Rechtsanwalt *Adolf Hörler, Dänikens* Verteidiger; zitiert aus dem „seltsamen Leben . . .":

„Unsere Strafprozeßordnung ist kantonal gegeben. Diese Prozeßordnung ist zwar erst reichlich zehn Jahre alt (*Hörlers* Kommentar stammt vom 24. April 1970. Anm. d. Verf.), aber sie atmet mittelalterlichen Geist. Sie ist immer noch sehr stark vom Odium des Inquisitionsprozesses beeinflußt. Sie geht davon aus, daß die Untersuchungsbehörde einen erratischen Block an Objektivität darstellt – dabei wird die gleiche Untersuchungsbehörde zu einem späteren Zeitpunkt, nämlich im Prozeß, Anklagebehörde, also ‚Partei'. Aber es kann nicht überprüft werden, ob sie als Untersuchungsbehörde objektiv war. Ich war selbs' fast zehn Jahre Untersuchungsrichter, aber ich glaube, mir ist kein Fall untergekommen, in dem es nicht wenigstens einen Aspekt zugunsten eines Angeklagten gegeben hätte!"

Auf *Dänikens* „schwarzer Weste" gab es – so wollte es die Gerichtsbarkeit in Chur – keinen einzigen weißen Fleck! Das Prozeßrecht im Kanton Graubünden ist mittelalterlicher Prägung. Für Verteidiger *Hörler* kein Honiglecken: Anwälte haben hierorts keine Möglichkeit, *vor* der Untersuchung in die Akten Einsicht zu nehmen. Ihnen steht eine solche Prüfung erst zu, wenn die Untersuchung *abgeschlossen* ist. Kann man dann aber noch sicher sein, ob nicht die Anklagevertretung verschiedenes in irgendeiner Weise „manipuliert" haben könnte?

Typisch die Empfindlichkeit des Gerichts, als der Angeklagte EvD das Auditorium mit dem Bonmot erheitert: „Der Mensch, der mir sagt, er lüge nicht, der lügt!"

Staatsanwalt *Willy Padrutt* reagierte böse.

Padrutt: „Hier lügt offenbar alles. Der Untersuchungsrichter lügt. Der Staatsanwalt lügt. Die Zeugen lügen, und die Richter lügen!"

Däniken: „Ich habe nirgends, auch nicht während dieses Verfahrens, gesagt, daß alles lügt, wie Sie es hier beliebt zu machen versuchen. Die Zeugen lügen nicht. Die Richter lügen nicht. Und auch Ihnen halte ich zugute, daß Sie nicht lügen. Doch alles, was Sie wissen, alles, worauf Sie bauen, stammt von Herrn *Kirchhofer.* Sie haben mich während dieser einjährigen Haft weder eine Sekunde angehört, noch waren Sie je bei einem Zeugenprotokoll dabei."

Padrutt: „Das ist auch nicht meine Aufgabe."

Däniken: „Woher wollen Sie dann wissen, was wahr ist?"

Padrutt: „Aus den Akten!"

Däniken: „Das ist es ja eben!"

EvD lief im Kreis, in Chur griff ein Glied ins andere. Der Angeklagte und sein Verteidiger standen abseits, wurden ausgespielt. Für einen lief es hingegen nach Wunsch.

Otto von Däniken: „Sie fragen nach Drahtziehern. Der eigentliche Drahtzieher heiß *Kirchhofer.* Er wurde, nach *Erichs* Verhaftung, von der Pressereaktion total überrascht. Deshalb mußte er nachträglich ‚Straffälle' konstruieren, damit es gegenüber der Öffentlichkeit eine Rechtfertigung gab. Dies alles sollte natürlich so aussehen, als hätten die ‚Straffälle' bereits *vor* der Verhaftung existiert. Ein Vorgehen übrigens, das *Erich* dem Untersuchungsrichter mehrmals vorwarf."

Zum Zeitpunkt seiner Festnahme in Wien drückte EvD die nicht unbeträchtliche Schuldenlast von rund 400 000 Franken. Das Geld hatte er sich mit Hilfe verschiedener Kredite zusammengekratzt. Von Banken und privaten Gönnern. Strafbar daran war der Umstand, daß keiner der Kreditgeber vom anderen wußte. *Däniken* hatte die „Piaster" sowohl in sein defizitäres Hotel „Rosenhügel" als auch in seine Reiseplanung gesteckt, und er hatte sich im Laufe der Zeit zu einem wahren Meister im Vertrösten seiner Gläubiger herangebildet. Doch nicht die 400 000 Fränkli waren Anlaß seiner Festnahme, warum denn auch? Keiner der Gläubiger war in Versuchung gekommen, den Hotelpächter von Davos zu verklagen. Nicht einmal dann, als UR *Kirchhofer* sie bedrängte, es doch zu tun. Lediglich der Kurverein Davon ließ sich weichklopfen. Ihm fehlten im September 1968 – EvD war zu diesem Zeitpunkt auf Weltreise – fast 90 000 Franken Kurtaxe. Nur 6000 davon waren allerdings *Däniken* anzulasten. *Kirchhofer* sah darin ein Offizialdelikt. Er pickte sich die Schuldsumme heraus (den Rest der säumigen Hoteliers ließ er unbehelligt) und veranlaßte *Dänikens* Ausschreibung zur Verhaftung im Schweizerischen Polizei-Anzeiger. Seltsam allerdings das Verhalten der Kurvereins-Verantwortlichen: EvD hatte noch vor seiner Abreise mit den Herren vereinbart, den rückständigen Betrag in Raten abzahlen zu wollen – was er übrigens (bis zu seiner Verhaftung) auch tat.

Als es dann zum Prozeß kam, war *Erich von Däniken* völlig schuldenfrei. Sämtliche Gläubiger hatten ihr Geld bekommen, zwar mit Verzögerung, aber in Einzelfällen mit bis zu 18 Prozent Zinsen.

EvD-Bruder *Otto*: „*Erich* rannte damals gegen die Zeit. Meine Meinung in dieser Sache hat sich nicht geändert: Die Verhaftung war durchweg überflüssig und hundertprozentig ungerechtfertigt. Nun wußte ich bei der Verhaftung selbst auch nicht präzise, um was es eigentlich ging. Nur eines wußten wir Familienmitglieder ausnahmslos: *Erich* war kein Betrüger. Strafbare Handlungen, wie *Erich* sie angeblich begangen haben soll, hat es, meiner Meinung nach, niemals gegeben. Sie sind eine Erfindung der Behörde. Daran ändert auch ein rechtskräftiges Urteil nichts. Nach der Methode, wie mein Bruder zum Betrüger gestempelt wurde, würde ich jederzeit jeden Geschäftsmann und wahrscheinlich auch die Hälfte der biederen Bürger auf die Schlachtbank bringen!"

Hans Neuner, der mit EvD in Wien-Schwechat zwischenlandete und von dessen Seite weg der Freund am 19. November 1968 verhaftet wurde, hatte von *Dänikens* finanziellen Nöten keinen blassen Dunst. In seiner Naivität (wie er heute zugibt) war er vom Vorhandensein der Barmittel überzeugt. *Erich* war ja immerhin Hotelier. Mit seinen finanziellen Problemen belastete *Däniken* seinen Reisebegleiter nie. „Vielleicht aber", vermutet *Neuner,* „wollte er sich selber damit nicht verrückt machen". EvDs Gedanken kreisten damals ausschließlich um eines: Sein erstes Buch *mußte* ein Erfolg werden. Würde dies geschehen, wären seine Probleme von selbst bereinigt.

Utz Utermann erkennt tiefere Ursachen in der Justikampagne gegen *Däniken:* „*Erich* wurde Opfer eine Kamarilla in Davos. Man ging mit unsagbar simplen Motiven gegen ihn vor. Nicht offiziell natürlich, wer aber den ‚Kantönligeist' mancher Eidgenossen kennt . . ."

Theo Bos, langjähriger Weggefährte des Götterforschers, als diesem für sein Lebensziel noch die nötigen Fränkli fehlten, stand sozusagen an der Wiege aller Überlegungen *Dänikens,* dieses Ziel konsequent anzusteuern.

„*Erich* war zwei, drei Jahre bevor sein erstes Buch erschien, schon überzeugt, daß er nur durch Facts, durch authentische Berichte von den betreffenden Orten Glaubwürdigkeit bei seinen künftigen Lesern erlangen könnte. Er wollte die rätselhaften Dinge, über die er zu schreiben beabsichtigte, selbst gesehen und nicht von anderen abgeschrieben haben. Nur wenn man an Ort und Stelle gewesen ist und etwa die Pyramiden mit eigenen Augen sehen konnte, ebenso die Reste der Maya-Kultur, erst dann, sagte mir *Erich* damals, könne man darüber auch schreiben und überzeugend verkünden: ‚Ich war dort, so habe ich es gesehen!'

Aber um all diese Pläne verwirklichen zu können,

brauchte er Geld. Und um das Geld flüssigzumachen, nahm er es von Lieferanten. Aber *Erich* wollte nie auf irgendeine Weise jene Leute, die ihm Geld geborgt hatten, auch nur um einen Rappen benachteiligen. Er schwor mir damals: ,*Theo,* wenn das Buch *kein* Bestseller wird und ich meine Schulden zurückbezahlen müßte, ich würde arbeiten und schuften Tag und Nacht. Ich würde wieder als Kellner gehen, denn in der Hotellerie kann ich viel Geld verdienen. Dann werde ich jedem, dem ich Geld schulde, alles zurückbezahlen, auch wenn ich das augenblicklich nicht vermag.'

Und in diesem Sinne beging *Erich* für mich kein kriminelles Delikt!"

Ähnlich denkt auch *Otto von Däniken.* Er ist zudem ein Geschäftsmann, mit beiden Füßen fest in der Realität stehend. „Als Hotelier mit einem Pachtvertrag von zehn Jahren in die Zukunft, der sein Haus erwiesenermaßen Jahr für Jahr erfolgreicher führte, waren Kredite durchaus im Rahmen der Geschäftspraxis. Die Frage, ob er Kredite auf sein zukünftiges Buch habe aufnehmen dürfen, geht ins Subjektive. *Erich* war von seiner Idee und dem Erfolg seines Buches überzeugt. Er wußte aber auch, daß selbst bei einem Mißerfolg zumindest das Hotel in ein paar Jahren erfolgreich sein würde. Damit hatte er, wie man beim Brettspiel ,Mühle' oft sagt, eine ,Doppelmühle'. Unter diesen Voraussetzungen war es durchaus legal, weitere Kredite aufzunehmen.

Abgesehen davon: Als im Februar 1968 *Erichs* Erstling ,Erinnerungen an die Zukunft' erschien und zum *Däniken*-Bestseller Nummer eins avancierte, unterzeichnete er, bevor er seine zweite große Reise antrat, zugunsten seines damaligen Rechtsanwaltes Dr. *Wäsch* eine Blankovollmacht, wonach *Wäsch* aus den Einnahmen des Bestsellers alle Verpflichtungen abdecken durfte. Damit war jede Betrugs- oder Schädigungsabsicht ausgeschlossen. Das Gericht, das dann später trotz dieser klaren Tatsache *Erich* eine Schädigungsabsicht unterstellte, war ein Verein von rechthaberischen Ignoranten. Sie zementierten Unrecht, um *Kirchhofer* und den Staatsanwalt zu schützen."

UR *Kirchhofer* selbst agierte in diesem verspäteten „Inquisitionsprozeß", der letzten „Hexenverbrennung", wie ich es bezeichnen möchte, als „graue Eminenz" im Hintergrund. Obwohl von Staatsanwalt *Padrutt* wiederholt als Zeuge angefordert, wurde *Kirchhofer* nie vorgeladen. Man wird bei Gericht gewußt haben, weshalb. „In einem Kreuzverhör mit dem Angeklagten hätte er vermutlich Federn lassen müssen", mutmaßen *Rocholl/Roggersdorf* im „seltsamen Leben . . ." Damals hätte sich *Erich von Däniken* vermutlich sogar auf Gerichtsebene Lorbeeren holen können, hatte er doch die Anklageschrift – wie ihm allgemein attestiert wurde – nahezu wörtlich im Kopf, „ . . . und auch die subjektiven Tatbestände, die nie erörtert wurden." *(Rocholl/Roggersdorf)* Am 13. Februar 1970, jenem „schwarzen Donnerstag" für die Schweizer Rechtsprechung, wurde das Urteil gegen *Erich von Däniken* verlesen. Dreieinhalb Jahre Gefängnis. Das Züricher Boulevardblatt „Blick" veröffentlichte tags darauf den spontanen Anruf eines fassungslosen Lesers: „Die haben ihn ja wie einen Schwerverbrecher verurteilt. Dreieinhalb Jahre Zuchthaus bekam damals in Glarus der Mörder *Heinrich Petermann.* Und der hat immerhin einen Menschen getötet."

Man beeilte sich, den Verurteilten aus dem Verkehr zu ziehen. Nur fünf Tage nach der mündlichen Urteilsverkündung (die schriftliche folgte erst am 9. April 1970) und obwohl das Urteil noch gar nicht rechtskräftig war, wurde EvD „in Strafvollzug genommen" und in die Strafanstalt Regensdorf bei Zürich überstellt.

Ein Gnadengesuch, von Tausenden Menschen unterzeichnet, prominenten wie unbekannten, wird vom Bundesgericht in Bern, Monate später, verworfen. Erst am

18. August 1971, nach Verbüßung von zwei Dritteln der Strafzeit, öffneten sich für *Erich von Däniken* wieder die Gefängnistore. Ob in ihm ein Trauma zurückgeblieben ist? *Utz Utermann* bezweifelt es. „Er hat ein gutes Nervenkostüm. Ich kann hier nur vermuten, weil er kaum darüber spricht. Da ich ihn als gerechten Menschen kennenlernte, wäre es unmenschlich, wenn er angetanes und erlittenes Unrecht völlig vergessen könnte. Er hat es wohl, temporär, verdrängt. Dabei hat ihm geholfen, daß es, seit er die Mauern von Regensdorf hinter sich lassen konnte, keinen Tag gegeben hat, an dem er nicht wild arbeitete."

Die Gabe, Dinge, die ihn psychisch wie physisch belasten, ins Unterbewußtsein verdrängen zu können, kamen EvD auch während seiner Gefängniszeit zugute. Bezeichnend hierfür ist die Episode, die *Walter Ernsting* zu berichten weiß.

„In der Zeit, in der *Erich* seine Strafe in Regensdorf abbüßte, hatte ich die Möglichkeit, ihn zu besuchen. Wir waren aber bereits vor dieser Begegnung postalisch in ständiger Verbindung miteinander gestanden, hatte ich doch auf *Erichs* Anregung hin einen Roman über *sein* Thema verfaßt (Die Story „Der Tag, an dem die Götter starben" ist inzwischen bereits in zahlreichen Ländern erschienen. D. Verf.) Er hat mir dabei geholfen, er hat redigiert und mir zusätzlich gute Tips gegeben. Dennoch war ich darauf gefaßt, einem ernsten, deprimierten *Däniken* zu begegnen. So stand ich mit gemischten Gefühlen im Besucherzimmer, einesteils froh, meinen Freund wiederzusehen, andererseits voll Mitgefühl für seine triste Lage. Wie würde der sonst so lebensfrohe Mann diesmal reagieren?

Wie gesagt, ich war auf alles mögliche gefaßt, nicht aber auf das, was tatsächlich geschah. *Erich* betrat den Raum, sah mich, eilte schnurstracks auf mich zu. Ich streckte ihm freundschaftlich die Hand entgegen, die aber nahm er gar nicht wahr. Er rannte einfach auf mich zu und rief in seiner gewohnt enthusiastischen Art: ,*Walter*, du, ich habe ganz tolle Ideen. Wenn ich aus diesen Mauern heraus bin, dann werde ich den Beweis finden. Mir sind da einige Einfälle gekommen, ganz phantastische, und ich weiß jetzt, wo etwas zu finden wäre!' Und so ging es während der nächsten Minuten weiter. Tolle Ideen zu diesem und jenem, auch zu meinem damals noch nicht abgeschlossenen Roman – dann erst, relativ spät, hatte er meine dargebotene Hand entdeckt und drückte sie herzlich. Ich darf sagen, daß ich froh darüber war, *Erichs* Energien so ungebrochen im Einsatz zu sehen. Sicher hat ihm auch das geholfen, die schwere Zeit der Haft gesund an Geist und Körper zu überstehen."

Auch als der Bündner Große Rat in Bern das für *Erich von Däniken* betriebene Gnadengesuch mit erdrückender Mehrheit verwarf, zeigte sich der Betroffene nicht erschüttert. Er lachte nur über die kurzsichtige „Begründung" der obersten Instanz der Schweizer Gerichtsbarkeit, *Däniken* habe sich nicht nur nicht einsichtig, sondern auch ohne Reue für seine „Tat" gezeigt. In einem Brief an den St. Galler Journalisten *Peter H. Schürmann* schrieb EvD: „Lieber verrecke ich, als daß ich um Gnade winsle."

Noch bevor die Ablehnung des Gnadengesuchs für *Däniken* bekanntgeworden war, hatte sich aus der nächsten Umgebung des Häftlings eine sicher nicht inkompetente Stimme gemeldet: Der Verwalter der Kantonalen Strafanstalt Regensdorf, *Kurt Lendi*. Er schrieb an den Bündner Großen Rat seine Eindrücke über den inhaftierten Bestsellerautor. Hier einige Auszüge aus diesem Brief:

„ . . . Obwohl von behördlicher Seite kein Führungszeugnis angefordert worden ist, drängt es mich . . ., meine persönlichen Erfahrungen mit . . . *von Däniken* aus freier Veranlassung bekanntzugeben. Nachdem er nun über 8 Monate in meinem Büro gearbeitet hat, glaube ich ihn genügend zu kennen . . ., um über ihn ein objektives Bild abgeben zu können.

In meiner 30jährigen Anstaltspraxis habe ich kaum noch einen arbeitsfreudigeren, selbständigeren und in seinem Wesen angenehmeren Mitarbeiter kennengelernt. Wenn im Gerichtsurteil von ‚hochstaplerischem und prahlerischem Typ' gesprochen wird, so kann, wer *von Däniken* auf längere Zeit kennt, nur das Gegenteil bezeugen. Vor einigen Monaten weilten die Angestellten der Churer Anstalt Sennhoff zu einer Besichtigung hier. Wir sprachen auch über *von Däniken*, der ja immerhin ein volles Jahr im Sennhof verbrachte. Jeder Beamte, der mit ihm zu tun hatte, bezeichnete ihn als korrekt, grundanständig und bescheiden.

Ich bin zur Überzeugung gelangt, daß dieser Mann nicht weiter hierher gehört und er angesichts der harten Strafe genügend gesühnt hat. Eine Weiterführung des Strafvollzugs erscheint mir sinnlos, und schafft nur Verbitterung und Haß in vielen Herzen. Den Befürwortern seines Begnadigungsgesuches möchte ich mich deshalb aus Überzeugung voll anschließen."

Ungewollt habe mit diesem Schreiben der Verwalter der Regensdorfer Strafanstalt genau das dokumentiert, was der Große Rat kurz darauf „peinlich übergangen und nicht zur Kenntnis genommen hat", kommentierte *Peter H. Schürmann* im „St. Galler Tagblatt".

„Vielleicht ist es *Erich* heute eine gewisse Genugtuung, daß der Untersuchungsrichter *Kirchhofer,* der vermutlich hoffte, mit dem ‚Fall *Däniken*' Karriere zu machen, in Davos immer noch auf seinem kleinen Stühlchen sitzt und, wie ich von Einheimischen hörte, kaum Anschluß und Freunde gefunden hat", tröstet *Utz Utermann* – und dürfte wohl mit seiner Vermutung richtig liegen.

Erich von Däniken hat das an ihm begangene Unrecht zwar überwunden, doch beileibe nicht vergessen. *Seine* Antwort, zum erstenmal vom Betroffenen selbst gegeben, kann im 2. Teil dieses Buches nachgelesen werden.

Fazit der beschämenden Justizkampagne gegen einen Mann, dem als Tadel angerechnet wurde, daß er anders war als das Mittelmaß, bleibt die Tatsache eines Prozesses, wie er in Deutschland oder Österreich kaum denkbar wäre. Vielleicht hatte *Dänikens* Verleger *Erwin Barth von Wehrenalp* sogar recht, als er, kurz nach der Entlassung seines erfolgreichsten Autors aus Regensdorf, bei einer rasch improvisierten Pressekonferenz in Zürich erklärte: „Ein solcher Prozeß war wohl nur in Graubünden möglich, ich glaube, schon in Zürich wäre selbiges einfach undenkbar!"

Oder, wie „Spiegel"-Berichterstatter *Gerhard Mauz* den Prozeßcharakter definierte:

„... nichts anderes ... als eine verbale Hinrichtung ..."

8

HAT DÄNIKEN ABGESCHRIEBEN?

Erfolgreiche Menschen müssen zwangsläufig mit Gegnern rechnen. Auch *Erich von Däniken*, einer der erfolgreichsten, hat und hatte sie nicht zu knapp. Seine engagiert verfochtenen Denkmodelle provozierten Engstirnige und Neider. Die einen förderten, die anderen schrieben Elaborate kontra *Däniken*. Solche Bücher vermehrten sich wie die Pilze. Es gab sie in Europa ebenso wie in Übersee. Verschiedene erfolglosere Autoren lockte es natürlich, ebenso wie *Däniken* „Geschäfte mit der Phantasie" (so einer dieser Buchtitel) zu machen. Auch um den Preis des Diffamierens.

Gilbert A. Bourquin, Redakteur der Schweizer Boulevardgazette „Blick", und der eidgenössische Spezialist für Volkssagen, *Sergius Golowin*, drechselten mitsammen eine sogenannte „Rehabilitierung" des französischen Schriftstellers *Robert Charroux*. Dies unter der gütigen Patronanz des deutschen Herbig-Verlages, bei dem zwei Werke des Franzosen in Lizenz mit nur mäßigem Verkaufserfolg erschienen waren. Der Raketenstart *Erich von Dänikens*, dessen Erstling mächtigen Absatz fand, machte die Konkurrenz nervös. Was war zu tun? *Bourquin* und *Golowin* wußten es. In ihrer *„Däniken*-Story" beschuldigten sie EvD das Gedankengut *Charroux'* miß-

157

braucht und als Eigenidee publiziert zu haben. Darüber hinaus wurde *Däniken* so ziemlich alles Ehrenrührige vorgeworfen, was einfallsreiche Gehirne zu ersinnen vermochten.

Anders wieder der Theologe *Othmar Keel-Leu* aus Fribourg. In seinem Bändchen „Zurück *von* den Sternen" ließ er seiner ganzen Empörung über *Dänikens* „ketzerische" Auslegung des Alten Testaments freien Lauf.

Das größte Aufsehen erregte jedoch das Erstlingswerk eines 18jährigen Studenten der Freien Universität Berlin, das – zunächst im Privatdruck – später dann im Fischer-Taschenbuchverlag Furore machte. Der so plötzlich im Rampenlicht stehende Jungautor *Gerhard Gadow* hatte sein 1969 veröffentlichtes Büchlein ganz bewußt „Erinnerungen an die *Wirklichkeit*" genannt. Was er mit seiner Streitschrift bezweckte, wurde schon im Vorwort deutlich, in dem *Gadow* u. a. bedauerte:

„Leider war es nicht möglich, allen von *Däniken* erwähnten ‚ungelösten Rätseln der Vergangenheit' auf den Grund zu gehen; denn die meist fehlenden, gelegentlich falschen und selten richtigen Quellenangaben für diese Behauptungen hätten jahrelange Nachforschungen erforderlich gemacht . . ."

und ein paar Zeilen weiter:

„ . . . Diese Schrift wurde nicht mit dem vielleicht nötigen Abstand verfaßt. Ihr polemischer Charakter ist nicht zu leugnen . . ."

Bei den Massenmedien, die dem Berliner Studenten nach Erscheinen seines Werkes ungewöhnlich viel Aufmerksamkeit widmeten, hatte *Gerhard Gadow* seinen neuen Markennamen frei weg: Man nannte ihn nur noch „Anti-*Däniken*".

Rund 85 000 Exemplare seiner Wirklichkeits-„Erinnerungen" wurden in wenigen Monaten abgesetzt. *Gadow* gastierte bei Funk und Fernsehen, hielt Vorträge und diskutierte über *sein* Thema, wo immer man nach ihm verlangte.

Auch der Betroffene selbst, *Erich von Däniken,* konnte auf Dauer an seinem Widerpart nicht vorbei. Zur ersten persönlichen Begegnung – dies bei einer öffentlichen Konfrontation im norddeutschen Raum – kam es jedoch erst nach Dänikens Entlassung aus dem Gefängnis. Im Oktober 1971. Konkret hatte *Gadow* dem Götterforscher vorgeworfen, trotz seines reichhaltigen Quellenverzeichnisses in „Erinnerungen an die Zukunft" das Gros seiner Informationen lediglich aus *fünf* Büchern bezogen zu haben:

- „Aufbruch ins dritte Jahrtausend" von *Jacques Bergier* und *Louis Pauwels;*
- „Phantastische Vergangenheit" und „Verratene Geheimnisse" von *Robert Charroux;*
- „Götter, Gräber und Gelehrte" von *C. W. Ceram;* sowie
- „Auferstandene Geschichte" von *F. Bacon.*

Was *Gadow* diesem *Däniken* krumm nahm, war der Umstand, daß (so behauptete der Berliner) „keines der aufgeführten Werke und keiner ihrer Autoren von *Däniken* je im laufenden Text erwähnt wird". *Cerams* Buch würde man vergeblich im Literaturverzeichnis der „Erinnerungen an die Zukunft" suchen, und *Charroux'* „Verratene Geheimnisse" seien erst viel später – nach Intervention von *Charroux'* deutschem Verleger beim Econ-Verlag – in die Quellenangaben aufgenommen worden. Mittels Tabelle versuchte der Berliner „Anti-*Däniken*" den Nachweis zu erbringen, „daß sich *Däniken* auch in Formulierungen von *Pauwels* und *Bergier* inspirieren ließ". *Gadow* wollte nämlich deren Werk „Aufbruch ins dritte Jahrtausend" *als wirkliche Quelle,* „von der *Däniken* reichlich unkritischen Gebrauch gemacht hat" erkannt haben.

Oder, um es in polemischer Kürze festzuhalten: Einer hatte vom anderen (natürlich ohne Quellenbezeichnung) einfach abgeschrieben.

Welche Gründe hatte *Gerhard Gadow*, seine Streitschrift zu verfassen?

„Die Motive für die Niederschrift meines *Däniken*-Buches waren verschiedener Natur", stellt der Berliner Jungautor rückblickend fest. „Als wichtigstes Motiv könnte ich nennen: Die Beschäftigung mit dem Thema im Berliner Science-fiction-Klub zur Jahreswende 1968/69, wobei nächtelang in lebhaften Diskussionen das Thema erörtert wurde und ich doch gleichzeitig merkte, daß sehr vielen, besonders interessierten Teilnehmern an diesen Diskussionen die Sachkenntnisse fehlten, die zur Beurteilung verschiedener Fragen doch wichtig waren. Und da ich mir nun vorstellen konnte, daß viele ähnliche Diskussionszirkel unter einem ähnlichen Manko leiden, wollte ich eine Materialsammlung zu diesem Thema zusammenstellen, gleichzeitig jedoch auch meine Meinung darüber zum Ausdruck bringen."
Gerhard Gadow ist, so beteuert er, nicht negativ zu *Dänikens* Hypothesen eingestellt, „jedenfalls nicht in dem Sinne, daß ich es von der Theorie her für denkunmöglich halte". Als eine andere Frage betrachtete *Gadow* die Überzeugungskraft der von EvD vorgelegten Indizienbeweise. Heute wie früher bezieht der Berliner zu *Dänikens* Beweisen denselben Standpunkt: „Sie überzeugen mich in der von mir nachgeprüften Anzahl *nicht.*"

Erich von Däniken selbst ließ die Anwürfe, er habe von anderen Autoren abgeschrieben und habe sich deren Ideen widerrechtlich angeeignet, nicht unwidersprochen. Er sei erst zum Lesen von *Charroux'* „Phantastischer Vergangenheit" gekommen, als sein Manuskript der „Erinnerungen . . ." längst schon im Lektorat des Econ-Verlages gelegen habe, sagt er. Und Verlagschef *Erwin Barth von Wehrenalp* zieht das „Corpus delicti", nämlich *Charroux,* sogar als Kronzeuge zur Widerlegung solcher Anschuldigungen heran.

„Hinsichtlich der Plagiatsgerüchte gibt es eine Aussage von *Charroux* selbst", sagt *Wehrenalp*. „*Charroux* hat schriftlich erklärt, daß er festgestellt hat, *Däniken* und er hätten die gleichen Quellen benützt – und wenn zwei Autoren auf die gleichen Quellen zurückgingen, gäbe es gelegentlich auch eine Parallelität der Formulierungen." Im übrigen verweist der Econ-Chef auf den Umstand, daß es nie zu einer Auseinandersetzung der beiden Autoren gekommen sei.

Charroux' erste beiden Lizenzausgaben in deutscher Sprache waren im Herbig-Verlag erschienen. Dr. *Herbert Fleissner*, der versuchte, über *Charroux'* Verleger *Robert Laffont* eine Plagiatsklage kontra Econ durchzusetzen, erlebte dabei eine herbe Enttäuschung. Monsieur *Laffont* antwortete ihm am 12. März 1969, der Anwalt des Verlages habe die Übersetzung des *Däniken*buches („Erinnerungen an die Zukunft". Anm. d. Verf.) gelesen und sei der Meinung, daß darin keine Anhaltspunkte für eine gerichtliche Verfolgung enthalten seien, „denn, wenn *Däniken* sich offenbar von gewissen Gedanken und Entdeckungen *Charroux'* inspirieren ließ, hat er, wie *Charroux*, als Berichterstatter gearbeitet und, während er sich auf schon bekannte Hypothesen stützte, persönliche Lösungen vorgeschlagen." So habe es seinerzeit auch *Charroux* mit *Pauwels-Bergiers* „Aufbruch ins dritte Jahrtausend" gemacht, meinte *Laffont* versöhnlich.

Er wußte allerdings – zum Unterschied von Dr. *Fleissner* – damals sehr genau, weshalb er das geforderte Kriegsbeil gegen den Econ-Verlag nicht ausgrub. Hatte er doch bereits einen Lizenzvertrag für *Dänikens* Bestsellererstling in der Tasche, und daher nicht das geringste Interesse, mit EvDs Verleger Streit anzufangen. Drei Jahre danach, 1970, präsentierte sich *Charroux* dann mit einem weiteren Werk in deutscher Übersetzung. Jedoch nicht mehr bei Herbig, sondern bei *Dänikens* Econ-Verlag.

161

Gadows Streitschrift blieb in *Wehrenalps* Hauptquartier in Düsseldorf nicht unbeachtet – Panik brach dort aber keine aus. Mit einer gewissen Noblesse meint heute der Econ-Verlagschef: „Natürlich haben wir *Gerhard Gadows* Anti-*Däniken*-Broschüre ‚Erinnerungen an die Wirklichkeit' gelesen, aber die Tatsache ist einfach folgende: Wir haben ein eigenes Büro ‚Erich von Däniken' eingerichtet, geleitet von einer Akademikerin, die allen Quellen nachgegangen ist und alle Angriffe, alle Antithemen gesammelt hat. Nach Kenntnis dieses Materials, das vielen Gegnern *Dänikens* nicht zur Verfügung stand, nehmen wir solche Angriffe nicht zu ernst."

Noch deutlicher akzentuiert *Dänikens* Buchbearbeiter *Utz Utermann* die Haltlosigkeit *Gadowscher* Plagiatsvorwürfe. Also keine Abschreibübung bei *Pauwels-Bergier* und *Charroux*?

„Gewiß nicht, und ich fand es von Anfang an lächerlich, solches zu behaupten", stellt sich *Utermann* vor EvD. „Sehen Sie: Für mich war am Anfang die Bearbeitung ein Auftrag unter vielen anderen. Ich wußte vom besonderen Thema nichts. Ich habe die Texte genommen und bearbeitet, darunter auch die Schwyzerismen wegpoliert. Wenn Sie es genau nehmen: Ich habe keinen Gedanken hinzugefügt. Woher hätte ich ihn auch nehmen sollen? Allerdings: Es blieb kaum eine Satzfolge, dies aus erwähnten Gründen, aus dem Urtext erhalten.

Wenn also der Vorwurf, *Erich* hätte Anleihen gemacht, auch nur entfernt stimmen würde, dann müßten PSI-Phänomene herangezogen werden. Denn: Falls sich Ähnlichkeiten ergeben haben sollten, dann entstammen die eben denselben Quellen, die von allen vier Autoren – *Pauwels, Bergier, Charroux* und *Däniken* – unisono benützt worden sind. Ich selber hatte die Bücher der drei Franzosen erst gut ein Jahr nach der Ablieferung des *Däniken*-Skripts gelesen, nämlich dann, als diese hirnrissigen Vorwürfe aufkamen." Trotz des heftigen Pro und Kontra zwischen dem Schweizer Erfolgsautor und seinem Berliner Gegenspieler dauerte es bis zum Herbst 1974, ehe sich die beiden Kampfhähne persönlich näher kennenlernten. Die Initiative war – bezeichnenderweise – von *Däniken* ausgegangen, der *Gadow* einlud, ihn auf eine Vortragsreise durch die Vereinigten Staaten und Kanada zu begleiten. Es ist nun mal eine Manie des Schweizers, Leute, die ihn interessieren – noch dazu solche, die nicht seiner Meinung sind – zu studieren. Er will einfach wissen, *weshalb* jemand als sein Gegner auftritt, will die Gründe hierfür analysieren, und zumeist gelingt ihm das auch. *Gerhard Gadow* allerdings ist nicht „irgend jemand". Das ist vielmehr ein ganz besonderer Charaktertyp. Ungewöhnlich verschlossen, möglicherweise mißtrauisch, ein Mensch, der sein wahres Ich der Umwelt zu verbergen versucht. Vielleicht fühlt er sich nun ungerecht beurteilt, aber ich kann ihn nur so schildern, wie er mir gegenübertrat. Dies geschah während meines Berliner Aufenthalts im September 1973. Im Kreise jenes – von *Gadow* erwähnten – Science-fiction-Klubs, zu dessen Zusammenkunft damals auch *Erich von Däniken* eingeladen worden war.

Ich war auf den Berliner „Anti-*Däniken*" einigermaßen neugierig gewesen, hatte sich doch unsere Bekanntschaft bisher auf einige Briefe beschränkt. Wie er nun so den Raum betrat, ein mittelgroßer junger Mann, mit fast unbeweglichem Gesichtsausdruck und bewußt distanziertem Verhalten, verbreitete er geradezu spürbar den Eindruck der Unnahbarkeit. Kein Lächeln geisterte über seine Züge, jedes Wort schien programmiert zu sein, Ungezwungenheit ging ihm völlig ab. Was mich bei dieser ersten Begegnung besonders irritierte: *Gadow* blickte beim direkten Gespräch stets an mir vorbei.

Jedes, auch noch so unwichtig scheinende Detail nahm *Gerhard Gadow* an jenem Septemberabend wahr, um seinen Ruf als „Anti-*Däniken*" zu bestätigen. Er ist sein Image geworden, das ihm nicht nur Geld – dieser Vorteil war, so glaube ich, für ihn nur zweitrangig –, sondern vor allem Geltung in der Öffentlichkeit verschafft hat. Mein Eindruck von der zweifellos interessanten Persönlichkeit des Jungautors war, daß er offenbar Lustgefühle empfand, den Antipoden *Däniken* ad absurdum zu führen.

Er selbst sieht sich offenbar anders. Zur Charakterisierung seiner Person in diese Richtung hin befragt, schwächt er ab: „Mein Image als ‚Anti-*Däniken*' ist mir persönlich sehr viel weniger wichtig als man vielleicht anderswo glaubt. Wichtig ist für mich, daß die Ansichten, die ich in meinen Büchern (*Gerhard Gadow* schrieb auch das Buch „Der Atlantis-Streit", worin er sich mit den Theorien des Pastors *Spanuth* auseinandersetzt. Anm. d. Verf.) vertrete, sich als sachlich richtig erweisen und, falls sie das nicht tun, dann jeweils von mir rechtzeitig zurückgenommen werden können und müssen . . ."

Was die Sache *Däniken* betrifft, seine Theorien und Hypothesen, scheint *Gadow* weiterhin bei seinen Anschauungen geblieben zu sein. Darauf befragt, meinte er – vom Leserecho auf die *Däniken*-Bücher unbeeindruckt:

„Die sachlichen Behauptungen in meinem Buch ‚Erinnerungen an die Wirklichkeit' sind insofern unverändert, als *Dänikens* Bücher unverändert erscheinen. Ich bin aber selbstverständlich bereit, wenn sich bestimmte sachliche Fehler nachweisen lassen, diese Fehler in meinem Buch zu korrigieren."

Andererseits – und dies vor allem während der gemeinsamen Amerikareise im Herbst 1974 – scheint die Ausstrahlung der Persönlichkeit *Dänikens* auf *Gadow* nicht ohne Wirkung geblieben zu sein. Sehr zum Unterschied zu seinen Widerlegungsversuchen *Däniken*'scher Thesen, vermied es der Berliner hier jedoch, ins Detail zu gehen.

164

„Zu der letzten Begegnung mit *Erich von Däniken* kann ich nur erklären, daß die dabei gewonnenen Eindrücke sehr interessant waren, mich in wesentlichen Punkten auch über Dinge aufgeklärt haben, wo ich früher keine genaue Ansicht und Meinung hatte, und daß so betrachtet diese Begegnung und Reise von großem Nutzen war, wohl nicht nur für mich, sondern auch für *Erich von Däniken*, der sich ähnlich geäußert hat, wie ich mich jetzt äußere."

Das offizielle Kommuniqué nach einer Diplomatentagung kann auch nicht nebuloser abgefaßt sein. Hat aber der gemeinsame Überseetrip das persönliche Verhältnis der beiden Kontrahenten zueinander verbessert? „Diplomat" *Gadow* bleibt auf Distanz:

„Meine persönliche Einstellung zu *Däniken* hat sich insofern nicht gewandelt, als sie vor unserem Kennenlernen nur sehr vage war, sich auf das bezog, was er geschrieben hat. Sie ist allerdings ergänzt worden durch den persönlichen Eindruck eines recht interessanten und in sehr vielen persönlichen Zügen auch durchaus gewinnenden Menschen."

Gadow beurteilt die Eindrücke, die er bei dieser Amerikareise sammeln konnte, „sehr positiv". Er betrachtet das gemeinsam Erfahrene als einen „persönlichen Gewinn", und konnte aus eigenem Erleben die Reaktion der Menschen in den USA und in Kanada mitansehen, wenn sein Reisebegleiter vor jeweils ausverkauftem Haus seine „Denkmodelle" vom Besuch der Götter-Astronauten referierte. Hat sich *Gadow* über das „Warum" solcher Erfolge Gedanken gemacht?

„Der Erfolg *Erich von Dänikens* beruht vermutlich auf verschiedenen Umständen", versucht *Gerhard Gadow* den Höhenflug des Bestsellerproduzenten zu analysieren. „Ein wesentlicher Gesichtspunkt dürfte dabei die Tatsache sein, daß sein erstes Buch im März 1968 erschienen ist – also zu einer Zeit, als die beginnenden

Mondflüge und die Vorbereitung einer bemannten Mondlandung das öffentliche Interesse stark zu bewegen begann, und wo natürlich die These, die *Erich von Däniken* aufgestellt hat, eine breitere Aufnahmefähigkeit in großen Bevölkerungsschichten vorfand als vorher, als solche Themen ganz allgemein weniger erörtert wurden, und sich weniger ins öffentliche Bewußtsein drängten."

Ein sogenanntes „Patentrezept" will *Gadow* hierbei *Däniken* nicht zugestehen, glaubt allerdings, daß die Art, wie jene Bücher dargeboten werden – im inneren Aufbau, im Stil, aber auch im Umfang – als „optimal" zu bezeichnen ist und EvD nicht zuletzt deshalb einen großen Publikumskreis gewann. *Gadow* legt allerdings größten Wert darauf, hier zwei Dinge auseinanderzuhalten: Die *Form* und den *Inhalt*. Mit letzterem identifiziert er sich *keineswegs*.

Differenziert sieht er auch sein Verhältnis zur Person bzw. Glaubwürdigkeit der Theorien *Dänikens*. „Ich habe niemals eine persönliche Antipathie gegen den Verfasser der ‚Erinnerungen an die Zukunft' empfunden", sagt *Gadow* heute, vielmehr „immer nur ein großes Interesse für das Thema und die Bereitschaft, meine Meinung dem jeweiligen Stand meines persönlichen Wissen anzugleichen".

Gerüchte, die davon sprechen, der Berliner Autor würde noch einmal versuchen, sich mit EvD literarisch auseinanderzusetzen, werden von *Gadow* dementiert.

„Ich plane nicht, mich in der näheren Zukunft neuerlich mit *Erich von Däniken* publizistisch zu beschäftigen. Was ich zum Thema, zu bestimmten Einzelfakten zu sagen hatte, habe ich öffentlich gesagt. Ich betrachte die Diskussion für mich persönlich als abgeschlossen, sollte es aber neue Gesichtspunkte geben, wäre ich natürlich bereit, über diese neuen Gesichtspunkte nachzudenken und bisherige Ansichten – wenn es nötig sein sollte – eventuell zu korrigieren."

Neun Jahre nach *Gadows* Widerlegungsversuchen, war die Zeit offenbar reif für einen neuen „Anti-Däniken". Diesmal hieß er Schmitz. Sein Verlag – Ariston in der internationalen Schweizer Metropole Genf – hatte das Werk als Renommier-Gegenbeweis eines versierten Naturwissenschaftlers angekündigt. *Dr. Emil-Heinz Schmitz* würde es überzeugender als anderen vor ihm gelingen, die Beweisnot, in der sich *Däniken*, seine Vorgänger und Nachahmer befänden, wissenschaftlich zu begründen. „Beweisnot" nannte er deshalb auch sein Buch.

Obgleich auf dem Gebiet der sogenannten Präastronautik zugegebenermaßen „befangen" (schreibe ich doch selber aus „kosmischer Sicht"), war ich ehrlich gespannt, wie weit es diesem Herrn Doktor *Schmitz* gelungen sein mochte, uns Engagierten in Sachen „Weltraumgötter" den Boden abzugraben. Und ich war mir gegenüber ehrlich genug, eine etwaige Niederlage in einem solchen „Beweisverfahren" offen einzugestehen – wenn es eine werden sollte.

Meine erste Reaktion nach dem Studium des *Schmitz*-Buches war ein Anruf im Genfer Verlag. Ariston-Boß *Bundschuh*, der sich voll und ganz hinter seinen „Anti-Däniken" *Schmitz* gestellt hatte, konnte ich mitteilen, was mir aus erleichtertem Herzen kam: „Nach dem Lesen Ihrer ‚Beweisnot' und den sogenannten Widerlegungen des Herrn Doktor *Schmitz*, können ich und meine auf gleichem Gebiet tätigen Kollegen wieder ruhig schlafen."

Das mag zwar etwas polemisch klingen, entspricht aber haarscharf meinen ehrlichen, sogar selbstkritischen Eindrücken. Ja, ich muß jetzt sogar *Schmitz*-Vorgänger *Gerhard Gadow* in gewisser Weise „Abbitte" leisten. Denn was der 1969 erst 18jährige Student an Gegenbeweisen in seinem Anti-Däniken-Büchlein „Erinnerungen an die Wirklichkeit" zusammengetragen hatte, stand turmhoch über der Arbeit des Naturwissenschaftlers

167

Schmitz. Nur in einer Disziplin mußte sich *Gadow* von seinem Nachfolger eine glatte Niederlage gefallen lassen:

In billiger Polemik.

Bezeichnend, was mir Ariston-Verleger *Bundschuh* telefonisch eingestand: Er sei gezwungen gewesen, ein komplettes Kapitel aus seiner „Beweisnot" zu entfernen, weil sich darin der Autor total im Ton vergriffen hätte und es in dieser Form für den unbefangenen Leser nicht mehr zumutbar gewesen wäre. Noch wahrscheinlicher freilich dürfte bei dieser Verlegermaßnahme die Befürchtung Herrn *Bundschuhs* Pate gestanden haben, vor die Gerichtsschranken zitiert zu werden.

Unerklärlich bleibt mir, weshalb diesem Naturwissenschaftler keine besseren, treffenderen, überzeugenderen Argumente gegen die von ihm so sehr verteufelte „Präastronautik" eingefallen sind als jene, mit denen er aufzutrumpfen vermeint. Die wenigen, durchaus diskutablen Fehlerquellen in diesem umstrittenen grenzwissenschaftlichem Bereich, die *Schmitz* aufzeigt – stammen nicht von ihm. Wurden, oft unüberprüft, aus anderen „Gegenbüchern" übernommen.

Wie sehr so etwas danebengehen kann (und obendrein jeder wirklich wissenschaftlichen Beweismethodik widerspricht), bewies sehr deutlich die von *Schmitz* geleugnete Existenz der ältesten Trockenbatterie im Irak-Museum von Bagdad. Diese „Weisheit" hatte der Naturwissenschaftler aus einer Buchpublikation bezogen, die 1970 (!) – also acht Jahre vor den Schmitzschen Widerlegungsversuchen – erschienen, und von einem „Anti-Däniken" namens *Pieter Coll* (ein Pseudonym) verfaßt worden war. Sie nannte sich „Geschäfte mit der Phantasie".

Der Autor jener Jahre berief sich in seiner Ableugnung jenes Däniken-Mosaiksteinchens auf die Aussage eines (mir allerdings unbekannten) Wissenschaftsredakteures *Dr. Kroll,* der, bei einer Rundfunkanstalt tätig, im Irak-Museum angeblich recherchiert haben soll, und dem man in Bagdad negativen Bescheid gegeben hatte. Ob es stimmt oder nicht, ist hier nicht von Belang. 1970 verließ sich jedenfalls Autor *Pieter Coll* auf diese Mitteilung und benützte sie als weiteren Baustein seiner *Däniken*-Gegenkampagne. Inzwischen aber waren weitere acht Jahre ins Land gezogen. Und es hatte im September 1978 in der deutschen Stadt Hildesheim eine bemerkenswerte Demonstration im wissenschaftlichen Bereich gegeben. Dies unter der Oberhoheit des Museumdirektors *Arno Eggebrecht,* dessen Mitarbeiter unter Aufsicht einiger mit Argusaugen kontrollierender Fachleute ausgerechnet die von Kroll und Coll geleugnete Existenz der Bagdad-Trockenbatterie experimentell bestätigten!

Man hatte eine exakte Kopie des Originals angefertigt, das im übrigen von jedem Interessenten im Hildesheimer Museum zu besichtigen war. Dort gastierte nämlich 1978 eine Ausstellung mit mesopotamischen Kulturgütern. Und eines der Schmuckstücke darin – war eben jene fragliche Trockenbatterie aus den irakischen Museumsbeständen.

Der österreichische Archäologe *Wilhelm König* hatte sie 1936 bei Grabungen in einer ehemaligen Parther-Kultstätte, nahe von Bagdad, entdeckt – und bald danach auch ihre tatsächliche Bedeutung erkannt. In den vierziger Jahren schrieb er darüber in seinem (heute längst vergriffenen) Buch „Im vergessenen Paradies" (Neun Jahre Irak) eine ausführliche Abhandlung.

Mit Hilfe von Weintraubensäure gelang es jedenfalls den Wissenschaftlern in Hildesheim, die wahrscheinliche Bedeutung der irakischen Trockenbatterie nachzuweisen und ihre Wirkung überzeugend zu bestätigen. Es handelte sich damals offenbar um ein Galvanisierungsgerät der alten Parther. Gab das Original in Bagdad sogar zwei Jahrtausende nach seiner Herstellung (es stammt aus einer Zeit etwa zwei Jahrhunderte vor Christi Geburt) noch 1,5 Volt ab, so schaffte das originalgetreue Duplikat in Hildesheim immerhin ebenfalls noch 0,5 Volt. Außerdem aber wurde unter wachsamen Augen ein silbernes Parther-Kultfigürchen mit Hilfe jener Weintraubensäure (mit der auch schon die Parther-Priester hantiert hatten) einwandfrei vergoldet!

Die Meldung über dieses gelungene Experiment ging durch die Medien. Ausführliche Berichte erschienen beispielsweise im Politmagazin „Der Spiegel", das gewiß ebensowenig wie das profilierte deutsche Wochenblatt „Die Zeit", auf Dänikens Spuren wandelt. „Wir müssen unsere Geschichte revidieren", meinte damals „Die Zeit" in einer großen Schlagzeile.

Für den Naturwissenschaftler *Schmitz* war dies kein ersichtlicher Grund. Er blieb bei seiner ursprünglichen Behauptung, die Existenz einer Trockenbatterie aus vorchristlicher Zeit sei ein Märchen *Dänikens* und aller Gleichgesinnten. Bis zum heutigen Tag – immerhin sind seit dem Ersterscheinen der „Beweisnot" zwei volle Jahre vergangen – hat Schmitz es nicht der Mühe wert befunden, eine seiner markantesten Fehlerquellen zu beseitigen. Manche Naturwissenschaftler vertrauen eben auf die geringe Urteilskraft und die Wissenschaftsgläubigkeit ihres Publikums – und sie übersehen großzügig, daß ihr vermeintliches Urteil, ihr Schuldspruch über Andersdenkende, in Wahrheit – ein *Vorurteil* ist. Sie stellen sich damit in eine Reihe von jenen orthodoxen Fachgelehrten, die zwar ihr Wissen erlernt – aber nicht weiterentwickelt haben.

Man unterstellt den Verfechtern der Idee, unser Planet sei in vergangenen Zeiten von erdfremden Intelligenzen besucht und genetisch manipuliert worden (wie *Erich von Däniken* allen voran behauptet), Sektenbegründer oder Leuteverdummer zu sein, übersieht aber völlig, daß die eigenen Gegenargumente auch nichts weiter sind als Indizien. *Beweise* vorzulegen, die *Däniken* & Co. ad absurdum zu führen vermögen, war bisher niemand imstande.

Wer also ist hier in „Beweisnot" . . .?

9

ERFOLG KOMMT NICHT VON UNGEFÄHR

Es ist kein so großer Sprung vom angeblichen Plagiator zum *Erfolgsautor Erich von Däniken*. Schon deshalb nicht, weil eines das andere glatt widerlegt. Hätte nämlich der Götterforscher seinen weltweiten Ruhm auf Abschreib-übungen aufgebaut, dann wäre dies – meines Wissens – der erste Fall gewesen, wo ein Schriftsteller dadurch bekannt wurde, in dem er den „Aufguß" besserer Ideen, die andere vor ihm hatten, als die seinen ausgab. Mehr noch: Es wäre die durch und durch absurde Situation eingetreten, daß der sogenannte „Abschreiber" die von ihm bestohlenen Autoren an Popularität überflügelte.

Gewiß, auch ein *Louis Pauwels*, *Jacques Bergier* oder *Robert Charroux* (um die angeblich „geistigen Väter" *Dänikens* namentlich zu nennen) sind heute in viele Sprachen übersetzt; ihre Bücher den thematisch Interessierten zumeist geläufig. Doch weder die Auflagenhöhe jener Werke noch der Bekanntheitsgrad derer, die sie schreiben, kommen den Absatzziffern der *Däniken*-Bücher auch nur einigermaßen nahe. Über 45 Millionen Exemplare aus der Feder des Schweizer Exhoteliers wurden bis dato verkauft.

Was aber den meisten Unkenrufern offenbar entgangen ist: EvD hat nicht erst mit „Erinnerungen an die Zukunft" den ersten Meilenstein in dieser Literaturgattung gesetzt. Er publizierte zum Thema Götter-Astronauten schon viele Jahre vorher. So etwa in der deutschkanadischen Zeitschrift „Der Nordwesten", wo Dienstag, den 8. Dezember 1964 (als die *Charroux*-Bücher noch lange nicht in Deutschland erhältlich waren), der *Däniken*-Artikel „Hatten unsere Vorfahren Besuch aus dem Weltraum?" veröffentlicht wurde. 1965 schließlich erschienen in dem deutschen Wochenblatt „Neues Europa" in regelmäßiger Folge Beiträge *Dänikens*, die seinen späteren Bestseller der Zukunftserinnerungen praktisch vorwegnahmen. Hier ein paar Titel: „Haben wir eine utopische Vergangenheit?", „Kritische Betrachtungen über UFO-logie" oder „Hellsehen – eine Selbstverständlichkeit im Jahre 3000?"

Der Name *Däniken* ist weltweit zu einer Markenbezeichnung geworden, ähnlich jener der Firma Maggi. Wer denkt bei Verwendung ihrer Suppenwürze noch an den Hersteller. „Maggi" ist zu einem Gebrauchswort wie „Tisch" oder „Bett" geworden. *„Däniken"* gilt heute schlechthin als Synonym für „Götter-Astronauten". Ist es daher nicht naheliegend, den möglichen Ursachen für die Dominanz eines einzelnen unter so vielen „Gleichgeschalteten" nachzuspüren? Was unterscheidet diesen *Erich von Däniken* von seiner Konkurrenz? Welche Einflüsse bewirken die steile Erfolgskurve seiner Bücher?

Verlagschef *Erwin Barth von Wehrenalp*, in erster Linie dafür verantwortlich, daß *Dänikens* Bücher, „das Licht der Welt erblickten", gehört zu jenen, die die Antwort zu wissen glauben: „Natürlich kannte ich eine ganze Reihe von Büchern dieses Themenkreises, aber ich hatte den Eindruck, daß hier ein originäres und mit besonderem persönlichen Engagement geschriebenes Buchmanuskript vorlag.

Wichtig ist mir dabei festzustellen, daß keines der vorhergegangenen Bücher gleicher Thematik im deutschen

Sprachraum nennenswerten Erfolg gehabt hat. Man muß sich absolut darüber klar sein: Der große Durchbruch dieser Thesen erfolgte mit *Dänikens* erstem Buch."

EvD wurde es keineswegs leicht gemacht, bei einem Verlag Fuß zu fassen. Auch Econ war nicht Feuer und Flamme, als *Dänikens* Rohmanuskript auf dem Schreibtisch des Lektorats landete. Nach ein paar Wochen Studium wurde es dem hoffnungsfrohen Verfasser retourniert. Dazu ein in höfliche Floskeln gekleidetes Schreiben mit dem Resümee: *Abgelehnt!*

Dänikens Freund und Reisebegleiter *Hans Neuner* erinnert sich noch gut an die damalige Situation: *„Erich* machte sich nichts vor. Er wußte von den Schwierigkeiten, auf dem Buchmarkt zu bestehen. *Wehrenalp* hatte zwar zunächst erklärt, ihm gefalle das Manuskript gut, aber er könne dennoch so etwas nicht verlegen." Es bedurfte guter Worte des „Zeit"-Redakteurs *Thomas von Randow* (an den sich *Däniken* nach der ersten Ablehnung durch Econ hilfesuchend gewandt hatte, und der den Bittsteller an seinen Freund *Wehrenalp* weiterempfahl), ehe sich der Econ-Chef erweichen ließ. Das Manuskript des „emotionellen Nichtschriftstellers" (so *Wehrenalp* in einem „Spiegel"-Interview über EvD) ging endlich in Druck.

Überzeugt will *Wehrenalp*, nach einigen Worten, von der Persönlichkeit *Erich von Dänikens* worden sein, einer Persönlichkeit, „die einzigartig ist". So begegne zwar ein Verleger, nolens volens, sehr vielen und sehr verschiedenen Schriftstellern, doch *Dänikens* Überzeugung, vor allem aber seine Überzeugungskraft seien unvergleichlich. Wahrscheinlich hätte selbst diese nicht gereicht, Herrn *von Wehrenalp* umzustimmen. Er gibt das indirekt zu, wenn er seine Kehrtwendung im Fall *Däniken* begründet:

„Sehen Sie, ich schätze *Thomas von Randow* außerordentlich. Wenn er als Wissenschaftsredakteur einer so renomierten Zeitung wie ‚Die Zeit' sagt: ‚Hier sind Thesen, mit denen man sich auseinandersetzen muß', dann hat ein solcher Hinweis Gewicht."

Maßgeblich für die Annahme von *Dänikens* Manuskript der „Erinnerungen . . ." durch den Econ-Verlag war jedoch ein Brief *Wernher von Brauns,* in dem es hieß, man wisse zwar nicht, ob *Erich von Däniken* recht habe, man könne aber auch nicht sagen, daß er unrecht habe. *Wehrenalp* war beeindruckt.

„Wenn eine Persönlichkeit wie *Wernher von Braun* so etwas sagt, und nicht dezidiert erklärt: ‚Das ist Unfug!', dann hat ein Verleger die Pflicht, ein publizistisches Diskussionsforum für solche neuen Gedanken und Thesen zu schaffen", erteilt er sich selbst die Absolution.

Schon beim ersten Kontakt machte *Däniken* auf *Wehrenalp* den Eindruck „eines engagierten Autors, wie es mit solchem Engagement heute selten ist". Daß der Erfolg seiner Bücher eng mit der Bereitschaft des Verfassers verbunden ist, „mit starkem persönlichem Einsatz seine Thesen an Ort und Stelle durch Augenscheinnahme von Zeichnungen, Dokumenten zu belegen und zu beweisen", davon ist *Dänikens* Verleger fest überzeugt. Dies unterscheide ja den Bestsellerschreiber von den meisten anderen Schriftstellern, sagt er, die zum selben Thema publizieren.

Hans Neuner fällt dazu die passende Episode ein, wie sie ihm von *Däniken* selbst seinerzeit berichtet wurde. „*Erich* hatte einiges Herzklopfen, als ihm *Thomas von Randow* ein Rendezvous mit dem Verlagschef von Econ vermittelte. Wußte *Wehrenalp* vom vorangegangenen Mißerfolg des jungen Autors? Würde er *Erich* neuerlich abblitzen lassen? Die Befürchtungen waren unbegründet: *Wehrenalp* hatte keine Ahnung. Nicht davon, daß das nun vor ihm liegende Manuskript der ‚Erinnerungen an die Zukunft' schon einmal in seinem Lektorat aufgelegen war, und schon gar nicht, daß es dort keine Gnade gefunden hatte. *Erich* konnte sich's – viele Monate später –

176

nicht verkneifen, seinem Verleger den wahren Hergang seines Canossaganges zu schildern. Unter dem Eindruck womöglich versäumter sechsstelliger Verkaufsziffern, ließ *Wehrenalp* seiner Empörung über die ‚Wahnsinnigen im Lektorat‘ freien Lauf. *Erich* aber lachte sich ins Fäustchen."

„Für *Erichs* großen Erfolg war in erster Linie sein persönliches Engagement ausschlaggebend", bestätigte auch *Dänikens* Sekretär und engster Mitarbeiter *Willi Dünnenberger*. Er ist wohl repräsentativ für eine solche Aussage, hat er doch täglich Gelegenheit, das Wirken seines Brötchengebers aus nächster Nähe zu beobachten. „Sicher, auch andere, zum Beispiel der Franzose *Robert Charroux*, schreiben zum selben Thema. Doch alle diese Autoren scheuen die Öffentlichkeit und meiden die Diskussion mit den Leuten. Sie können sich nicht ausdrücken, sie halten keine Vorträge, sie gehen für ihre Ideen nicht auf die Barrikaden, sie kämpfen einfach nicht. Alles Dinge, die *Erich* unablässig tut", zieht er Vergleiche.

Dünnenberger verweist auf ein typisches Beispiel.

„Der große Unterschied zwischen *Charroux* und *Däniken* besteht darin, daß *Erich* an gut 95 Prozent der Stellen, die er in seinen Büchern nennt, auch selber gewesen ist. Er hat recherchiert, hat sich an Ort und Stelle mit den Leuten unterhalten, und er hat Erkundigungen über diverse archäoligische Funde, Schriftzeichen oder Legenden eingeholt."

Der junge Mann verweist auf eine Begebenheit in Peru. Im Städtchen Ica, nahe der Bucht von Pisco, wohnt der Arzt und Amateurarchäologe Professor *Javier Cabrera*. Der fand Hunderte von Steinen mit ungewöhnlichen Gravierungen. Mit Motiven aus der Medizin (so mehrere bildhaft dargestellte Phasen einer Herztransplantation) und der Astronomie (beispielsweise einen Inka, der mit einem Fernrohr zum Himmel blickt). *Robert Charroux* besuchte den peruanischen Gelehrten.

„Währen aber *Charroux* – wie wir dort erfuhren – lediglich drei Stunden bei *Cabrera* geblieben war, die Steine rasch fotografierte und aus diesem bißchen Material ein komplettes Buch („L'éngime des Andes", zu deutsch: „Das Rätsel der Anden") bastelte, verbrachte *Däniken* drei volle Tage am Fundort. Er befragte seinen Gastgeber zu jedem Detail und er verschoß mehrere Filme, um besonders gutes Material von den Steinzeichnungen zur Verfügung zu haben."

NASA-Ingenieur *Josef Blumrich* (ihn hat *Erich von Däniken*, was die Deutung des *Ezechiel*-Berichtes in der Bibel anlangt, bekanntlich vom *Saulus* zum *Paulus* „bekehrt") sieht fundamentale Unterschiede in der Forschungsarbeit des Schweizers gegenüber anderen Experten der Astroarchäologie.

„Soweit ich deren Bücher gelesen habe – *Charroux* fällt mir dazu ein – ist *Däniken* der einzige, der über unerkärliche Dinge nicht bloß fabelt. Er ist der einzige, der aufgrund *persönlicher* Recherchen zum Ergebnis kam: ‚ . . . folglich müssen wir Besuch aus dem All gehabt haben!' Sehen Sie, das ist es, was *Erich von Däniken* anderen voraushat."

Dem NASA-Fachmann imponiert, daß *Däniken* in seinen Büchern bemüht ist, zu heute noch unerklärlichen Fakten Lösungsvorschläge anzubieten.

„So appelliert er an die Wissenschaft, doch endlich die Erkenntnisse unseres Jahrhunderts, wie jene beim Flugzeug- oder Raketenbau, auch in der Archäologie anzuwenden. Ich finde, das ist ein sehr gesundes, stichhaltiges und wichtiges Argument."

Offen bekennt sich *Blumrich* zu solcher Auffassung, urgiert sie unaufhörlich auch bei seinen Vorträgen. Seine Forderung: Bei Grabungen an interessanten archäoligischen Stätten, sollen künftig auch Ingenieure zugezogen werden.

„Zwar bedienen sich die Archäologen heute bereits der Mitarbeit von Chemikern und Physikern, doch nach wie vor – und warum eigentlich? – ist es für diverse Altertumsforscher undenkbar, Relikte früherer Jahrtausende auf ihren eventuellen technischen Ursprung zu untersuchen. Keiner von ihnen stellt sich die Frage, ob da vor fünf- oder zehntausend Jahren nicht schon irgendeine fortgeschrittene Hochkultur mit Luftschiffen geflogen sein könnte. Diese Möglichkeit und manche andere gilt es zu prüfen. Sooft sie negativ ausfällt, okay – doch solange sie auch positive Ergebnisse nicht ausschließt, sollte nachgeforscht werden."

Daß heute verschiedene Zweige der Wissenschaft überhaupt der Präastronautik (oder „Ancient Astronauts", wie das im englischen Sprachraum heißt) ihre Aufmerksamkeit schenken, ist vorrangig *Erich von Däniken* als engagiertem Verfechter dieser Hypothese zu verdanken. Die phantastisch anmutende, doch keineswegs indiskutable Gedankenwelt hat sich – kein Wunder nach zwölf Jahren Zusammenarbeit – auch *Dänikens* Buchbearbeiter *Utz Utermann* zu eigen gemacht.

„Zuerst einmal: Ich bin heute firm in der einschlägigen Literatur in der ganzen Welt", bekennt er. „*Erich* hat mich dazu gebracht. Mit *Thomas Manns* klugem Satz ‚Das Positive am Skeptiker ist, daß er alles für möglich hält', habe ich heute eine starke Affinität zu *Dänikens* Idee. Da ich zudem alles, was dazu gesagt und geschrieben wird, auf den Tisch kriege, weiß ich, wie viele seiner Mosaiksteine aus purem Gold sind. Nicht allein *Josef Blumrichs* Nachweis, daß *Ezechiel* alias *Hesekiel* ein Raumschiff beschrieben hat, ist Grund für diese meine Überzeugung. Doch wenn selbst der Nobelpreisträger und Genetiker *Francis H. Crick* – er schrieb zusammen mit *James D. Watson* das Buch ‚Die Doppel-Helix' – sagt, daß zu irgendeinem Zeitpunkt ein quasi extraterrestrischer Eingriff in die Erbmasse der Hominiden zum Zeitpunkt der Intelligenzwerdung stattgefunden haben müsse, dann hat man doch das Recht stutzig zu werden."

Nicht nur ihm, sagt *Utermann*, erginge es so, Dutzende von Publikationen scheuten sich nicht mehr, *Dänikens* Theorien zumindest in den Bereich des Denkbaren zu rücken.

„Da die Abstände, in denen derartige Bestätigungen unter meine Augen kommen, immer kürzer werden, muß ich gestehen, aus dem anfänglich Unbeteiligten ist inzwischen ein ‚Mitmacher‘, ja wenn man es populär sagen will: ein *Däniken*-Fan geworden!"

Die kritischen Vergleiche, die von *Däniken*-Kennern in bezug auf andere Konkurrenzautoren, etwa *Charroux*, gemacht werden, sollen nicht den Eindruck erwecken, daß der Schweizer Erfolgsautor sich über seine Kollegen erhaben dünkt. Ganz und gar nicht. Reisebegleiter *Hans Neuner* erinnert sich genau, daß ihm EvD bei gemeinsamen Fahrten von den Überlegungen anderer, auf gleicher Linie Schreibender erzählte. Auch über *Robert Charroux* wurde gesprochen – und keineswegs abfällig. „Im Gegenteil", dementiert *Neuner*, „*Erich* hat *Charroux* sogar bewundert, und er brachte den Büchern des Franzosen stets Hochachtung entgegen." Der Tiroler Gastronom, der damals – auf Bestreben *Dänikens* – erstmals zu Büchern dieser Thematik griff und heute zu den darin Orientierten gezählt werden darf, glaubt zu wissen, weshalb sich gerade sein Schweizer Freund weltweit durchgesetzt und seine zahlreichen Konkurrenten – *Charroux* mit eingeschlossen – überflügelt hat.

„Wahrscheinlich hat *Erich* mehr Ellbogenkraft, um das Ganze durchzustehen, hat mehr Übersicht, kann warten – wie es auch damals am Beginn seines Aufstieges war. *Däniken* hat es aus eigener Kraft geschafft, zu seinem nunmehrigen Verlag zu kommen. Ein x-beliebiger Verlag kam für ihn nie in Frage. Als damals Econ auf die Bildfläche trat, sagte er zu mir – der ich ja weder vom Verlagswesen noch von sonst etwas in der Buchbranche Ahnung hatte – in kluger Voraussicht: ‚Du *Hans*, wenn ich diesen Verlag erwische, dann hat mein Buch eine echte Chance, publiziert zu werden und Erfolg zu haben, denn Econ, das ist einer der besten deutschen Verlage überhaupt!' *Erich* hatte dafür die richtige Nase."

Es war nicht allein der passende Verlag, der den Welterfolg *Dänikens* begünstigte. Auch der Schreibstil des Schweizers trug wesentlich zur Konsumfreudigkeit der Leser bei. *Theo Bos*, der die steile Aufwärtskurve seines Freundes vom Steward über den Hotelbediensteten bis zum Bestsellerlieferanten aus nächster Nähe beobachtete, bringt den Höhenflug seines Freundes auf den plausibelsten Nenner:

„Erstens muß ich sagen, daß ‚Erinnerungen an die Zukunft' nicht kompliziert geschrieben ist. *Erichs* Buch war somit auch für jede Hausfrau verständlich. *Dänikens* Sprache ist zudem nicht schwierig. Man konnte sein Buch sogar als Nachttischlektüre lesen. Außerdem war zum Verständnis seiner ‚Erinnerungen' kein Nachschlagewerk notwendig. Wörterbücher waren überflüssig – man mußte keine besondere Bildung besitzen, um den Inhalt seines Werkes zu verstehen."

Ohne die unbedingte Überzeugung *Dänikens* von der Durchschlagskraft seiner Ideen hätte es der Götterforscher aber dennoch nicht geschafft, urteilt EvD-Freund *Bos*. „Er war sich schon damals, als er noch am Manuskript seines Erstlings werkte, völlig gewiß, daß dieses Buch ein Bestseller werden würde. Das war Ursache seines Bucherfolges!"

Erst in zweiter Linie habe die Wahl des Verlegers zum späteren Bekanntheitsgrad *Dänikens* beigetragen, dann die Sprache – und schließlich all die anderen angenehmen wie unangenehmen Begleiterscheinungen: Pressewirbel und Festnahme des Autors. *Theo Bos* hält sie ebenso wie die 1968 aktuell gewordene erste Mondumkreisung als nebensächlich für den Aufstieg *Dänikens* zum erfolgreichsten Nachkriegsschriftsteller deutscher Zunge, wenn er auch nicht leugnet, daß der Mondflug zur Popularisierung des ersten EvD-Buches beigetragen haben könnte.

„Der Econ-Verlag hatte, wie man weiß, die erste Auflage der ‚Erinnerungen' mit 6000 Stück nur knapp gehalten", erinnert sich *Bos.* „Doch diese Anzahl war innerhalb von ein, zwei Tagen in der Schweiz restlos vergriffen. Ich selbst wollte mir das Buch etwa eine Woche nach seinem Erscheinen besorgen, leider vergeblich – ich mußte nachbestellen."

Der unglaubliche Run auf die Buchläden, um den ersten *„Däniken"* zu erwerben, war in erster Linie dem Abdruck seiner „Erinnerungen" in der renommierten Schweizer Wochenzeitung „Weltwoche" zu verdanken, den die Eidgenossen geradezu verschlangen. Die Ankündigung im Blatt, daß es zusätzlich auch ein Buch geben würde, trieb die „Weltwoche"-Leser, und nicht nur sie, massenweise in die Buchhandlungen.

Niemand – sieht man von *Däniken* ab –, am allerwenigsten der Econ-Verlag selbst, hatte mit einem derartigen Kaufinteresse gerechnet. Verlagschef *Wehrenalp* gibt das offen zu. „Wir alle waren vom starken Echo überrascht. ‚Erinnerungen an die Zukunft' war von uns ja nur als eine Art von Diskussionsbeitrag vorgesehen gewesen – und wir hatten auch die Verlagswerbung darauf ausgerichtet. Es ist jederzeit mit Zahlen und Fakten belegbar: Der Erfolg des ersten *Däniken* war nicht ‚manipuliert', das Buch wurde nicht durch Werbung ‚gemacht'. Das starke Interesse am Thema wurde eindeutig durch Diskussionen in allen Teilen der Bundesrepublik, in der Schweiz, in Österreich, ja in der ganzen Welt ausgelöst."

Wurde Econ also vom raketenhaften Käuferboom geradezu überrumpelt – ein Verkäufer sozusagen, der nicht so recht an seine Ware glauben wollte –, so nahm der Autor das Interesse der Leute als Selbstverständlichkeit hin. *Erich von Däniken* hatte dem skeptischen Verleger den überwältigenden Erfolg der „Erinnerungen" bereits bei seinem ersten Besuch vorausgesagt.

„Natürlich müssen Autoren vom Erfolg ihrer Arbeit überzeugt sein", wundert sich der Econ-Chef noch heute, „doch in so starkem Maße habe ich es sehr, sehr selten erlebt. In der Tat hat *Erich von Däniken* in mancher Beziehung eine Art sechsten Sinn." Auch wenn sich *Erwin Barth von Wehrenalp* – etwa während der Ecuador-Kampagne – voll und ganz hinter seinen Spitzenschreiber stellte, so kann nicht übersehen werden, daß *Dänikens* Verleger ursprünglich dem von seinem Schützling verfochtenen Thema vorzeitlicher Götter-Astronauten nur wenig abgewinnen konnte. Daher ja auch die geradezu „schottische" Verlagswerbung für *Dänikens* erstes Buch.

Am 27. Februar 1968 war EvD der glücklichste Mensch der Welt: Vor ihm lag das erste Exemplar seiner „Erinnerungen". Am 1. März startete die „Weltwoche" mit dem Buchabdruck. *Dänikens* „sechster Sinn" sah es voraus: Bei 6000 Auflage würde es nicht bleiben. Kaum in den Buchläden, beschwor der Autor seinen Verlag, die zweite Auflage zu drucken. In Düsseldorf lächelte man zunächst über die Ungeduld des „Greenhorns", bald aber nicht mehr. Noch im März hatten die Druckereien Hochbetrieb: Die zweite und dritte Auflage war unterwegs – „Erinnerungen an die Zukunft" hielt binnen eines Monats beim 20. Tausend. Weitere Auflagen folgten. Zunächst je 10000 Exemplare im Juni und Juli, dann 25000 im „Sauregurkenmonat" August. Fein säuberlich registriert, meldete Econ Ende 1968 stolz 146372 verkaufte „Erinnerungen". Die Buchlawine war in *Dänikens* Heimat ausgelöst worden: Innerhalb von acht Monaten wurden in den Schweizer Buchhandlungen mehr als 20000 Bücher abgesetzt. Die „Dänikenitis" breitete sich aus wie eine Seuche.

Auch nach acht Jahren ist in der Nachfrage nach *Däni-kens* „Erstling" keine Flaute festzustellen. So in Polen, wo die „Erinnerungen" im Vorjahr erstmals zur Warschauer Buchmesse auflagen. 20000 Exemplare betrug die Start-auflage. Sie war in acht Tagen vergriffen.

„Auf der Buchmesse und bei den Bazaren haben sich die Polen um das Buch fast geschlagen", erzählt *Wehren-alp*, der sich damals in Warschau aufhielt. Seinen Worten nach haben die „Erinnerungen" eine Begeisterung aus-zulösen vermocht, wie – trotz ebenfalls hoher Auflagen-ziffern – kein anderes der nachfolgenden sechs Bücher *Dänikens.*

„In der Türkei sind 67000 Exemplare in einem Jahr ab-gerechnet worden. In Indien erschien dieses Buch in drei Dialekten. Es gab Raubdrucke, etwa in Persien. Und ob-wohl in Island doch alle Menschen englisch lesen, hat ein Verleger dort alle Bücher *Dänikens* in Isländisch her-ausgebracht." Als neuer „Nährboden" für die Götter-theorien des Schweizers haben sich aber auch die USA angeboten. Mehr als 13 Millionen Bücher – alle fünf Werke sind dort bereits erschienen – fanden in Amerika ihre Käufer. Was wunder, wenn Econ-Chef *Wehrenalp* ein kühnes Resümee wagt, zu dem ihn die Erfolgsbilanz der *Däniken*-Bücher ermutigt: „Für mich steht fest: Die Denkanstöße, die *Erich von Däniken* gegeben hat, haben sich in einer, vielleicht von uns allen, von seinen Freun-den und seinen Gegnern nicht vorausgesehenen Form weiterentwickelt. Jedenfalls ist offensichtlich, daß man an den Denkanstößen, die von seinen Büchern ausge-gangen sind und noch ausgehen, nicht mehr vorbei-kommt. Das ist ein beachtliches und dazu weltweites Phänomen."

Däniken-Freund *Walter Ernsting* sieht außerdem noch gewisse Gleichklänge zwischen EvD und anderen Auto-ren. „*Erich* kann ein Sachbuch so spannend schreiben, daß es wie ein Roman wirkt. Hier ähnelt er dem Engländer *Arthur C. Clarke*, Autor von ,2001 – Odyssee aus dem Weltraum', der viele ausgezeichnete Science-fiction-Romane geschrieben hat, und auch Kurzgeschichten – aber auch astronomische Sachbücher, Sachbücher über den Weltraum, die sich ebenfalls ungeheuer spannend lesen und ebenso große Erfolge wie *Clarkes* Science-fiction-Romane geworden sind. Ich muß diese beiden – *Clarke* und *Däniken* – immer miteinander vergleichen. Es liegt also sehr viel am Stil, es liegt sehr viel an einer sehr knappen Darlegung bei der Behandlung des Themas. Gerade das hat *Däniken* sehr gut verstanden – deshalb wurde schon sein ersten Buch ein großer Erfolg."

Walter Ernsting, der seit über zwei Jahrzehnten Zukunftsromane schreibt, die im In- und Ausland gelesen werden, scheint mir der richtige Mann zu sein, die Ursachen für *Dänikens* Superauflagen zu erkennen, sie zu analysieren.

„Was *Erich* von thematisch gleichgesinnten Autoren unterscheidet, ist auf jeden Fall sein dynamischer Schreibstil. Wenn man zum Beispiel *Pauwels-Bergiers* ,Aufbruch ins dritte Jahrtausend' hernimmt, so ist darin die Thematik der Astroärchäologie für mein Dafürhalten durchaus gekonnt behandelt. Mich interessierte, ja faszinierte damals das Buch – aber ich glaube, auf die breite Masse vermochte das Werk der beiden Franzosen nicht so zu wirken wie *Erichs* Buch, weil eben *sein* Stil ganz knapp ist, ganz kurz und spannend."

Das sei auch der Grund gewesen, daß *Däniken* zum erfolgreichsten Autor aufsteigen konnte. „Nicht allein der Thematik wegen", grenzt *Ernsting* ab, „die Thematik war ja beim Erscheinen der ,Erinnerungen' längst nicht mehr neu und andere Autoren, etwa *Pauwels-Bergier* oder *Charroux*, hatten sich ja ebenfalls damit auseinandergesetzt – Beachtung hatten ihre Bücher aber keine überragende gefunden. Das wurde dann völlig anders, als *Däniken* auf den Buchmarkt kam. Nachträglich haben eigentlich so ziemlich alle gleichgesinnten Autoren – auch die *vor* *Erich* schon publiziert hatten – von dem durch *Däniken* ausgelösten Weltinteressen am Astronautenthema *profitiert."*

Übrigens sind nicht alle *Däniken*-Kenner derselben Meinung. Ganz und gar nicht konform geht NASA-Experte *Blumrich*. Dem heute in Kalifornien Lebenden ist *Dänikens* Schreibstil ein Greuel.

„An sich ist *Erichs* Erfolg ein noch ungeklärtes Phänomen, das vermutlich zum Teil darin besteht, daß sein erstes Buch zum denkbar richtigsten Zeitpunkt gekommen ist. Seinen Erfolg zu erklären, ist nur im Hinblick auf seine überzeugende Argumentation denkbar. Sicher nicht aufgrund seines Schreibstils. Persönlich halte ich den Boulevardstil der *Däniken*-Bücher für irrsinnig und unakzeptabel. Ich kenne eine ganze Menge von Leuten, die *Erich* durchaus wohlgesinnt sind, die aber meine Ansicht teilen. Auch für sie ist die Machart der *Däniken*-Bücher fürchterlich."

Utz Utermann, der Bearbeiter der *Däniken*-Produkte – ein Schreibroutinier erster Güte –, dürfte über das rauhe *Blumrich*-Urteil nicht gerade entzückt sein. Die ablehnende Haltung des früheren NASA-Ingenieurs geht nämlich auch auf seine Mühle. Wer will leugnen, daß der persönliche Stil jedweden Buchbearbeiters gewissermaßen „abfärbt"? Dies trotz aller Behutsamkeit, die Schreibweise des Autors nicht allzusehr zu beeinflussen. Als *Dänikens* erste Bücher erschienen, kursierten in der Branche bald die wildesten Gerüchte. Wesentliche Textteile seien verlagsintern gestrichen, anderes hinzugefügt worden. Stimmt es also, daß *Utermanns* Anteil an der Gestaltung der *Däniken*-Bücher über das übliche Maß einer Bearbeitung hinausging? War er EvDs „Ghostwriter"?

Der Angesprochene reagiert allergisch. „Das ist kompletter Unsinn! *Erich* war, was das professionelle Schreiben anlangt, ein Autodidakt. Seine Ideen waren zwar originär, für mich allerdings ein Buch mit sieben Siegeln. Ich hatte mich bislang für diese Thematik nie interessiert. Bei der Lektüre des Originalmanuskripts erkannte ich jedoch bald, daß *Erich* wirkliche Bonbons, die er als blanke Selbstverständlichkeit ansah, unter ihrem Wert ,verkaufte'. Solche Bonbons, beispielsweise, habe ich an die dramaturgisch richtige Stelle gesetzt. Eine Handhabung, wie sie jedem Schreibprofi geläufig ist.

Ein anderes Beispiel: *Däniken* hatte sein umfangreiches Skript mit religions-philosophischen Überlegungen überfrachtet. Ich dachte mir hingegen: Das Dynamit, das er parat hat, reicht völlig, um die Leser aufzurütteln. Warum sollen sie mit so kontroversen und schwierigen Problemen zusätzlich belastet werden? Also habe ich solche Passagen (selbstverständlich mit dem Einverständnis des Autors, das ich via Verlag einholte) ausgelassen oder stark komprimiert."

Erich von Däniken war anfangs über eine solche „Zensur" nicht sehr erbaut. *Hans Neuner*, der die ersten „Gehversuche" seines Freundes auf dem Buchsektor von Anfang an begleitete, erinnert sich noch gut an das Tauziehen, das damals zwischen Davos und Düsseldorf ausgetragen wurde.

„Die Bearbeitungen *Utermanns* wichen zwar stilistisch vom Original nicht sehr ab – dafür aber die Wortwahl. *Erich* hatte es kurz und bündig gesagt, viele Sache ganz natürlich und unkompliziert ausgedrückt. Jeder Mensch konnte seine Gedanken verstehen. Dann kam *Utermann*, kürzte vieles oder strich es rot durch. Und begründete seine Bearbeitung des *Däniken*-Textes lapidar. Das sei einfach nicht zu brauchen oder dies könne er nicht verantworten. Anderes war ihm wieder zu brutal formuliert."

EvD ließ sich's nicht verdrießen. In einem Brief an mich vom 14. Januar 1969 (*Däniken* saß damals in Wiener

Untersuchungshaft) schrieb er listig:

„Ich selbst hatte im seinerzeitigen Manuskript der ‚Erinnerungen an die Zukunft‘ mehrere Bibelpassagen drin, doch der Verlag fand die Schlußfolgerungen ‚zu gewagt‘ und schnitt – bis auf das wenige, das jetzt im Buch ist – alles heraus. Doch im nächsten Buch (Titel: ‚Zurück zu den Sternen‘) bringe ich sämtliche abgezwackten Seiten mit spöttischer Unbekümmertheit erst recht. Und zwischen den Zeilen wird adrett etwas Dynamit zerstreut."

Utz Untermann lacht, wenn er von *Dänikens* „Trotzreaktionen" hört. „Sie dürfen nicht vergessen, wie die ‚Erinnerungen‘ zustande kamen. *Däniken* hatte damals sein Hotel Rosenhügel, das er in Davos gepachtet hatte, am Hals. Er hatte Sorgen, das Geld war knapp. Da blieb nicht viel Zeit, kontinuierlich an seinem Manuskript zu arbeiten. Er schrieb, das weiß ich heute, wenn ihm ein paar Stunden übrigblieben. Und das war meistens in der Nacht. Ist es da nicht logisch, wenn man solchem Streß ausgesetzt ist, daß einem im Verlauf der Arbeit Wiederholungen unterlaufen. Manchmal lagen ja Wochen oder gar Monate zwischen einzelnen Passagen seiner Niederschrift. Da dachte *Erich* also, wenn er sich wieder mal an den Schreibtisch setzte, daß muß ich meinen Lesern noch sagen– und hatte völlig vergessen, daß er genau dasselbe – in anderen Vokabeln ausgedrückt – schon früher geschrieben hatte. Darin bestand ja meine Aufgabe: solche ungewollten Reprisen aus dem Manuskript zu entfernen." Heute lägen die Dinge völlig anders, meint *Utermann*, der sich vom „Zensor" längst zum Vertrauten *Dänikens* „gemausert" hat. „Ähnliches könnte *Erich* nicht mehr passieren, kann er doch nunmehr seine Bücher, ungestört, in einem Zuge zu Ende schreiben." Was EvD weiterhin akzeptiert – nämlich seine Manuskripte professionell redigieren zu lassen – war NASA-Ingenieur *Blumrich* von Anfang an zuwider. Der Econ-

Verlag hatte erwogen, sein erstes Buch „Da tat sich der Himmel auf" ebenfalls neu zu bearbeiten. Nicht deswegen, weil es schlecht geschrieben war, vielmehr, um die wissenschaftlich eher trockene Arbeit flotter lesbar zu machen. Verleger *Wehrenalp* übergab also das Manuskript seinem Routinier *Utermann*. Der war jedoch kaum bis zur Hälfte der Aufbereitung gekommen, als *Blumrich* davon Wind bekam. Sein geharnischter Protest stoppte alle Verlagsüberlegungen. Ziemlich heftig verwahrte sich *Blumrich* gegen jedwede „Stil-Kosmetik" seiner Arbeit, wollte das Buch nicht im „Bild"-Zeitungs-Stil geschrieben wissen.

So kommt es, daß das *Blumrich*-Werk über den Propheten *Ezechiel* – was den Stil anbelangt – eine Art Zwitter darstellt: Halb *Utermann*scher, halb *Blumrich*scher Prägung.

Die Aversion des NASA-Forschers gegenüber der Schreibart der *Däniken*-Bücher hat jedoch – dies sei betont – nichts mit persönlichen Vorbehalten *Blumrichs* gegenüber EvD oder *Utermann* zu tun. Man ist allseits gut Freund.

Nicht nur im persönlichen Kontakt, auch was den Inhalt seiner Bücher betrifft, glaubt *Theo Bos, Dänikens* Weggefährte auf hoher See, eine nicht zu unterschätzende Stärke des Götterforschers gegenüber der schreibenden Konkurrenz entdeckt zu haben. „*Erich* unterscheidet sich von den anderen Autoren auch darin, daß er in seinen Büchern auf den *Humor* nicht vergißt. Seine Kapitel sind nicht – wie bei den anderen – tierisch ernst abgefaßt. Er vertieft sich nicht über Gebühr in das Wissenschaftliche. Ihm liegt mehr das Fragen, das Wundern, das ‚Ist es möglich?' oder, ‚Wäre es denkbar?' Vergleichen Sie ihn doch etwa mit den Franzosen *Pauwels, Bergier* und *Charroux*. Die bleiben sachlich, trocken, lesen sich langweilig. Gut, auch sie bringen Facts, hüten sich aber vor provokaten Denkmodellen. Doch gerade die bewußte Provokation war es schließlich, die *Erichs* Popularität begründete. Dieses Fragen ohne Rücksicht auf Verluste, sein Zur-Diskussion-Stellen, sehe ich als das eigentliche große Plus *Dänikens*, als seine Stärke gegenüber der Konkurrenz."

Humor als Grundpfeiler eines Welterfolges? Warum nicht? Ähnliches vermutete auch der verstorbene Geologe Prof. Dr. *Hans Georg Wunderlich*, Autor mehrerer populär-wissenschaftlicher Sachbücher.

Es mag reizvoll sein, *Wunderlichs* Ansicht über die Ursachen von *Dänikens* Bucherfolge zu lesen. Sie wurde offenbar unter dem Druck „lieber Kollegen" des Herrn Professors geboren. Klagt doch *Wunderlich* in seinem Buch „Wohin der Stier Europa trug" über den Spott dieser Neider, die gegen des Geologen minoische Studien weitab wissenschaftlich-orthodoxer Einbahnstraßen, mit dem Schlachtruf zu Felde zu ziehen beliebten: *„Däniken* ist unter uns!"

Vielleicht, ja sogar wahrscheinlich, entstand daraus die „Notwehr" des bedrängten Gelehrten – frei nach dem Motto: Angriff ist die beste Verteidigung – sich seinerseits vom Makel eines ungewollten *„Däniken*-Images" zu distanzieren. Daraus resultierte anderseits eine etwas schizophrene Haltung *Wunderlichs,* kann er doch nicht umhin, eine gewisse Bewunderung für die Erfolgslaufbahn des Schweizer Bestsellerautoren anzuzeigen. Wörtlich lesen wir in seinem Buch „Wohin der Stier Europa trug": „Meine geheime Hoffnung, *Erich von Däniken* werde eines Tages doch noch die Katze aus dem Sack lassen, wird sich wohl leider nicht verwirklichen. Auch auf die Gefahr hin, die geheime Strategie dieses Autors zu verraten und ihm damit seine beste Pointe zu verpatzen – ich behaupte, *Däniken* ist der bedeutendste und genialste Satiriker der deutschen Literatur seit mindestens hundert Jahren. In Wahrheit ist es völlig belanglos, was dieser subtile Geist über kosmische Besucher schreibt, die sich auf Erden zu ihrem Pläsier ein globales Terrarium mit versuchsweise ‚angereicherten' Affen eingerichtet haben. Nicht in diesen eher zufällig ersonnenen Phantasmagorien liegt *Dänikens* Witz, sondern in der schneidend scharfen, erbarmungslosen Satire auf eine einflußreiche Schule wissenschaftlichen Denkens. *Däniken*, dieser Star unter den Sternen am Himmel der literarischen Spötter, geht in seinen kosmisch-komischen Büchern lediglich einen Weg bis ans äußerste Ende, der von namhaften Archäologen vorgezeichnet und betreten wurde und den auch *Arthur Evans* nicht immer gemieden hat. Zur Jahrhundertwende waren Badezimmer und Spülklosetts neuester zivilisatorischer Fortschritt. Noch im alten Berlin wurde einst die Badewanne aus dem Hotel ‚Adlon' über die Linden zum kaiserlichen Schloß getragen, wenn seine Majestät den Wunsch zu einem Bade äußerten. Prompt fand *Evans* Badewannen und Spülklosetts bei seinen Ausgrabungen. Vor kurzem ging die Heimgrillwelle durch die westdeutschen Haushalte, und schon fanden sich Grillroste in den Büdelsdorfer Ausgrabungen der Jungsteinzeit. Heute ist eben die Raumfahrt der letzte zivilisatorische Schrei, also wird sie von *Däniken* in den Ausgrabungsstätten der alten Kulturen schon für die Steinzeit nachgewiesen. Ein göttlicher Einfall von unwiderstehlicher Komik!"

Erich von Däniken, vom Reporter des amerikanischen „Playboy" auf dieses „wunderliche" Denkmodell angesprochen, und auf das Zutreffen dieser Annahme befragt, ließ sich, Showman seiner Zeit, die Chance auf Publicity natürlich nicht entgehen. Warum sollte er auch dementieren, was Leute, die das Gras wachsen hören, unbedingt in ihn hineinzugeheimnissen wünschen. So entgegnete er sphinxisch:

„Die Antwort ist ja und nein. Wir haben im Deutschen dafür ein wunderbares Wort: *jein*. In mancher Hinsicht bin ich absolut kein Satiriker; ich meine, was ich

ernsthaft sage. Andererseits möchte ich die Menschen zum Lachen bringen."
Wie meint er's nun wirklich?

10

AUSSAAT UND ZUKUNFT

Er hat es gerne, um sich ein wenig die Aura des Geheimnisvollen zu legen. *Erich von Däniken* weiß, was er seinem Ruf schuldig ist. Und so wie er den „Verdacht", „der bedeutendste und genialste Satiriker der deutschen Literatur seit mindestens hundert Jahren" (Professor *Wunderlich*) zu sein, nur sehr verschwommen kommentiert – sich also alle Interpretationsmöglichkeiten offenläßt („Die Antwort ist ja und nein") –, so versucht EvD auch dem Inhalt und der Aussage seiner Bücher eine gewisse Doppeldeutigkeit zu unterstellen.

Beliebtes Gesprächsthema hierbei sind die von ihm gewählten Buchtitel. Sie seien, so *Däniken,* das äußere Bild eines Zyklus, und in Form einer verkehrt proportionierten Pyramide (also mit der Spitze nach unten) angeordnet. Ausgeklammert von dieser geometrischen Fleißaufgabe sind hierbei allerdings verschiedene außerhalb des Programms erschienene Titel. So „Meine Welt in Bildern", „Besucher aus dem Kosmos", „Erscheinungen" beziehungsweise „Von Däniken im Kreuzverhör".

Zum „Pyramidenbau" freigegeben hingegen sind die tatsächlichen „echten" *Däniken*-Sachbücher zum Thema „Götter-Astronauten". So da sind (in der wunschgemäßen Reihenfolge angeführt):

193

Erinnerungen an die Zukunft
Zurück zu den Sternen
Aussaat und Kosmos
Beweise

Letzteres Buch sollte ja eigentlich die Krönung dieser Buchpyramide darstellen. Allerdings blieb dessen Inhalt zwar interessant, jedoch für jene, die einen *handfesten* Beweis gefordert hatten – etwa einen außerirdischen Gegenstand –, unbefriedigend. Indizienbeweise, wie sie EvD in diesem Werk präsentiert hatte, sind eben immer noch keine „Facts". Was *Erich von Däniken* seinen Befürwortern und Gegnern nach wie vor schuldig ist, das ist eben „der Beweis". Nur er allein könnte alle Zweifel zerstreuen, alle Kritik ad absurdum führen.

Leider ließ auch *Dänikens* bisher letztes Werk „Prophet der Vergangenheit" keinerlei Anzeichen erkennen, daß die Präsentation dieses ersehnten Beweises unmittelbar bevorstünde. Den Schweizer Bestsellerlieferanten als einen „Propheten der Vergangenheit" zu bezeichnen (wie dies ein verstorbener Landsmann EvDs, der Starjournalist *Rolf Bigler,* einmal getan hat), ehrt den „Götterforscher" – aber Leser sowie skeptisch eingestellte Wissenschaftler verlangen mehr. Beiderseits wächst die Ungeduld, und so kann man nur hoffen, daß der nächste *„Däniken"* – er soll 1981 auf den Buchmarkt kommen – die in ihn gesetzten Erwartungen zu erfüllen vermag. In diesen Tagen – während Sie, lieber Leser, diese Zeilen studieren – ist *Erich von Däniken* bereits an der Arbeit.

Gerade von ihm verlangt die Öffentlichkeit (Fachleute wie Laien) endlich Konkretes. Theorien und Hypothesen, auch wenn sie noch so faszinierend vorgetragen werden, sind kein Beweisersatz! Gerade ihm nimmt man Spekulationen auf Dauer nicht mehr ab. Seit zwölf Jahren trommelt er stereotyp: Ich werde die unwiderlegbaren Beweise vorlegen! Bisher blieb es bei der Ankündigung. Jetzt will man endlich mehr sehen!

EvD ist im Reigen thematisch gleichgesinnter Autoren (und davon gibt es sehr, sehr viele) so etwas wie die „Spitze des Eisberges". Die anderen blühen und gedeihen oder darben im „Underground" (an der Popularität eines *Däniken* gemessen); auf ihn aber prasseln die Attacken der „Andersgläubigen" nieder. Er muß bald Farbe bekennen, seine Kollegen der Feder haben noch Schonfrist. Aber wehe, seine „Beweise" sind nonsens, dann wehe auch den anderen – sie müßten mit ihm untergehen. So seltsam es daher klingen mag: *Erich von Däniken* macht seine Prüfungsarbeit nicht für sich allein. Im Geiste sind sie alle, die vielen „Götterforscher" aus Amerika, England, Europa und anderswo, im selben Boot. Wird EvD bestehen?

Jene, die ihn kennen, die mit ihm eine Zeitlang gemeinsamen Weges gegangen sind, glauben daran. Sie wissen um seine Hartnäckigkeit, angepeilte Ziele zu erreichen.

„Er ist diesbezüglich ein typischer Widder", weiß *Dänikens* Bruder *Otto*. „Wenn er erkennt, daß er etwas erreichen kann und dieses ‚Etwas' dann auch erreichen will, so tut er es. Er ist mit einem sympathischen, missionarischen Eifer bei der Sache. Auch hat er eine Art, sich durchzusetzen ohne zu beleidigen."

Aber wird er *seine* Beweise finden? *Otto von Däniken* ist davon überzeugt. „Wenn *Erich* noch zwanzig Jahre lebt, dann eindeutig ‚ja'. Schlicht deshalb, weil er nicht aufgibt. Es widerspricht seinem Charakter. Er hat sich ja ein Ziel gesetzt, und dieses Ziel strebt er an. Allerdings: dazu sind die notwendigen finanziellen Mittel notwendig – und Gesundheit. Sofern er beides behält, dürfte er sein Ziel erreichen. Dies ist seine Charakterstärke. Sowie ein Faktor oder gar beide ausfallen, wird *Erich* wahrscheinlich versuchen, jüngere Leute ins Gefecht zu schicken. Aufgeben – das bin ich mir gewiß – wird er bis zum letzten Atemzuge nie."

„Dafür, daß *Erich* den Beweis eines Tages findet, spricht meiner Meinung nach (und das ist ehrlich gemeint), daß überhaupt Weltraumfahrt betrieben wird", steht *Theo Bos* seinem alten Weggefährten engagiert zur Seite. „Es spricht doch sehr wenig gegen diese Annahme, sind doch die von *Erich* zunächst hypothetisch beantworteten Rätsel sehr logisch gelöst. Betrachten wir uns nur die Ruinen der Maya-Kultur. Sind sie nicht ein augenscheinliches Beispiel? Warum sind damals Felsen ausgehauen und Treppen daraus gemacht worden, diese Treppen aber seitenverkehrt? Logische Antwort: Irgendwann, vielleicht durch eine Naturkatastrophe, wurde der Felsen auf den Kopf gestellt. Oder will mir jemand allen Ernstes einreden, man habe die Treppe spiegelverkehrt aus dem Fels gehauen? Was aber dabei noch gravierender scheint, ist doch dies: Die Ausmaße dieser Treppen sind gigantisch. Sie scheinen nicht von Menschenhand gefertigt zu sein. Ich glaube also: entweder hatten wir früher schon eine intelligente Vergangenheit, oder wir empfingen tatsächlich Besuch aus dem All. Wenn die Leute bei uns auf der Erde vor urdenklichen Zeiten so intelligent waren, solche Sachen – wie wir sie heute in Überresten finden – zu konstruieren, wieso hat sich das Ganze von allein vernichtet? War die Intelligenz so groß, daß man seine Errungenschaften damals selber zerstörte? Sozusagen ein weltweiter Selbstmord? Ich glaube es nicht. Wäre diese frühere Intelligenz tatsächlich imstande gewesen, einen ganzen Planeten zu entvölkern, dann hätte sie ihr Vernichtungswerk radikaler in die Wege geleitet. Dann wären keine sogenannten ‚Souvenirs' zurückgeblieben. Dann hätte es keine Reste früherer Zivilisationen mehr gegeben. Darum glaube ich, weil es solche Reste gibt, daß einstmals Intelligenzen von *außen* unsere Erde besuchten und diese Fremden ja daran interessiert waren, uns solche ‚Souvenirs' zu hinterlassen. Als sichtbares Indiz ihrer Anwesenheit. Solche Indizien hat

Erich von Däniken in großer Zahl gefunden, und darum bin ich überzeugt, daß er seinen unwiderlegbaren Beweis entdecken wird."

Im bunten Reigen der „Überzeugten" finden wir auch einen früheren Skeptiker: den NASA-Ingenieur *Josef Blumrich*. Er orientierte sich an einem Ausspruch von *Francis Bacon* „Alles ist nicht erlaubt, aber alles ist möglich." *Blumrich* „hofft" darauf, daß *Däniken* das große Vorhaben glückt. „Wenn einer von uns dazu die Chance hat, dann ist *er* es. Schon deshalb, weil *Erich* nicht nur den Enthusiasmus, sondern auch das Geld hat, sein Planen in die Tat umzusetzen. Dazu besitzt er den Willen und die physische Ausdauer – das macht seine Erfolgschance real.

Die Kriterien, ob das, was er findet, dann tatsächlich auf Außerirdische, oder aber, was ja ebenfalls möglich wäre (wenn *Erich* danach auch nicht sucht), auf frühe Hochkulturen zurückzuführen ist – diese Kriterien müßten dann auf rein wissenschaftlicher Basis untersucht werden. Das wäre dann Sache von Physikern und Ingenieuren. Das könnte nur völlig unemotionell und ohne Sensationshascherei getan werden. Jene Leute, die sich dann mit *Dänikens* Beweisen wissenschaftlich beschäftigen, sie zu untersuchen hätten, bräuchten vornehmlich drei Dinge, um ungestört arbeiten zu können: Zeit, Geld und Ruhe."

Hans Neuner wiederum wünscht EvD, dieser möge seinen Hinweisen – „sie sind ja da!" – in Ruhe nachgehen können, ohne dabei in Gefahr zu geraten. „Das wäre dann ideal für ihn. Daß an diesen Denkmodellen etwas dran zu sein scheint, beweisen doch Bestrebungen einflußreicher Institutionen, die bemüht sind, verschiedene, mysteriös scheinende Dinge ,zuzudecken', geheimnisvolle Vorkommnisse nicht an die Öffentlichkeit dringen zu lassen. Sei es das Problem der UFOs oder jenes ungewöhnlicher archäologischer Funde. Denken Sie beispielsweise an das rätselhafte Verschwinden von Flugzeugen und Schiffen im ‚Bermuda-Dreieck'. Man schweigt oder dementiert. Mehr erfährt man nicht. Und wie verhält es sich mit den verschiedenen Bibliotheken, in die man nicht hinein darf, die Vatikanische zum Beispiel? Welche Schätze schlummern da und welch revolutionäre Veränderungen könnten bei ihrer Veröffentlichung ausgelöst werden. Ich bin überzeugt: ganz tolle Sachen kämen an den Tag!"

Gleicher Meinung ist auch *Perry-Rhodan*-Autor *Walter Ernsting*. Der Science-fiction-Spezialist, der sich schon 1934 von der abenteuerlich-utopischen Serie „Sun Koh" aus der Feder von *Freder von Holk* beeindrucken ließ und in diesen Romanen – sie handelten von Atlantis, außerirdischen Raumschiffen vor 10 000 Jahren und dem Versuch der fremden „Götter", die kulturelle Entwicklung dieses Planeten in ihrem Sinn zu beeinflussen – faktisch eine Vorwegnahme von *Dänikens* „Erinnerungen an die Zukunft" sieht, macht im Forschungsdrang des Schweizers ein paar kleine Einschränkungen geltend. „Selbstverständlich" sei er, *Ernsting,* überzeugt, daß EvD weiterhin nach dem endgültigen Beweis suchen werde, „ich bin nur nicht immer der Ansicht, daß *Erich* diesen Beweis an der richtigen Stelle sucht. Das mag darin seine Begründung haben, daß solche Beweise (denn ich glaube, daß es mehrere zu entdecken gäbe) an Orten liegen, vielleicht auch *schweben,* wo man nicht so leicht hin kann. Zumindest nicht mit den technischen Hilfsmitteln, die uns derzeit zur Verfügung stehen. Solche Beweise können sich auf dem Grund des Ozeans ebenso befinden, wie irgendwo im Weltraum. Hier gehe ich mit *Dänikens* Überlegung konform, daß wir vielleicht nur deshalb noch nichts Greifbares gefunden haben, weil wir einfach noch nicht reif genug sind, etwas finden zu *dürfen." Walter Ernsting* sieht hier überhaupt die Kernfrage zur weiteren Arbeit *Dänikens.* Fände EvD diese(n) Beweis(e) zu Lebzeiten

nicht mehr, dann dürfte er den Höhepunkt seiner schriftstellerischen Karriere heute bereits überschritten haben,
gäbe es doch, glaubt *Ernsting,* nichts gravierend Neues
mehr zu entdecken.

Anders hingegen wäre die Situation, meint er, wenn
Beweise gefunden werden sollten. „Dann steht *Däniken*
der echte Höhepunkt noch bevor!"

Interessant für mich war es, die Frage nach EvDs
schriftstellerischer Zukunft auch dem „Anti-*Däniken*"
Gerhard Gadow zu stellen. Erwartungsgemäß äußerte
sich der Berliner mit der (für ihn) gebotenen Vorsicht. Er
könne meine Frage, ob *Däniken* den Zenit seines Erfolges
bereits überschritten oder noch nicht erreicht habe, deshalb nicht schlüssig beantworten, „weil dies ganz wesentlich davon abhängen dürfte, ob es ihm in der näheren Zukunft gelingt, den letzten oder einen überzeugen-
den Beweis im Sinne seiner Anhänger und Gegner bei-
zubringen".

Diplomatie ist gewiß nicht *Gadows* Schwäche.

Völlig anders sieht *Utz Utermann* die Situation. Für
sein Gefühl, sagt er, habe sich hier eine „verdrehte Be-
weislast eingeschlichen". *Utermanns* Plädoyer mit neuen
Aspekten: „Man sagt: *Däniken* soll beweisen, daß fremde
Kosmonauten die Erde besucht haben. Warum aber ist
es nicht statthaft, den Spieß einmal umzudrehen: Beweist ihr doch mal, daß sie *nicht* hier gewesen sind!

Hinweise hat *Däniken* doch schon zahlreiche gegeben,
die sogenannten ‚Gegenbeweise' aber waren, zumeist,
nichts weiter als pauschale Ablehnungen. Frei nach dem
Grundsatz: ‚Weil nicht sein kann, was nicht sein darf'.
Däniken hat sich doch längst zu einem neugierigen und
gelehrigen Hospitanten in allen möglichen Gehegen
verschiedener Wissenschaften gemacht. Solche Grenz-
gängerei scheint mir – für alle Beteiligten – nur von Nutzen, denn: durch *Erich von Dänikens,* zugegeben, oft küh-
ne Phantasie stellt er doch Bezüge und Querverbindun-

199

gen her, die ohne ihn gar nicht zustande gekommen wären. Daraus sollte man Honig saugen.

Unbillig erscheint es mir, wenn Fachleute der verschiedensten Wissensgebiete Teilaspekte, die auf ihrem Erbhof gediehen, unter die Lupe nehmen und zerfleddern. Natürlich haben diese Experten profundere Detailkenntnisse und können *Däniken* dadurch einiger Irrtümer oder irrtümlicher Interpretationen ‚überführen‘ – aber *Erich* hat ja nie und an keiner Stelle behauptet oder geschrieben, daß er auf allen Gebieten zu Hause sei. Darauf kommt es doch nur partiell an. Gewichten und estimieren sollte man vielmehr, daß da ein Autodidakt eine Welle von Überlegungen in Gang gesetzt hat, daß er Skepsis für bisher gedankenlos Akzeptiertes aus dem 18. und 19. Jahrhundert weckte. Daß er in einer Zeit, die nur menschliche und politische Konfrontationen kennt, Gesprächsstoff lieferte, der die Menschen zutiefst bewegt ... Nur das Gespräch führt wieder zueinander, und *Däniken* hat dazu sein Scherflein beigetragen. Ist das nicht ein enormes Verdienst?"

Utermann glaubt, daß *Dänikens* positive Wirkung in dieser Zeit erst in großem zeitlichen Abstand richtig bewertet werden wird. Vertrauen in ihren Mann setzt auch EvD-Gattin *Elisabeth*. Sie, die offen bekennt, nicht alle Bücher ihres „Götter-*Erich*" gelesen zu haben (die „Erscheinungen" beispielsweise, mit denen sie nicht viel anzufangen wüßte), hofft natürlich, daß ihm die Entdeckung der heißgesuchten Beweise gelingen möge, schränkt aber mit der Vorsicht einer mit beiden Beinen fest auf Mutter Erde stehenden Realistin ein: „Aber das läßt sich natürlich nicht voraussehen. Weiß man denn, wie sich die Weltgeschichte weiterentwickelt? Wäre es nicht denkbar, daß eines Tages weiß Gott was passiert?" Die Weltlage beunruhigt hingegen *Dänikens* Verleger *Erwin Barth von Wehrenalp* in keiner Weise. Er will weiterhin im Aufwind seines erfolgreichsten Zugpferdes se-

geln. „Ich erwarte von *Erich von Däniken* noch Ungewöhnliches", prophezeit der Econ-Chef.

Beweise in Sicht? Ein neuer *Däniken*-Boom nicht auf-
zuhalten? Weitere Forschungsreisen, strapaziöse Vortragstourneen in Europa und Übersee, Fernsehen, Rund-
funk, Interviews am Laufband? Beweise hin oder her –
kann dieser kleine, bullige Mann diese gewaltigen Belastungen auf die Dauer verkraften? Ist dadurch seine Gesundheit nicht aufs höchste gefährdet?

In seiner Familie macht man sich tatsächlich Sorgen.
Frau *von Däniken* weiß genau, daß ihr Mann nur wenig
dazu kommt, sich sportlich zu betätigen. „Ich versuche
zumindest, wenn er mal zu Hause ist, ihn regelmäßig
zum Laufen mitzunehmen. Für *Erich* praktisch die einzige leichtathletische Übung. Natürlich weiß er von der
Gefahr der Überlastung seines Organismus, und er läßt
sich darum auch mehr oder weniger regelmäßig untersuchen. Wenn ich in dieser Richtung einen Wunsch äußere, dann akzeptiert er ihn meistens. Wenn's nicht gerade der Zahnarzt ist."

Auch EvDs Bruder *Otto* weiß Bescheid. „Der Streß besteht zweifellos. Und gerade in diesem Punkt befürchte
ich oft, daß *Erich* sich überschätzt. Streß ist ja nicht nur
Arbeit, Streß ist auch nervliche Belastung.

Es geht mir im Alltag so. Ich kann im Fauteuil sitzen
und äußerlich ruhig an meiner Pfeife paffen – und doch
stehe ich unter einer Streßsituation. Das Gehirn versucht irgendwelche aufregenden Begebenheiten ver-
gangener Stunden zu verarbeiten, zu kanalisieren. In
diesem Sinne steht *Erich* ununterbrochen unter Streß.
Auch gibt er sich körperlich viel zu wenig Mühe. Das
Äußere ist ihm vollkommen ‚schnorze'. Hier reagiert er
nicht auf Mahnungen, und wenn schon, dann mit einem
mitleidigen Lächeln. So als wollte er sagen: Laß mich
doch in Ruhe und kümmere dich um deinen eigenen
Leib.

Wir haben verschiedene Ärzte in der Familie, die allesamt darauf drängen, *Erich* Gewicht abzuhandeln. Seine Antwort ist stets dieselbe: ,Ein hungriger Magen verursacht nervöses Denken. Anstatt mir Predigten zu halten, erfindet lieber kalorienarme Mahlzeiten, die zudem schmecken.'"

Däniken, der offen zugibt, daß manche Reisen – etwa jene nach Indien, Pakistan und der Türkei – von ihm oft „die letzte Kraft fordern", nimmt dieses Risiko hin, helfen sie doch mit, „wohl auch meinen Jugendtraum nach Abenteuern in fremden Ländern (zu) erfüllen." In der „Hör-zu"-Serie „Auf neuen rätselhaften Spuren" bekannte er sich dazu, das Schicksal zu provozieren:

„Ich mag es, wenn unvorhersehbare, ausweglos scheinende Situationen mich fordern. Ich will sie durchstehen, und ich stehe sie durch . . ."

Was immer mit ihm auch passieren sollte, *Däniken* hat für die Zukunft gesorgt. Längst schon hat er bei einer amerikanischen Samenbank den besten seiner Lebenssäfte im Reagenzglas hinterlassen. Tiefgekühlt. Dem Psychologen *Knut Hebert* erzählt er darüber: „Die haben mir den Kopf vollgeredet, daß sie Samen von irgendwelchen Kapazitäten schon hätten und daß das von Wichtigkeit sei; die wollen das für spätere genetische Hochzeiten behalten. Sie haben halt so lange auf mich eingeredet, bis ich gesagt habe, na gut! – 700 Dollar habe ich dafür gekriegt."

Abgesehen davon, daß ihn das Gebiet der Gen-Mutationen schon seit langem interessiert, daß er von Retortenbabys – „drei sind wissenschaftlich bekannt, wahrscheinlich sind es aber zweihundert" – zu berichten weiß, „nein" zu sagen hat *Erich von Däniken* in den seltensten Fällen fertiggebracht, wenn es zuvor jemandem gelungen war, ihn hellhörig zu machen.

Hellhörig machte man den Schweizer Götterforscher auch am 12. Februar 1975. An diesem Tag verlieh ihm

202

das Kollegium der Universität Boliviana (Trinidad) den akademischen Titel „Doktor honoris causa". Das entsprechende Dekret, die bestätigende Urkunde für diese Auszeichnung, wurde dem frisch gekürten *Doktor Erich von Däniken* von einer Abordnung der Bolivianischen Universität in seiner Schweizer Heimstätte feierlich überreicht.

Doch damit der Ehrungen nicht genug: Bei der Zweiten Weltkonferenz der „Ancient Astronaut Society", vom 29. bis 31. Mai 1975 in Zürich, erhielt EvD aus der Hand ihres Vorsitzenden, *Gene Phillips*, die erste von dieser weltweit verbreiteten Gesellschaft gestiftete „Auszeichnung für Verdienste auf dem Gebiet der Präastronautik". *Däniken* hat sie sich redlich verdient.

Zwar nicht der erste Autor zum Thema „Götter-Astronauten", doch sicherlich Pionier, was die Publikmachung dieses neuen, umstrittenen Wissensgebietes anlangt, kämpft sich der Schweizer unbeirrbar weiter durch das Dickicht borniertet Überheblichkeit vieler seiner Zeitgenossen. Man denke nur an die *Ditfurths* und *Habers. Dänikens* Popularität wurde letztendlich auch durch die Verfilmung seiner Bücher gesteigert. 1970 liefen seine „Erinnerungen an die Zukunft" um die ganze Welt. Ich selbst erlebte sie, in russischer Sprache, in Moskau – 1973. Und 1976 kam *Dänikens* „Botschaft der Götter" in die in- und ausländischen Filmtheater.

Somit war EvD wieder in aller Munde. Entsprechend hoch waren (und sind) die Erwartungen, die in seine Tätigkeit, in seiner Suche nach *Beweisen*, gesetzt wurden (und werden). Wird er sie befriedigen können? *Erich von Däniken* ist davon überzeugt, und seine Überzeugung basiert auf einer von ihm, meist nur sehr vorsichtig, angedeuteten Fähigkeit, die im Außersinnlichen wurzelt. Er nennt sie „espern" (kommt von ESP).

Auszug aus einem „Spiegel"-Interview mit *Erich von Däniken* (Nr. 12 vom 19. März 1973, Seite 148):

SPIEGEL: Können Sie Ihr erstes ESP-Erlebnis lokalisieren?

Von Däniken: Das war vor ziemlich genau 18 Jahren.

SPIEGEL: Da waren Sie im Internat?

Von Däniken: Stimmt.

SPIEGEL: Und dieses einmalige Erlebnis hat Sie zu der Überzeugung gebracht, daß Astronauten von anderen Sternen . . .

Von Däniken: . . . nach meiner Meinung: von anderen Galaxien oder Sonnensystemen . . .

SPIEGEL: . . . also dieses Jugenderlebnis in Fribourg war für diese Erkenntnis entscheidend?

Von Däniken: Richtig.

SPIEGEL: Hat dieses ESP-Erlebnis von damals in Ihnen die feste Gewißheit von der Landung fremder Astronauten auf der Erde geschaffen?

Von Däniken: Anfangs war ich unsicher. Es war ja sehr ungewöhnlich, was ich da erlebt hatte, aber, bitte, ich möchte darüber nicht sprechen . . .

SPIEGEL: ESP oder ASW (bedeutet „Außersinnliche Wahrnehmung. Anm. d. Verf.) ist also eine wesentliche Quelle Ihrer Erkenntnisse?

Von Däniken: Eine Quelle, die mich zur definitiven Überzeugung brachte, daß die Erde Besuch von außerirdischen Astronauten hatte. Ich weiß es. Und ich weiß, daß in naher Zukunft ein Ereignis eintreten wird, das beweist, daß ich recht habe . . .

1976 schien es so, als hätte *Erich von Däniken* tatsächlich die Zielgerade seiner Anstrengungen erreicht. Im Frühjahr jenes Jahres hatte der ARD-Korrespondent in Rio de Janeiro, *Karl Brugger,* ein ungewöhnliches Buch veröffentlicht. Er gab ihm den Titel seiner Informationsquelle: „Die Chronik von Akakor". Das Werk basiert vorwiegend auf Erzählungen des jungen Amazonas-Indianers *Tatunca Nara,* der dem sehr isoliert lebenden südamerikanischen Urwaldvolk der Ugha Mongulalas im

204

Gebiet der Anden angehört. *Tatunca Naras* Vater *Sinkaia* war Stammesfürst der Ugha Mongulalas sowie der Stämme der Dacca- und der Haischa-Indianer.

Eher zufällig mit dem Politkorrespondenten Brugger bekannt geworden, erzählte ihm *Tatunca Nara* nach und nach die Überlieferungen seines Volkes, die einen Zeitraum von mehr als zehntausend Jahren umfassen sollen. Brugger brachte die ungewöhnliche Story zu Papier, machte mit dem Amazonas-Indianer sogar ein Radiointerview – und veröffentlichte alles in Buchform. Sehr zum Ärger von *Tatunca Nara*, dem er offenbar andere Zusagen gegeben hatte. Seit dieser von *Bruggers* Buch Kenntnis hat (und es auch selber las, denn *Tatunca Nara* spricht, von einem feinen Akzent abgesehen, perfekt Deutsch. Anm. d. Verf.), hat er dem deutschen Journalisten die Freundschaft aufgekündigt. Tatunca Nara fühlt sich von *Karl Brugger* hintergangen. Dennoch bleibt sein Bericht, die angebliche Chronik seines Volkes, bemerkenswert.

Vorweg, zum Einstimmen, ein Kurzauszug aus Bruggers Buch mit der teilweise wörtlichen Wiedergabe aus der Chronik von Akakor:

„Das ist die Kunde. Das ist die Geschichte der auserwählten Diener. Am Anfang war alles Chaos. Die Menschen lebten wie Tiere, unvernünftig und ohne Wissen, ohne Gesetze und ohne die Erde zu bearbeiten, ohne sich zu kleiden oder auch nur ihre Nacktheit zu bedecken . . . Auf allen vieren gingen sie umher. Bis die Götter kamen. Sie brachten ihnen das Licht.

Wann das alles geschehen ist, wissen wir nicht. Woher die Fremden kamen, ist nur undeutlich bekannt. Über die Herkunft unserer früheren Herren liegt ein dichter Schleier, den auch das Wissen unserer Priester nicht zu lüften vermag. Nach den Überlieferungen unserer Vorväter muß es 3000 Jahre vor der Stunde Null gewesen sein, 13 000 v. Chr. in der Zeitrechnung der ‚weißen Barbaren'. Da tauchten am Himmel plötzlich goldglänzende Schiffe auf. Gewaltige Feuerzeichen erleuchteten die Ebene. Die Erde bebte, und Donner hallte über die Hügel. Die Menschen beugten sich in Ehrfurcht vor den mächtigen Fremden, die kamen, um Besitz zu nehmen von der Erde.

Als Heimat nannten die Fremden Schwerta, eine weit entfernte Welt in den Tiefen des Alls. Dort lebten ihre Altväter. Von dort waren sie gekommen, um anderen Welten ihr Wissen zu bringen. Unsere Priester sagen, daß es ein gewaltiges Reich war, bestehend aus vielen Planeten, so zahlreich wie Staubkörner auf der Straße. Und sie sagen weiter, daß sich die beiden Welten, diejenige unserer früheren Herren und die Erde, alle sechstausend Jahre begegnen. Dann kommen die Götter zurück."

Soweit ein Ausschnitt aus dem phantastischen Bericht des Amazonas-Indianers *Tatunca Nara*, der übrigens weißhäutig ist, und dessen Mutter eine deutsche Missionsschwester gewesen sein soll, die 1937 aus ihrer Urwaldstation von *Tatuncas* Vater *Sinkaia* entführt worden war. Das ist auch der Grund, weshalb *Tatunca* der deutschen Sprache mächtig ist – eine Sprache, die man seither angeblich auch bei den Ugha Mongulalas, neben einheimischen Dialekten, gut beherrscht.

Was die Sache so spannend macht und schließlich auch *Erich von Däniken* beeindruckte, waren Behauptungen *Tatunca Naras* im Buch *Bruggers*, in jenem Gebiet gäbe es 13 (!) unterirdische Städte, „tief verborgen in den Bergen, die man Anden nennt", und ihr Grundriß soll dem Sternbild von Schwerta, der Heimat der „Götter", entsprechen. Nur noch vier, sagt Tatunca Nara, seien aber derzeit von Menschen seines Volkes besiedelt, die restlichen Wohnstätten hingegen stünden seit langem leer.

Hier fand EvD einen Ansatzpunkt zu seinen umstrittenen Angaben über die geheimnisvollen Tunnels im

Gebiet von Ecuador und Peru, bekanntgeworden durch *Dänikens* drittes Buch „Aussaat und Kosmos". Darin hatte er von einem Besuch einer dieser unterirdischen Gewölbe berichtet, von einer geheimnisvollen Metallbibliothek und Gegenständen aus purem Gold. Damals war EvD darob heftig attackiert und der Unwahrheit bezichtigt worden. Der Götterforscher hat aber bis heute nichts von seinen Behauptungen zurückgenommen – und *Tatunca Naras* Erzählungen waren dabei wie Wasser auf seine Mühlen.

Besonders neugierig wurde *Erich von Däniken,* als er las, die früheren Herren der Ugha Mongulalas hätten einst unterirdische Gewölbe im Andengebiet angelegt – maschinell natürlich! – und darin technische Geräte, Apparaturen mit für uns unbekannten Funktionen, untergebracht. Nur die Priester seines Volkes und selbstverständlich auch *Tatunca Nara* selbst wüßten über die durch „Energiesperren" geschützten Zugänge zu diesen Wunderdingen Bescheid. EvD war brennend daran interessiert, die Bekanntschaft *Tatuncas* zu machen. Und wie der Zufall so spielt, ergab sich hierzu eine günstige Gelegenheit.

Schon seit langem ist EvD mit einem im Ausland arbeitenden Landsmann, dem ehemaligen Swissair-Flugkapitän *Ferdinand Schmid,* gut befreundet. *Schmid,* bereits pensioniert, fliegt dennoch weiter. Nicht mehr für die Swissair, sondern für die brasilianische Indianerschutzbehörde FUNAI, für die *Schmid* humanitär tätig ist.

Lassen wir *Erich von Däniken* selber schildern, wie es schließlich zur Bekanntschaft mit *Tatunca Nara* gekommen ist:

„Unabhängig von Brugger kam 1975 der Schweizer Ex-Swissair-Kapitän Ferdinand Schmid, der in Brasilien tätig war, mit Tatunca Nara in Kontakt. Schmid und Tatunca sind heute dicke Freunde, die gemeinsam verschiedene Vorstöße in den unwegsamen

Dschungel unternommen haben. Es war Tatuncas Anliegen, den ‚weißen Barbaren' die Echtheit der Mythologie seines Stammes, der Mongulala, zu beweisen. Tatunca sprach nicht nur von der geheimnisvollen Stadt Akahim, in der noch heute technische Geräte der Götter sein sollen, sondern auch von drei großen Pyramiden, die der Stadt Akahim vorgelagert sind."

Im Juli 1977 war es dann soweit. *Tatunca Nara* war willens, sich mit *Erich von Däniken,* gemeinsam mit *Ferdinand Schmid,* in der Amazonas-Stadt Manaus zu treffen. Von dort aus sollte dann, quer durch den Dschungel, zu Wasser und zu Lande, schnurstracks nach Akahim, der zweitgrößten Stadt der Ugha Mongulalas (nach Akahor), aufgebrochen werden. Akahim liegt, so die Angaben *Tatunca Naras,* ungefähr 200 Kilometer Luftlinie nördlich von Tontar, im brasilianisch-venezolanischen Grenzgebiet.

Erich von Däniken hatte nichts dem Zufall überlassen. Bereits drei Monate vor dem geplanten Urwaldtrip – Mitte April 1977 – war *Tatunca Nara* als Kundschafter vorausgeschickt worden. Ausgerüstet mit einer Fotokamera sowie mit Bargeld sollte der Indianer etwaige Hindernisse auf dem Weg nach Akahim aus dem Weg räumen. Mit EvD war abgesprochen worden, daß *Tatunca* spätestens Mitte Juni wieder in Manaus sein sollte – wobei sich Däniken von dem Mongulala ein „Souvenir" aus Akahim erbat. Einen kleinen Gegenstand aus den unterirdischen Gewölben als Beweis der Existenz von technischen Hinterlassenschaften von Tatuncas Göttern.

Nur unter diesen Voraussetzungen hatte sich *Erich von Däniken* gegenüber *Tatunca Nara* bereit erklärt, an der „Expedition Akahim" teilzunehmen. Mit dabei wären in diesem Fall auch EvDs Sekretär *Willi Dünnenberger,* Flugkapitän *Ferdinand Schmid* sowie, last not least, Däniken-Freund und Science-fiction-Autor *Walter Ernsting* gewesen. Zweck der Expedition war in erster Linie die fotografische Auswertung der göttlichen Hinterlassenschaften in den unterirdischen Gewölben von Akahim.

EvD hatte alles genau eingeplant. Zunächst gab es in Rio die 4. Weltkonferenz der „Ancient Astronaut Society", danach reiste die Vier-Mann-Gruppe direkt nach Manaus, wo man der Rückkehr von *Tatunca Nara* entgegenfieberte. Würde er einen außerirdischen Gegenstand, ein Beweisstück, in seinem Handgepäck mitführen?

Doch die vier Expeditionskandidaten warteten vergeblich. *Tatunca Nara* tauchte nicht auf. Der verabredete Zeitpunkt verstrich und schließlich war der Amazonas-Indianer bereits einen Monat überfällig. War ihm etwas zugestoßen? Hatte man seine Rückreise in Akahim verhindert? War alles nur ein großer Bluff gewesen? Zudem: nicht nur die vier Wartenden wurden langsam ungeduldig. Auch die Helikopterfirma, bei der EvD einen Hubschrauber in Mietauftrag gegeben hatte, vor allem aber die brasilianische Indianerschutzbehörde FUNAI beharrten jetzt auf einer vierwöchigen Frist vor dem Start der eigentlichen Expedition. Wäre *Tatunca* Mitte Juli aus dem Urwald zurückgekehrt, so hätte das Unternehmen frühestens vier Wochen später beginnen können.

Während der unfreiwilligen Wartepause versuchte man auf andere Weise die Zeit totzuschlagen. Die feuchte Hitze machte den Europäern arg zu schaffen. *Däniken* wäre nicht er selbst, hätte er nicht zwischendurch für etwas Abwechslung gesorgt. Man unternahm Ausflüge per Schiff auf den Rio Negro, und die FUNAI gestattete sogar einen Flug in einem altersschwachen Wasserflugzeug zu einem halbzivilisierten Indianerstamm.

Zum Glück ging alles glatt. Man kam heil wieder zurück und sah sich mit der traurigen Tatsache konfrontiert, daß Tatunca Nara nach wie vor kein Lebenszeichen von sich gegeben hatte. Als auch am 15. Juli, dem letztmöglichen Termin, kein Mongulala zu sehen war, entschloß sich *Erich von Däniken* schweren Herzens, das geplante Unternehmen vorerst einmal abzusagen. Flüge zurück nach Europa wurden gebucht. Auf EvD warteten Vortragstermine.

Und dann gab es doch noch ein kleines Wunder. Als niemand mehr damit gerechnet hatte, war *Tatunca Nara* plötzlich da. Es war die letzte Nacht vor dem Heimflug, da tuckerte der Indianer in einem vollbeladenen Boot mit Außenborder in Manaus ein.

Auf die erste Wiedersehensfreude folgte postwendend die Enttäuschung: *Tatunca* war mit leeren Händen gekommen. Von einem außerirdischen Beweisstück keine Spur.

Der weißhäutige Amazonas-Bewohner versicherte mit Nachdruck, in Akahim gewesen zu sein, jedoch hätten ihm die Priester nicht gestattet, einen Gegenstand der Götter in die Zivilisation zu tragen. Sein Argument gegenüber EvD: „Ich stehe nicht auf Ihrer Seite! Ich bin Angehöriger meines Volkes und kann mein Volk nicht verraten. Auch ich habe mich an geschriebene und ungeschriebene Gesetze zu halten."

Sehr ausführlich schilderte der Indianer der Vierergruppe Details über die unterirdischen Anlagen in Akahim. Sie würden immer noch funktionieren, behauptete *Tatunca,* und die technischen Hinterlassenschaften seien nach wie vor unberührt. Er selbst, fügte er hinzu, habe dort unten mit dem „Erhabenen" gesprochen, und dieser gebe *Erich von Däniken* 130 Tage Zeit, Akahim aufzusuchen. Bedingung: EvD dürfe in keinem fliegenden Apparat, sprich: Helikopter, in die Mongulala-Stadt reisen. Lediglich der Weg per Boot und zu Fuß sei ihm nach Akahim gestattet.

EvD, zwischen brennender Neugier nach außerirdischen Beweisen und Zweifel am Wahrheitsgehalt der *Tatunca*-Story hin und her gerissen (in Europa erwarteten ihn zudem diverse Verpflichtungen), erbat sich Bedenkzeit über Nacht.

Die Überraschung war groß, als *Tatunca Nara* am folgenden Morgen den Expeditionsteilnehmern eröffnete, er habe während der Nachtstunden mit seinen Priestern gesprochen. Telepathisch. Er habe ihnen klargemacht, daß er bei *Däniken* auf Unglauben stoße, weil er mit leeren Händen zurückgekehrt sei.

Tatunca versicherte EvD, die Priester hätten ihm jetzt die Erlaubnis erteilt, ein Beweisstück der Götter in die Zivilisation mitzubringen. Er würde noch heute zu seinem Volk zurückkehren und erst wieder mit *Däniken* Kontakt aufnehmen, wenn der verlangte Beweis vorliege.

Erich von Däniken wollte zunächst Näheres über die telepathischen Fähigkeiten der Mongulala-Priester sowie *Tatunca Naras* erfahren. Seine Frage an den Amazonas-Indianer, ob er sich mittels Gedankenkraft mit seinen Stammespriestern in Verbindung gesetzt habe, wehrte *Tatunca* empört ab: „Telepathie wie ihr Zivilisierten euch dies vorstellt, gibt es nicht und wird es nie geben! Wir Indianer lernen die Übermittlung von *Gefühlen* als Kinder. Telepathisch läßt sich die gesamte Skala der Emotionen senden und empfangen: Liebe, Haß, Freundschaft, Einsamkeit, Glück, Hunger und manches mehr. Nicht Worte oder Sätze, wie ihr euch das vorstellt!"

Tatunca Nara kehrte durch den Amazonasdschungel nach Akahim zurück. Sein einziger bei diesem Unternehmen akzeptierter Begleiter war Ex-Swissair-Kapitän *Ferdinand Schmid.* Ihn hatte EvD persönlich delegiert, außerdem beide Männer mit Marschgepäck versorgt. Sozusagen eine Vorfinanzierung der geplanten „Expedition Akahim".

Lassen wir jetzt aber *Erich von Däniken* selber über den weiteren Verlauf des Unternehmens berichten:

„Nach unserer Zusammenkunft im Juli 1977 bemühte sich mein Freund Ferdinand Schmid ... gemeinsam mit Tatunca, den Stamm der Mongulala zu erreichen.

Die Natur war dagegen. Bei einem fürchterlichen Tropensturm kenterte das Boot; Nahrungsmittel, Munition und Treibstoff versanken auf Nimmerwiedersehen. Das Vorhaben mußte ohne Tatuncas Schuld abgebrochen werden.

Im Herbst 1978 versuchten es Ferdinand Schmid und Tatunca erneut. Diesmal verkomplizierte sich das Unternehmen durch behördliche Auflagen und einen spektakulären Unfall . . ."

Tatsächlich waren der Schweizer Flugpilot sowie der Indianer von der FUNAI gezwungen worden, bei ihrem Dschungeltrip nach Akahim auch einen Mann mitzunehmen, der das Vertrauen der Indianerschutzbehörde genoß: *Roldao Pires Brandao,* einen brasilianischen Forscher und Archäologen. Aus noch nicht ganz klar gewordener Ursache zog sich ausgerechnet dieser Mann während einer Rast eine böse Armwunde zu. *Brandao* hatte sich ungewollt selbst in den Unterarm geschossen. Es blieb *Tatunca Nara* und *Ferndinand Schmid* nichts anderes übrig, als ihr Vorhaben abermals abzubrechen und mit dem erheblich verletzten Brasilianer auf schnellstem Weg in die Zivilisation zurückzukehren.

Aber beide Männer gaben nicht auf. *Schmid,* um endlich zu erfahren, was nun wirklich an dieser phantastischen Geschichte seine Richtigkeit hatte – *Tatunca,* um endlich den Wahrheitsbeweis für seine Behauptung von in Akahim versteckten Götterrelikten antreten zu können.

Es sei nicht geleugnet, daß EvD, aber auch *Walter Ernsting* oder *Willi Dünnenberger* erhebliche Zweifel hatten laut werden lassen, ob das alles nicht als bloßes Ammenmärchen abgetan werden müsse. Andererseits gab es da Andeutungen *Tatuncas,* die fundiert zu sein schienen. Unter anderem hatte er *Däniken* informiert, daß der geheimnisvollen Stadt Akahim drei große Pyramiden vorgelagert seien. Im Sommer 1979 probierten es *Ferdinand*

212

Schmid und der Mongulala erneut. Und diesmal kamen sie bis auf Sichtweite an die – offiziell unbekannte – Amazonas-Stadt heran. *Tatunca Nara* hatte die Wahrheit erzählt: Die von ihm geschilderten Pyramiden gibt es tatsächlich!

Nach seiner Rückkehr aus dem Urwald, berichtete *Schmid* seinem Schweizer Freund:

„An dem Punkt angelangt, unterhalb des größeren Wasserfalles, an dem bereits unser altes Campament besteht, haben wir nach 20 Minuten Buschmarsch vor der Felswand gestanden, die es zu erklimmen galt. Wir erreichten den höchsten Punkt, der mit vielen Kaktusarten bewachsen war, und eine grandiose Übersicht nach Westen bot. Von hier aus konnte ich die drei Pyramiden und den danebenstehenden Hügelzug mit der alten Akahim-Ruine auf den Film bannen.

Von nun an bewegten wir uns gemeinsam Richtung Wasserfall aufwärts im Busch, nicht weit vom Ufer entfernt. Plötzlich stand vor uns, an einen Baumstamm gelehnt, ein Indianer. Zwischen ihm und uns eine kleine Geländesenkung. Tatunca blieb stehen und sagte „Ramos". Der Indianer kommt auf Tatunca zu und beide umarmen sich. Ramos hat schwarze Haare bis auf die Schulter, ein geflochtenes Stirnband, ist ziemlich dunkelhäutig, hat aber helle, grüne Augen. Am rechten Ohr baumelt an einem Kettchen ein tropfenförmiges Emblem mit irgendwelchen Figuren und verzierter Außenkante."

Ein kurzes Gespräch der beiden Mongulalas, dann machte *Tatunca* dem Schweizer Piloten klar, was ihm *Ramos* mitgeteilt habe. Er, *Tatunca Nara,* müsse nunmehr die ihm vor vielen Jahren zugedachte Prinzessin seines Stammes heiraten. Die Priester hätten dies beschlossen. Seine Ehe in der Zivilisation sei ungültig. (*Tatunca* lebt seit Jahren am Rande des Dschungels in einer selbstge-

bauten Hütte und in Gemeinschaft mit einer Krankenschwester aus Brasilien.) *Ramos* habe ihn davor gewarnt,
diese Anordnung der Priesterschaft zu ignorieren, erfuhr *Schmid* von seinem indianischen Reisebegleiter.

Ramos wollte von *Tatunca* aber auch wissen, wo der
mehrmals angekündigte „Schreiber" – *Erich von Däniken*
nämlich – geblieben sei. Die Mongulala-Priester hatten
sich auf den Besuch des Schweizers vorbereitet; *Tatunca*
hatte viel von dem „Götterforscher" berichtet.

Für *Ferdinand Schmid* wurde jetzt die Lage kritisch.
Zwar wäre er sofort bereit gewesen mit *Ramos* und seinen Kriegern ohne *Tatuncas* Begleitung nach Akahim zu
marschieren, begierig, dort endlich die technische Hinterlassenschaft der Götter zu begutachten, doch *Ramos'*
Antwort zerstörte eine Illusion. *Schmid* wurden keinerlei
Garantien für die Sicherheit seines Lebens sowie seiner
Rückkehr in die Zivilisation gegeben. Dennoch wäre der
Schweizer zu diesem Wagnis bereit gewesen – jetzt aber
gab es Einwände von seiten *Tatunca Naras*. Logische Einwände, aus der Sicht des Mongulala betrachtet. Wenn er
jetzt alleine nach Manaus zurückkehre, würden die Weißen, allen voran vermutlich *Däniken*, nach *Schmid* fragen.
Würde man ihm, dem Indianer, glauben? Würde man
nicht bald behaupten, *Tatunca* habe *Schmid* im Urwald zurückgelassen, womöglich umgebracht?

So blieb dem couragierten Schweizer nichts anderes
übrig, als wenige Marschstunden vor dem Ziel mit *Tatunca* den Rückweg anzutreten. Auf der Heimfahrt im
flachen Aluminiumboot kam es dann zu einem Unfall:
Beide Männer stürzten über einen Wasserfall. Dabei
verlor *Schmid* seine Kameras und Filme.

Wie aber wird das Unternehmen Akahim weiterge-
hen? Wie es derzeit aussieht, scheint *Erich von Däniken*
die Lust auf eine weitere Expedition in den Amazonasdschungel vergangen zu sein. Das „Warum" und „Weshalb" ist für den Außenstehenden nicht ganz ersichtlich.

214

Gab es Quertreibereien? Intrigen? Drohungen?

Gewisse Andeutungen lassen sich aus einem Artikel *Dänikens* in der deutschen Ausgabe der AAS-Mitglieder- zeitschrift, „Ancient Skies", Nummer 5, September/Ok- tober 1979, herauslesen. Unter der Betitelung „Pyrami- den im brasilianischen Urwald entdeckt – Akahim exi- stiert" schreibt EvD unter anderem:

„ . . . Ohne Schmid und Tatunca wäre Brandao heute nicht mehr am Leben. Brandao kannte nun einen Teil der Geschichte um die Pyramiden und Akahim, insbe- sondere aber kannte er die ungefähre Position. Als er wieder gesund war, gelang es ihm, die brasilianischen Behörden davon zu überzeugen, daß hier ein Grund für eine Expedition vorlag, die in brasilianischen Hän- den bleiben müsse. Die Brasilianer, sehr nationalbe- wußt, wollten die Entdeckung der Pyramiden ‚nicht den Schweizern überlassen'. Brandao und seine neun Mann starke Expedition hatten Glück. Fast zur selben Zeit, als Schmid, Tatunca und Ramos im Urwald dis- kutierten, erreichte die Brandao-Gruppe von einem anderen Nebenflüßchen her die Pyramiden. Das bra- silianische Nachrichtenmagazin ‚Veja', vergleichbar mit dem deutschen ‚Spiegel', berichtete in seiner Aus- gabe vom 1. August 79 ausführlich und mit guten Bil- dern über das ‚Wettrennen zu den Pyramiden im Dschungel'. Tatuncas Aussagen hatten sich bewahr- heitet!"

Aus welcher Motivation heraus aber resigniert jetzt Däniken? Ähnlich wie in Ecuador, scheint er sich nun- mehr auch in Brasilien eine erfolgversprechende Sache aus der Hand nehmen zu lassen. In der Schlußpassage seines Artikels in „Ancient Skies" schwingt deutliche Re- signation mit, wenn er fragt:

„Wie geht es weiter? Nach Brandaos Erfolg ist zu er- warten, daß sich nunmehr die brasilianischen Militär- behörden des Falles Akahim annehmen. Ob und wieweit die Mongulala-Indianer ihre Geheimnisse schützen können, bleibt abzuwarten. Und wenn technische Hinterlassenschaften einer außerirdischen Zivilisation gefunden werden – wird die Öffentlichkeit je davon erfahren?"

Hier hat sich *Erich von Däniken* möglicherweise der ganz großen Chance selbst beraubt. Auch wenn *Tatunca Naras* Göttererzählungen mit der nötigen Vorsicht und Skepsis behandelt werden müssen – daß sie lediglich erfunden worden sind, ist bis heute nicht erwiesen. Immerhin: Jene drei Pyramiden, von denen der Amazonas-Indianer schon lange vor deren Entdeckung berichtet hatte, gibt es tatsächlich, und niemand in der westlichen Zivilisation hatte vordem von der Existenz dieser Steingiganten auch nur das geringste geahnt!

Und wenn es die technischen Geräte in den unterirdischen Gewölben ebenfalls geben sollte – was dann?

Aus einem Brief *Erich von Dänikens* an *Walter Ernsting*, EvDs ESP-Fähigkeiten betreffend und Jahre vor der Bekanntschaft mit *Tatunca* geschrieben:

„ . . . Ich suche auf diesem Globus ein Zeichen. Ein Symbol, etwas wie eine Schrift. Ich werde dieses Zeichen finden, an einer Kugel, und dann wieder und wieder überall, so wie ich das Zeichen erkannt habe. Ich weiß, *wenn ich vor dem Zeichen stehe oder in der Nähe des Zeichens stehe*, ganz klar, daß dies es war, was ich suchte. Dies war der Schlüssel. Aber jetzt, wo ich diese Zeilen tippe, weiß ich nicht, wie das Zeichen aussieht, obschon ich es unzählige Male ‚sah' . . ."

Wer Däniken näher kennt, weiß, mit welcher Vehemenz der Schweizer seine sich selbst gesteckten Ziele anzusteuern gewohnt ist. Um so befremdender mutet daher der offensichtliche *Verzicht* des „Götterforschers" an, seine Akahim-Pläne weiter zu verfolgen. Es ist fast zu befürchten, daß EvD durch dieses Zögern seine große Bewährungsprobe nicht bestanden hat. Übersah er jenes

„Zeichen", das er seit eineinhalb Jahrzehnten sucht, von dem er aber nicht weiß, wie es aussieht? Hat EvD so knapp vor jenem Tor, hinter dem vielleicht *der Beweis* zu finden wäre, *den Schlüssel verloren?*

Wenn es auf diesem Planeten tatsächlich „Facts" für die einstige Anwesenheit außerirdischer Intelligenzen geben sollte, handfestes Material, dann muß jede Möglichkeit, ihrer habhaft zu werden, ohne Rücksicht genützt werden. Denn wer weiß, ob sich dem Suchenden eine zweite Chance bietet.

Die Beweise hängen nicht als Dutzendware auf Bäumen herum. Sie sind im Gegenteil äußerst rar gesät. Akahim und seine unterirdischen Gewölbe mit der technischen Hinterlassenschaft fremder Wesen, könnten ein solcher Beweis sein. Wer immer ihn findet (und vielleicht auszuwerten imstande ist) – es wird nicht *Erich von Däniken* sein. Er verabsäumte es möglicherweise, die Gelegenheit beim Schopfe zu packen. Er schreckte vor dem Risiko, in eine unbekannte Welt vorzustoßen, im letzten Augenblick zurück.

Dabei sei ihm durchaus zugestanden: Eine Forschungsexpedition quer durch den gefährlichen Amazonasdschungel, in fremdes, unerforschtes Gebiet, zu einem in unserer Zivilisation völlig unbekannten Indianervolk, *ist* ein Risiko. Vielleicht erinnerte sich *Erich von Däniken* an das ungewisse Schicksal des berühmten Amazonas-Forschers Oberst *Percy Harrison Fawcett,* der vor 28 Jahren in den Urwäldern Amazoniens auf Nimmerwiedersehen verschwunden ist und seither als verschollen gilt. So gesehen überlegt man es sich genau, ob man sein künftiges Geschick einem weißhäutigen Indianer anvertrauen soll, der selbst an die Befehle seiner Stammespriester gebunden ist und ihren Anweisungen gehorchen muß, obwohl sein Vater Fürst dieses Stammes gewesen war.

Beim Abwägen all der vielen Pro und Kontras bleibt

für den unbefangenen, interessierten Beobachter aber dennoch ein unbehagliches Gefühl zurück. EvDs Jagd nach einem Beweis läßt sich fast mit einem Hürdenläufer vergleichen, der, kurz vor seinem großen Ziel und an erster Stelle liegend, plötzlich aufgibt und stehenbleibt. Man könnte auch das Beispiel eines Bauern heranziehen, der fleißig gesät hat, und jetzt, wo diese Saat endlich aufgegangen ist, zusieht, wie andere auf seine Kosten ernten.

Was *Erich von Däniken* im Falle Akahim vermissen ließ – war der Mut zum totalen Risiko. Er hätte es wagen sollen, trotz aller verständlichen Einwände.

Niemand kann sagen, ob sich die dafür in Kauf genommenen Anstrengungen „unter dem Strich" gelohnt hätten. Vielleicht wäre aus der „Expedition Akahim" ein Fiasko geworden, ein Blindgänger. Wer weiß.

Vielleicht aber auch nicht. Um so enttäuschender für alle jene, denen EvD etwas zu sagen hatte, daß dieses Unternehmen jetzt wohl endgültig ad acta gelegt worden ist.

Däniken verteidigt seinen Entschluß mit dem Hinweis, daß sich nunmehr auch der brasilianische Geheimdienst in die Sache eingeschaltet habe, daß für den oder die Forscher im Falle eines Alleinganges sogar Lebensgefahr bestünde. All dies überzeugt nicht vollends. Klingt ein wenig zu sehr nach Ausflucht. So wird also *Erich von Däniken* seinen Beweis anderwärtig suchen müssen. Etwa auf den Südseeinseln, wie im diesjährigen Sommer, wo es mysteriöse Riesengräber zu entdecken galt. Und wenn ihm dort die Lösung des Götterrätsels nicht gelungen sein sollte, dann wird EvD rastlos weitersuchen, dann wird ihn seine Familie noch seltener zu sehen bekommen, als dies ohnehin bereits der Fall ist.

So steht *Erich von Däniken* möglicherweise an der Schwelle neuer Erkenntnisse, die das wissenschaftliche Weltbild in den nächsten Jahren stürzen, zumindest verändern könnten. Er hat sich vorerst damit abgefunden, seiner Überzeugung wegen angefeindet und verleumdet zu werden, doch ich werde den Verdacht nicht los, daß er noch irgend etwas in der „Hinterhand" hält, etwas, das ihn zu rehabilitieren vermag – wie *Heinrich Schliemann* dies durch die Entdeckung Trojas gelang.

„Eine neue wissenschaftliche Wahrheit pflegt sich nicht in der Weise durchzusetzen, daß ihre Gegner überzeugt werden und sich als belehrt erklären, sondern vielmehr dadurch, daß die Gegner aussterben und daß die heranwachsende Generation von vornherein mit der Wahrheit vertraut gemacht ist", sagt kein Geringerer als *Max Planck,* Nobelpreisträger für Physik, und er sagte es anhand eigener, übler Erfahrungen mit engstirnigen, egoistischen „Kollegen".

Auch der alte Geheimrat *Johann Wolfgang von Goethe* erkannte seinerzeit: „Wenn Wissen reif ist, Wissenschaft zu werden, kommt es zur Krise."

Däniken faßt sich in einem Vorwort zu *Ulrich Dopatkas* Buch „Das Spiegelbild der Götter" kürzer und meint, unverblümt wie eh und je: „Bücher überleben die Dummheit von Generationen."

Ein Schlußwort über *Erich von Däniken,* diesem unverdrossenen Göttersucher, zu sprechen, zu artikulieren, ist schwierig. „Alles fließt" heißt es so schön – genau *das* trifft auch auf EvDs Lebenswerk zu, das noch des krönenden Abschlusses harrt.

Rainer Erler, TV-Regisseur und -Autor, weiß außergewöhnliche Mitmenschen richtig einzuschätzen. In seinem Buch „Die Delegation" (eine Arbeit, die *Erler* zunächst als Fernsehdokumentation produzierte und dafür mit der „Goldenen Kamera" ausgezeichnet wurde) philosophiert er global über das, was man gemeinhin „das Schöpferische" zu nennen pflegt und meint:

„Im Leben jedes einzelnen macht es irgendwann einmal leise, aber unüberhörbar *Klick!* Wenn man Pech

hat, mit achtzehn. Wenn man Glück hat, mit fünfund-
sechzig. Bei Begnadeten später.

Von diesem Augenblick an ist der Mensch für die
Aufnahme weiterer Erkenntnisse blockiert, sperrt er
sich gegen alles beunruhigend Neue, bringt ihn keine
Macht mehr zur Aufgabe liebgewordener Denkge-
wohnheiten, jagt ihm jede neue Erfahrung einen
Schauer von Angst über den Rücken. Sein Kampf gegen Veränderung und Fortschritt hat mit dem *Klick* be-
gonnen!"

Bei *Erich von Däniken* steht dieses *Klick* noch aus. Und wie
ich ihn einschätze, wird es noch länger auf sich warten
lassen. Für seinen Verleger *Erwin Barth von Wehrenalp* ist
EvD immer noch „ein Suchender". Mit dieser Annahme
liegt er wahrscheinlich richtig.

Erich von Däniken sucht nach der Wahrheit. Wird er sie
finden? Sein Lebensziel ist klar abgesteckt: EvD will *den
Beweis!* Aber erst die Zukunft wird es zeigen: Hat der
„Götterforscher" seine große Chance bereits versäumt –
oder steht sie *Däniken* womöglich erst bevor?

Warten wir's ab . . .

LITERATURNACHWEIS

Bücher:

Blumrich, Josef F.: *Da tat sich der Himmel auf,* Düsseldorf 1973

Bourquin, Gilbert A. u. Golowin, Sergius: *Die Däniken-Story,* München 1970

Brugger, Karl: *Die Chronik von Akakor,* Düsseldorf 1976

Däniken, Erich von: *Aussaat und Kosmos,* Düsseldorf 1972

ders. *Erscheinungen,* Düsseldorf 1974

ders. *Beweise,* Düsseldorf 1977

ders. *Prophet der Vergangenheit,* Düsseldorf 1979

Dopatka, Ulrich: *Das Spiegelbild der Götter,* Bonn/Bad Godesberg 1975

Econ-Verlag (Hg.): *Das Welt-Phänomen, Erich von Däniken: Dokumentation,* Düsseldorf 1973

Emmrich, Louis: *Wesen von anderen Sternen,* Stuttgart 1970

Erler, Rainer: *Die Delegation,* München 1973

Gadow, Gerhard: *Erinnerungen an die Wirklichkeit,* Berlin 1969

Keel-Leu, Othmar: *Zurück von den Sternen,* Fribourg 1970

Khuon, Ernst von (Hg.): *Waren die Götter Astronauten?,* Düsseldorf 1970

Krassa, Peter: *Gott kam von den Sternen,* Freiburg/Br. 1974

Mauz, Gerhard: *Das Spiel von Schuld und Sühne,* Düsseldorf 1975

Rocholl, Peter u. Roggersdorf, Wilh.: *Das seltsame Leben des Erich von Däniken,* Düsseldorf 1970

Roggersdorf, Wilh. (Hg.): *Von Däniken: Besucher aus dem Kosmos,* Düsseldorf 1975

Wunderlich, Hans Georg: *Wohin der Stier Europa trug,* Reinbek 1972

Zeitschriften:

Däniken, Erich von: *Auf neuen rätselhaften Spuren,* „Hör zu", Nr. 48 bis Nr. 7 Hamburg 1975/76

ders. *Expedition Akahim verschoben,* „Ancient Skies", Nr. 5, August Bonstetten 1977

ders. *Eine prähistorische Stadt im brasilianischen Urwald,* „Ancient Skies", Nr. 1, Januar Feldbrunnen 1979

ders. *Pyramiden im brasilianischen Urwald entdeckt – Akahim existiert,* „Ancient Skies", Nr. 5, September Feldbrunnen 1979

Ferris, Timothy: *Erich von Däniken, Playboy Interview,* „Playboy", Nr. 8, Chicago 1974 und München 1974

Geisler, Gert: *Spätestens in sechs Jahren haben wir den endgültigen Beweis,* „Esotera", Nr. 12, Freiburg/Br. 1973

Hebert, Knut: *Däniken: Analyse eines Bestsellerautors,* „Warum", Nr. 1, Hamburg 1975

Krassa, Peter: *Kampagne gegen Bestsellerautor?,* „Volksblatt" vom 8.1. Wien 1969

ders. *Der Fall Däniken: Erinnerungen an die Menschlichkeit,* „Volksblatt" vom 28. 2. Wien 1970

Randow, Thomas v.: *Dem Seelenarzt ist er ein Greuel,* „Die Zeit" Nr. 7, Hamburg 1970

Rustmeier, Henning und Blumenschein, Ulrich: *War Gott ein Astronaut?,* „Stern", Nr. 40, Hamburg 1969

Schürmann, Peter H.: *Erich von Däniken muß weiter sitzen,* „St. Galler Tagblatt" vom 1.6., St. Gallen 1971

Wolff, Georg, Gumnior, Helmut u. Bindernagel, Lutz: *Der Däniken-Schwindel: Botschaft vom Unbekannten,* „Der Spiegel", Nr. 12, Hamburg 1973

Zander, Hans Conrad und Gebhardt, Jürgen: *Mit Däniken auf Göttersuche,* „Stern", Nr. 46, Hamburg 1979

ERICH VON DÄNIKENS PSYCHO-STECKBRIEF
(nach eigenen Angaben)

Geburtstag: 14. April 1935
Geburtsort: Zofingen
Sternzeichen: Widder
Größe: 1,68 m
Gewicht: 79 kg
Augenfarbe: braun
Haare: braun
Wohnung: Ein Trakt der „Villa Serdang" in Feldbrunnen bei Solothurn
Familie (Kinder): Tochter Cornelia, geb. 9. Februar 1963
Bildungsgang: Keiner. *Ver*bildungsgang: katholisch; direkter Gang: aufwärts
Erlernter Beruf: Kellner/Barmann/Steward/Chef de Service/Hotelier
Fremdsprache(n): Französisch, Englisch, Italienisch und ein Rest anderes
Auto: Beruf = Range Rover / Familie = Stationswagen
Sport: Skifahren, Faulenzen, schönen Menschen nachschauen
Lieblingsspeise(n): Alles aus der eigenen Küche
Lieblingsgetränk(e): Château Mouton Rothschild
Liebhabereien: Surrealistische Malerei, gute utopische Literatur
Temperament: Fragen Sie meine Umgebung
Was begeistert Sie? Intelligente, zukunftsoffene Menschen
Was ärgert Sie? Die Gegenteiligen
Morgen- oder Abendmensch? Ich habe nie begriffen, warum man mit den Hühnern aufstehen soll
Aberglaube: Anhänger von Erscheinungen
Lieblingsautor(in): Fräulein Oesterle = Buchhalterin des ECON-Verlages
Lieblingskomponist(en): Alle Vertreter eines „vollen" Sounds; kein Gekreische
Lieblingsmaler: Die Surrealisten, inklusive Dali
Faszinierendste Wissenschaft(en): Prä-Astronautik und Exo-Biologie
Interessanteste Geschichtsperiode(n): Genesis (wann immer das war)
Bevorzugte Jahreszeit: Herbst

Lieblingsfarbe(n): blau und weiß

Lieblingsgegend in der Schweiz: Tessin

Lieblingsort im Ausland? Tahiti

Politische Einstellung: Mitte, liberal. Anhänger des Sozialismus, soweit Sozialleistungen den Armen, Alten und Zu-kurz-Gekommenen zugute kommen sollten. Freund des Leistungsprinzips und der freien Entscheidung des einzelnen.

Was mögen Sie an der westlichen Gesellschaft nicht? Diejenige „freie" Presse, welche die Freiheit nur dazu mißbraucht, um Personen oder Einrichtungen böswillig zu zerstören.

Was mögen Sie an der östlichen Gesellschaft nicht? Wenn ich die Wahl habe, mich zwischen mehreren politischen Systemen frei zu entscheiden, so wähle ich stets dasjenige, das mir die meisten Freiheiten garantiert. Ich möchte lesen können, was ich will; ich möchte sagen und schreiben dürfen, was ich will; und insbesondere will ich reisen können, wann und wohin ich will (ohne vorher irgendeinen aufgeblasenen Staatslümmel um Bewilligung zu fragen). Da die östliche Gesellschaft nichts von alledem gewährt, ist die Entscheidung klar.

ANHANG:

ERICH VON DÄNIKEN KOMMT SELBST ZU WORT

1.
SO WAR ES WIRKLICH!

Die wahren Hintergründe meiner Strafverfolgung

Mit etwas zeitlicher Distanz zum Ereignis steht es mir heute sehr wohl zu, einen Teil der abscheulichen Umstände jenes „Gerichtsverfahrens" aufzudecken und anzuprangern. Oder sollte ich, wie mir stets wieder irgend jemand einzureden versucht, das Ganze vergessen?

Wer Wunden hat, die ihm *zu Unrecht* geschlagen wurden, vergißt nicht. Alles andere ist selbstverleumderische Gefühlsduselei. Wunden könnten heilen – wenn nicht ständig wieder journalistische Dummköpfe triumphierend die alten Mären als „Wahrheit" aufreißen. Oder, wie es „Playboy" und andere gekonnt künstelten: „Ein psychiatrisches Gutachten gegen *Erich von Däniken* kam zum Schluß, daß er ein Lügner ist."

Fangen wir doch mal von hinten an. Am 13. Januar 1971 nahm die Bündner Regierung (der sogenannte „Kleine Rat") offiziell Stellung zum Straffall des *Erich von Däniken:*

> „Der Kleine Rat erachtet es als seine Pflicht, zu Händen der Öffentlichkeit sein Bedauern darüber auszudrücken, daß während eines anhängigen Strafverfahrens mit unzutreffenden Sachdarstellungen und per-

sönlichen Verunglimpfungen versucht worden ist, auf die Justizorgane massiven Druck auszuüben, und in der breiten Öffentlichkeit das Vertrauen in die Justiz zu beeinträchtigen. Bei aller Erkennung des Rechtes auf freie Meinungsäußerung ist festzuhalten, daß dieses nicht dadurch mißbraucht werden darf, daß die Integrität der Rechtspflege ohne Grund in Zweifel gezogen wird. Der Kleine Rat . . . dankt der Presse, die sich von solchen Machenschaften distanzierte, sowie allen, die trotz Beeinflussungsversuchen dafür gesorgt haben, daß auch dieser Straffall eine gesetzmäßige Erledigung gefunden hat."

Diese fachliche Beweihräucherung war der Kulminationspunkt einer Riesenheuchelei. Man sollte annehmen – und die meisten taten es – die Justiz hätte ihre „Pflicht" getan und alles sei den rechtmäßigen, „gesetzlichen" Weg gegangen.

Von der Presse gefüttert, die ihrerseits von den Untersuchungsorganen mißbraucht wurde, nimmt heute noch jeder vierte deutschsprachige Bürger an:

1. Ich sei auf Grund einer *Veruntreuung von Kurtaxen* zur Verhaftung ausgeschrieben worden, nachdem der Kurverein Davos *Strafanzeige* gegen mich erstattet habe.
2. Ich sei schließlich in Wien verhaftet worden, weil ich mich *auf der Flucht* befunden habe.
3. Es habe sich dann herausgestellt, daß ich *Betrügereien* im Umfang von rund 600 000 Schweizer Franken begangen habe, wobei eine ganze Reihe von Institutionen (Banken) sowie Privatpersonen von mir hereingelegt worden seien.
4. Der Erfolg meiner Bücher sei lediglich der *Publicity* um die Verhaftung und dem Prozeß zuzuschreiben.
5. Das Schweizerische Bundesgericht (Oberstes Gericht der Schweiz) habe die *Verurteilung* durch das Kantonsgericht nach gründlicher Prüfung aller Tatsachen

und Zeugen als *richtig* befunden.

Von dieser breitgewalzten Volksmeinung, der ich umstände-
halber nicht widersprechen konnte, *trifft buchstäblich
nichts zu.*

1. Der Kurverein Davos hat *zu keiner Zeit* irgendeine
   Strafanzeige gegen mich eingereicht. (Bei meiner damals offenen Kurtaxenschuld von rund Fr. 6000,–
   auch sinnlos, denn gleichzeitig schuldeten andere
   Hoteliers Kurtaxen für rund 88 000 Franken!

2. Ich befand mich nicht auf der Flucht, sondern *auf dem
   Heimweg* in die Schweiz. Dies nach zwei vorangegangenen Schreiben von mir an den Untersuchungsrichter, worin ich ihm auch mitteilte, ich würde mich seinen Verhören als freier Mensch stellen.

3. Weder irgendeine Bank noch eine andere Institution,
   geschweige denn irgendeine Privatperson hat je eine
   Strafanzeige gegen mich erstattet. Diese *Erfindung* der
   „Geschädigten" stammt vom damaligen Untersuchungsrichter *Hans Peter Kirchhofer.*

4. Seit März 1968 war mein Erstling „Erinnerungen an
   die Zukunft" *Bestseller Nummer eins* auf allen deutschsprachigen Bestsellerlisten. Die Verhaftung erfolgte
   am 18. November desselben Jahres, also acht Monate
   später. Der Erfolg war längst da. Die Verhaftung und
   spätere Prozeßführung und Verurteilung bewirkte
   exakt das Gegenteil von dem, was die Justizorgane
   selbstherrlich behaupten; ein Erfolg wurde durch
   diesen ominösen Gerichtsfall nicht produziert, wohl
   aber die *Glaubwürdigkeit des Autors gründlich zerstört.*

5. Das Schweizerische Bundesgericht hat keinerlei
   Möglichkeit, Akten auf ihren Tatsachengehalt zu
   überprüfen oder Zeugen neu einzuvernehmen. Das
   Bundesgericht ist auf die sogenannten „Tatsachen-
   feststellungen" der Vorinstanz (im gegebenen Falle
   des Kantonsgerichtes Graubünden) angewiesen. Behauptet also diese Vorinstanz, *irgend etwas ist erwiesen,*

so hat das Bundesgericht dies hinzunehmen. Praktisch bedeutet dies, daß die Vorinstanz lediglich bei jedem zweifelhaften Punkt in ihrem Urteil festhalten muß, diese oder jene „Tatsache" sei „erwiesen" (auch wenn das Gegenteil der Fall ist!), und das Bundesgericht ist ausgespielt. Ich werde darauf zurückkommen. Der Schweizer denkt so: Wenn das Bundesgericht einen Entscheid gefällt hat, ist dieser nach gründlicher Prüfung und Würdigung aller Umstände, Zeugen, Akten etc. gefällt worden. Die Wirklichkeit ist anders.

Hier eine Übung für kritische Leser, die es genau wissen wollten: Besorgen Sie sich die Urteilsveröffentlichungen des Schweizerischen Bundesgerichtes der letzten Jahre. Analysieren Sie. Manches Urteil widerspricht irgendeinem vorangegangenen. Nun wird von den Jurisprudenden weltweit und unverblümt geltend gemacht, das Recht ändere sich. Man könne sich nicht mehr auf den Buchstaben verlassen. Die jeweilige Auslegung sei maßgebend.

Wie das? – Vor Jahrtausenden kannten unsere Vorväter ein mündliches Recht. Jeder legte dieses Recht aus, wie es ihm gerade paßte. Schließlich sahen weise Köpfe ein: So geht es nicht. Man setzte sich zusammen und legte das *Recht schriftlich* nieder. Damit jedermann weiß, woran er sich zu halten habe, und damit dieses Gesetz unabänderlich sei.

Heute ist das Gegenteil der Fall. Das geschriebene Recht gilt nicht für Heiden, Andersdenkende, Idioten, Ehrliche und solche, die sich daran halten.

Jetzt gilt das *„Erfahrungsrecht"*.

Woraus der einzelne Bürger schlau werden soll, welches „Erfahrungsrecht" im Moment gerade sticht, bleibt unerfindlich. Recht beruht jetzt oft auf den Empfindungen irgendeines ambitionösen Richters.

Unsere Gesetzesväter überlegten sich damals die Zukunft wohl. Um individuellen Auslegungen vorzubeugen, umschrieben sie ihre Meinungen präzise. Der Davoser Untersuchungsrichter *Hans-Peter Kirchhofer*, der Staatsanwalt *Willy Padrutt* aus Chur, das Bündner Kantonsgericht unter Dr. *Rolf Raschein*, hielten sich kaum an das geschriebene Recht. Sie machten ihre eigenen Gesetzesauslegungen und kannten auch die Methode, eine Journalistenwelt und eine vertrauensselige Regierung zu benutzen.

Zu den Tatsachen.
Untersuchungsrichter *Kirchhofer* ordnete eine psychiatrische Begutachtung an. Dabei ging es ihm nie um die Frage, ob ich zurechnungsfähig sei oder nicht. Daran zweifelte nicht einmal der Staatsanwalt. So schrieb denn Psychiater Dr. *Erich Weber vor der Begutachtung* an den Untersuchungsrichter:
„. . . nicht ganz klar geworden ist mir, aus was für Gründen eine Begutachtung zu erfolgen hat. Sie kennen die Situation natürlich heute, und wenn Sie wirklich Zweifel an der Zurechnungsfähigkeit des Genannten haben, werde ich wohl in diesen sauren Apfel beißen müssen. Wenn Sie doch an der Begutachtung festhalten, wäre es vielleicht sinnvoll, wenn wir uns vorher einmal gründlich besprechen könnten." (1)
Der Zweck dieser „Begutachtung" war ein hintergründiger. *Kirchhofer benötigte ein Gutachten,* das sein eigenes Bild, welches er in den Akten von mir gezeichnet hatte, untermauerte. Er *benötigte* aber auch ein Gutachten, welches den ihm verhaßten *Erich von Däniken* auf der ganzen Linie unglaubwürdig machte und der Lächerlichkeit preisgab. Dazu muß man wissen: Der Betrugsartikel im Schweizerischen Strafgesetzbuch verlangt zum Tatbestand des Betruges *die Absicht zur unrechtmäßigen Bereicherung und die Arglist.* (2) Der Betrugsartikel verlangt zudem eine *vorsätzliche Vermögensschädigung durch arglistige Täu-*

231

*schung oder arglistige Benutzung eines Irrtums in Bereicherungs-
absicht.* (3)

Nun war es aber schlechterdings unmöglich, mir eine
„arglistige Bereicherungsabsicht" anzudichten, denn
während meiner Hoteliierszeit – und um die geht es –
hatte ich dauernd an Verpflichtungen zurückbezahlt,
was menschenmöglich war. Entscheidend ist aber, daß
ich, *bevor* ich auf meine letzte Forschungsreise 1968 ging,
meinem Rechtsanwalt und Notar in Davos, Herrn Dr.
Rudolf Wäsch, Generalvollmacht über alle Einnahmen
aus meinem Erstling „Erinnerungen an die Zukunft" zur
Regelung meiner Verpflichtungen erteilt hatte. (4) Damit
war die „Schädigungsabsicht" oder „Bereicherungsabsicht" ausgeschlossen. Doch es half nichts, man mußte
die Sache in der Art drehen, als habe ich bedenkenlos
und blind Schulden gemacht und selbstverständlich
stets die Absicht gehabt, meine Gläubiger hereinzule-
gen. Es mußte gegenüber der Öffentlichkeit unter allen
Umständen so aussehen, als sei es bloß dem „rechtzeiti-
gen Eingreifen des Untersuchungsrichters" zuzuschreiben, daß die Gläubiger überhaupt ihr Geld wiedersahen.

Deshalb also ein gestelltes Gutachten. Richtern und
Öffentlichkeit sollte ein *Schuldiger* präsentiert werden.

Jetzt wäre wohl der Augenblick gekommen, auch einmal folgende Tatsache herauszustreichen: Während der
Untersuchungshaft anerbot ich mich wiederholt, unter
Narkose alle Fragen zu beantworten, die eine Schädigungsabsicht (und damit Betrug) meinerseits betrafen.
(5) Dieses Angebot erging nicht nur schriftlich und
mündlich an den Staatsanwalt und den Psychiater, sondern ich verpflichtete mich obendrein, die Kosten dieser
Narko-Analyse vollständig zu übernehmen. Selbstverständlich wurde das Angebot ebenso wiederholt abgelehnt. Denn wo hätte die Anklage mit ihren erfundenen
Zweckbehauptungen gestanden, wenn die Wahrheit
einwandfrei erwiesen worden wäre? (Weder Staatsan-

walt noch Vizestaatsanwalt haben mich während der einjährigen Churer Untersuchungshaft je angehört!)

Untersuchungsrichter *Kirchhofer* suchte sich einen Gehilfen der Anklage. Eine Person (Dr. *Weber*), die „wissenschaftlich" versicherte, ich sei kriminell. *Kirchhofer* war bauernschlau genug, diesen Gehilfen der Anklage nicht in seine Pläne und Absichten einzuweihen. (Es gibt da subtilere, unangreifbarere und sicherere Methoden: Man muß den andern begeistern.) Staatsanwalt *Padrutt* und Vizestaatsanwalt *Emil Schmid* waren von *Kirchhofer* längst von meiner „Gefährlichkeit" und meinen „Machenschaften" überzeugt worden. Schließlich produzierte *Kirchhofer* unerschrocken Aktenberge, die allesamt das enthielten, was er wünschte. Außerdem fehlte Staatsanwalt *Padrutt* jenes Quentchen Zivilcourage, welches *Kirchhofer* an Frechheit auszeichnete. Ich befand mich bereits zu lange in Haft, der Staatsanwalt konnte einen Rückzieher nicht mehr verantworten. (Insgesamt 14 Monate Untersuchungshaft!) Nicht auszudenken, was die Presse bei meiner Haftentlassung geschrieben hätte.

So fand denn am 30. Mai 1969 eine Zusammenkunft von Staatsanwalt *Padrutt,* Vizestaatsanwalt *Schmid,* Psychiater Dr. *Weber* und Untersuchungsrichter *Kirchhofer* statt. Letzterer „orientierte" den Psychiater über die „Betrüge". In welcher Weise diese „Orientierung" geschah – darüber ist wohl jedes Wort überflüssig. Man kennt inzwischen das Produkt: Ein verheerendes, sachlich wie fachlich falsches Gutachten, das weder die Justiz noch den Kleinen Rat störte, als „Wahrheit" weiter verbreitet zu werden.

Den Göttern sei's geklagt, daß es im Rahmen dieses Beitrages nicht möglich ist, auf das famose Gutachten detailliert einzugehen. (Aus Platzgründen kann ich in diesem Beitrag lediglich das Gutachten etwas zerpflükken sowie allgemeine Bemerkungen zum „Fall EvD" anbringen. Ich bin gerne bereit, jeden anderen mir angehängten „Straffall" im Detail ebenso präzise zu „sezieren".)

Immerhin will ich einige krasse Beispiele herauspikken: (6)

Seite 2 (Gutachten/Dr. *Weber*): Es handelt sich beim Delikt um gewerbsmäßigen Betrug, Urkundenfälschung und Veruntreuung. Der Gesamtdeliktbetrag beträgt ca. 400 000 Franken.

Wozu gibt es eigentlich Gerichte? Sie sind zu nichts nutze, wenn Psychiater und Untersuchungsrichter bereits beschlossen haben, um was für „Delikte" es sich handelt. Das *Vor*-Urteil ist eindeutig. (Ich wurde erst sieben Monate nach dieser Begutachterverurteilung von den Richtern verurteilt.) Anschließend folgen acht Seiten Geschwätz über meine Familie und meine Geschwister. Positives ist dabei nicht zu finden, obschon, weiß Gott, genug vorhanden war.

Auf Seite 11 des Gutachtens wird ein Teil eines Briefes von mir an meinen Freund *Hans Neuner* aus dem Zusammenhang gerissen. Der Originalbrief umfaßt sechs Seiten. (7) Psychiater Dr. *Weber* zitiert zwei Sätzchen, die ihm grad passen. Das Bild wird künstlich verschoben.

Seite 15 „. . . wo der Explorand kurzfristig in der Knorr-Fabrik arbeitete, bis er eine Anstellung an der HYSPA in Bern erhielt. Er soll in dieser Anstellung als Chef de service den Landgasthof geführt haben. Gemäß Angaben des Untersuchungsrichters, Herrn *Kirchhofer,* sollen auch hier gewisse Unregelmäßigkeiten vorgekommen sein, die jedoch kein gerichtliches Nachspiel hatten."

Ich „soll" also als Chef de service . . . etc. Weshalb „soll"? Paßt es Dr. *Weber* nicht, daß ich den Landgasthof als Chef de service geführt *habe?* Von „Unregelmäßigkeiten", die vorgekommen sein sollen, ist nicht die Rede. Ganz im Gegenteil ergibt Akten-Nr. XXIX-11 eindeutig, daß eine „Strafverfolgung gegen *Erich von Däniken* wegen allfälliger Vermögensdelikte nicht zu eröffnen sei, weil sich durch das gerichtspolizeiliche Ermittlungsverfahren nicht der geringste Verdacht ergeben habe" (20).

Seltsam, daß Untersuchungsrichter *Kirchhofer,* der – gemäß Staatsanwalt *Padrutt* – „nur seine Pflicht tat", auch hier den Psychiater trotz bester Aktenkenntnis irreführte.

Seite 17: „ . . . und unser Explorand nahm eine Anstellung in der Firma Blatzheim AG, Köln, an. Es ist aktenkundig, daß er dort mit einer Tageseinnahme von 3700 Mark verschwunden ist. Die Schlußfolgerung scheint richtig zu sein, daß es sich auch hier wieder einmal um eine Veruntreuung handelte."

Dr. *Weber* schwätzt von „unser Explorand". Interessant! Und ich soll also mit 3700 Mark „verschwunden sein", wobei dieser „Seelenarzt" wieder einmal zur „Schlußfolgerung" gelangt, daß es sich um eine „Veruntreuung handelte".

Wenn man die Akten kennt – und Psychiater *Dr. Weber* hatte sie alle zur gründlichen Verfügung – hat man Mühe, nicht in homerisches Gelächter auszubrechen. Die polizeilichen Ermittlungen haben nämlich klar ergeben, daß ich *nie* mit 3700 Mark „verschwunden" bin, sondern im Gegenteil bei der Firma Blatzheim AG in Stellung blieb. (21)

Auf Seite 19 zitiert der „Experte" (Anführungszeichen von mir) eine Stelle aus der Zeitschrift JASMIN vom 26.5.1969 – auch hier aus dem Zusammenhang gerissen, um den Sinn zu verfälschen. Er verspürt das eigenartige Bedürfnis, die Presse zu zitieren. Acht Monate später, als derselbe „Experte" in der Presse angegriffen wurde, schrieb er an Rechtsanwalt *Hörler,* Presseberichte seien für ihn „irrelevant"!

Seite 20: „Sicher ist, daß der Explorand unfähig ist, ein Hotel zu führen, und daß ihm auch die Voraussetzun-

235

gen fehlen, einen selbständigen, leitenden Posten aus-
zufüllen."

Nachdem mir alle diese „Voraussetzungen fehlen", frage
ich mich, wie ich eigentlich an zahlreichen Arbeitsstellen
die leitende Organisation innehatte, Großbankette organisierte und drei Jahre lang vor der Verhaftung ein
Erstklaßhotel leitete. Man hätte ja in einer „objektiven
Untersuchung" einige meiner ehemaligen Arbeitgeber
und Gäste fragen dürfen. Doch: Objektivität war nicht
gefragt.

Auf den Seiten 23 und 24 wird die Katze langsam aus
dem Sack gelassen. Jetzt macht man den Autor EvD lächerlich:

„Wir möchten immerhin einen neutralen Kritiker zu
Worte kommen lassen, der in der Zeitung ‚Zürcher
Woche' vom 29. Februar 1969 folgendes geschrieben
hat: ‚*Was das Buch selbst betrifft, so kann man es angesichts
des Verkaufserfolges lächelnd mit der Bemerkung aus der
Hand legen, daß eine wundergläubige Menschheit einmal
mehr betrogen sein will ... Von Dänikens große Erfindung ... muß vom naturwissenschaftlichen Standpunkt aus
als plattes und unsinniges Wunder bezeichnet werden ... von
Dänikens Buch mit allen seinen Eingebungen gehört in die
moderne Klasse von Himmelsbriefen oder Himmelsbüchern,
mit denen außerordentliche Menschen oder Schwindler – wie
man's nimmt – eh und je naiven Gemütern die letzten Geheimnisse der Natur zu enthüllen versuchten ...!*"*

Was hat diese Tirade in einem *psychiatrischen Gutachten* zu
suchen? War Herr Dr. *Weber* beauftragt, zu meinen Büchern seinen Senf abzugeben? Das obige Zitat, welches
der „Experte" aus der ‚Zürcher Woche' übernahm,
stammte von Prof. *Marcel Beck,* einem gegen EvD eingestellten Theologen, und ausgerechnet *Beck* wird als „neu-
traler Kritiker" bezeichnet. Und der „objektive Experte"
Weber hat unter den Hunderten von Zeitungsmeldun-
gen seltsamerweise keine andere über mein Buch „Erin-

nerungen an die Zukunft" gefunden. Erstaunlich.

Seite 24: „Der Explorand hat nun während der Untersuchungshaft das Manuskript zu einem zweiten Buch geboren, das den Titel ‚Zurück zu den Sternen' trägt. Auch hier wollen wir uns einer Kritik enthalten und nur soviel festhalten, daß die Ideen phantastisch sind und einer naturwissenschaftlichen Prüfung nicht standhalten können." Der abgründige Seelenarzt behauptet zwar, er wolle sich „einer Kritik enthalten" – enthält sich aber keineswegs!

Seite 25: „Der Explorand stellt nun ausgefallene Hypothesen auf . . . er berichtet in journalistischer Manier, als ob seine Hypothesen Tatsachen wären . . . es würde zu weit führen, wenn wir alle Thesen, die der Explorand in seinen Büchern vorbringt, hier diskutieren wollen. Auf Seite 25 im Buche ‚Erinnerungen an die Zukunft' bringt der Explorand eine sogenannte Raketen-Grundgleichung. Er gibt uns dazu an, daß er diese Gleichung von Frau Prof. *Sänger* erhalten habe."

Ich kann es kurz halten: Frau Prof. Dr. *Irene Sänger-Bredt* schickte mir die Gleichung in ihrem Brief vom 21. August 1966.

Seite 33: „Am 25. 6. 1969 hatte der Explorand Gelegenheit, seine Frau und seine Tochter *Cornelia* bei uns zu Besuch zu empfangen . . . immerhin fiel uns doch auf, daß er weder seiner Frau noch seiner Tochter echte Gefühle zeigen konnte. Es bleibt bei einer absolut oberflächlichen Begegnung."

Auf derart plumpe, stupide Weise wurde den Richtern und der Öffentlichkeit eine angebliche Gefühlskälte – und damit Roheit – meinerseits eingetrichtert. Geradezu typisch für die ganze Art dieses „Wundergutachtens" wird obige Passage aber erst, wenn man weiß, daß ich am selben Abend nach dem Besuch(!) einen Brief schrieb. Darin teilte ich meiner Gattin mit: (22)

„Meine liebe Ebet. Dem Himmel sei Dank, daß Du mir

Lela gebracht hast! Wahrscheinlich merktest Du, daß ich mich – als ich ablenkend mit Lela redete – sehr beherrschen mußte, um nicht loszuheulen. Doch bin ich sehr glücklich, Titti auf dem Schoß gehabt zu haben, in ihre Augen gesehen zu haben, ihre Händchen gefühlt zu haben, ihre Stimme gehört zu haben. Und ich glaube, der Besuch tat auch Titti gut. Das Kind wußte anfänglich nicht recht, wohin mit mir – es weiß jetzt wieder, daß es einen Papi gibt. Wir beide redeten, wie immer bei solchen Visiten, aneinander vorbei. Und doch tat der Besuch gut. Ich hoffe, Du kommst bald wieder. Irgendwann werden wir bestimmt wieder alleine sein können, denn die Ochserei eines Besuches unter Aufsicht ist so kurzsichtig, so kleinlich, daß man sich später entsetzt fragt: ‚Wie war das möglich . . .'

Bewahre mir Lela vor allem Unbill. Ich will ein glückliches Kind haben, ich halte wenig von den hergebrachten Erziehungsmethoden. Drohung und Züchtigung sind mir ein Greuel. Vernunft, Fairneß und Liebe alles.

Dein Erich

Weshalb ich diesen vertraulichen Brief in extenso zitiere? Weil der Brief nicht nur durch die Hände von Psychiater Dr. *Weber* ging, der ihn zur Zensur weiterleiten mußte, sondern auch den handschriftlichen Zensurvermerk von Untersuchungsrichter *Kirchhofer* trägt! Beide Herren wußten also wieder einmal, daß die Masche der angeblichen Gefühlskälte eine Zwecklüge war. Und beide verschwiegen den Brief!

Eine bemerkenswert unpsychologische Fleißarbeit von Psychiater *Weber*.

Seite 34: „Wir versuchten, den Exploranden möglichst großzügig zu behandeln, gestatteten ihm auch, in Begleitung eines Pflegers in der näheren Umgebung zu spazieren. Er hat dann schließlich diese Großzügigkeit mißbraucht, indem er versuchte, einen Pfleger zu bestechen."

Pfleger Tuffli, um den es ging, ist von der Polizei befragt worden. Frage: „Hat Ihnen Herr *von Däniken* irgend etwas versprochen?" Antwort: „Nein, absolut nichts." (23)

Seite 39: „An seinen Arbeitsstellen kam es wegen seiner Renommiersucht, seinem Geltungsbedürfnis und seiner Kriminalität immer wieder zu Reibungen und auch zu Entlassungen."

Man muß diesen Satz mehrmals lesen, um diese Ungeheuerlichkeit recht begreifen zu können. Meine sämtlichten Arbeitszeugnisse befanden sich bei den Akten. Einmal mehr kannten sie sowohl Psychiater Dr. *Weber* als auch Untersuchungsrichter *Kirchhofer*. Und einmal mehr verschwiegen beide die Wahrheit. Es sei mir gestattet, an dieser Stelle einige dieser Arbeitszeugnisse zu zitieren:

Hotel Ascot, Zürich, Dezember 1958: „ . . . wir waren mit seiner Arbeit außerordentlich zufrieden und können ihn fachlich als sehr guten Kellner bezeichnen. Er verläßt die Stelle auf eigenen Wunsch."

Hotel Europe, Davos-Platz, April 1959: „ . . . *Erich* ist ein flinker Kellner und bei den Gästen sehr beliebt. Er ist ein guter Verkäufer, so daß wir ihn für einen ähnlichen Posten bestens empfehlen können. Er verläßt die Stelle infolge Saisonschluß."

Holland – America-Line, Dezember 1959: „ . . . Betragen = sehr gut, Fleiß = sehr gut, Einfühlungsvermögen = sehr gut."

Hotel Europe, Davos-Platz, März 1960: „ . . . *Erich* ist das zweite Mal in unserem Hause. Er ist ein tüchtiger Chef de rang und guter Verkäufer, den wir bestens empfehlen können. Er verläßt die Stelle infolge Saisonschluß."

Grand-Hotel, Rigi-Kaltbad, 1960: „ . . . *Erich* ist ein tüchtiger Fachmann, der die Interessen des Hauses vertritt. Er ist in jeder Beziehung zu empfehlen. Sein Austritt erfolgt wegen Saisonschluß."

Grand-Hotel, Rigi-Kaltbad, März 1961: „ . . . Erich hat unsere Bar, zusammen mit seiner Frau Elisabeth, zu unserer vollsten Zufriedenheit geführt. Wir können ihn in jeder Hinsicht empfehlen. Sein verfrühter Austritt erfolgte durch die furchtbare Brandkatastrophe, die unser Haus am 8./9.2.61 heimgesucht hat. Wir wünschen Erich für die Zukunft alles Gute."

HYSPA (Ausstellung), Bern 1961: „ . . . Herr *von Däniken* erwies sich als fachkundige Stütze des Patrons, der meinem gesamten Personalstab mit Takt und Autorität vorstand. Er leitete nicht nur den Service und die diversen Bankette, sondern entlastete auch meine eigene Arbeit insofern, als er Kalkulationen, Korrespondenzen, und teilweise auch die Buchhaltung erledigte. Herr *von Däniken* hat sich weder in geschäftstechnischer noch in organisatorischer Hinsicht irgend etwas zuschulden kommen lassen, so daß ich ihn anschließend der HYSPA als Geranten-Geschäftsführer engagierte."

Blatzheim AG, Köln, Februar 1964: „ . . . Herr *von Däniken* . . . leitete unsere Betriebe und Bankette mit kühler Selbstverständlichkeit. Er ist tüchtig, verfügt über fundierte Fachkenntnisse und besitzt ein angenehmes Auftreten. Wir können Herrn *von Däniken* empfehlen. Herr *von Däniken* verläßt unsere Firma auf eigenes Begehren. Die Gründe für sein Ausscheiden sind uns nicht bekannt."

Restaurant Safranzunft, Basel 1964: „ . . . Die beruflichen Fähigkeiten sowie die persönliche Einstellung des Herrn *von Däniken* verdienen das beste Prädikat. Herr *von Däniken* ist nicht nur ein vielseitiger Meister in seinem Fach, er versteht es auch, auf seine Mitarbeiter und Untergebenen einen positiven Einfluß auszuüben.

Es war uns ein Vergnügen, mit ihm arbeiten zu dürfen,

und wir können ihn auf das beste emfpehlen."

Was soll man angesichts dieser Tatsachen zum „Gut"-Achten des Dr. *Weber* noch sagen? Tendenziöse Passagen, welche die Zielrichtung veranschaulichen, sind etwa:

Seite 39: „Beruflich mauserte er sich vom Kellner zum Oberkellner und bis zum Hotelpächter durch, wobei bei ihm weder die Voraussetzungen in moralischer noch in fachlicher Hinsicht bestanden."

Oder über meine Schriftstellerei:

Seite 41: „Sein Unvermögen zu einer echten Sachverbundenheit öffnet unserem Exploranden Tür und Tor zu zahlreichen oberflächlichen Kenntnissen, und führte zu einem dilettantischen Sachbuch, das jedem in naturwissenschaftlichem Denken Ausgebildeten höchstens ein mitleidiges Lächeln abringt."

Wenn's nach Psychiater Dr. *Weber* ginge, hätten die Wissenschaftler in aller Welt für meine Bücher nur „ein mitleidiges Lächeln" aufgebracht. Die Tatsachen hätten ihn jedoch eines Besseren belehren müssen.

Dr. *Weber* krönt sein *Gutachten gesuchter Breite* mit der Bemerkung:

Seite 42 und 43: „ . . . so ist es . . . nicht erstaunlich, daß er sich zu einem Großbetrüger entwickelt hat."

Und: „Bei der Begehung der heute eingeklagten Delikte wußte der Explorand ganz genau, daß er sich gegen die Gesetze verging . . ."

Ich erwähnte es bereits: Gerichte sind im Kanton Graubünden völlig überflüssig. Untersuchungsrichter und Psychiater machen das schon vorher unter sich aus. Sie stellen gleich fest, was los zu sein hat und sind hinterher höchstens scheinheilig beleidigt, wenn Teile der Wahrheit an die Öffentlichkeit gebracht werden.

Eine Fülle weiterer Passagen, welche die Ungeheuerlichkeit dieses Gutachtens dokumentieren, kann angeführt werden. Etwa die Behauptung, ich sei zu keiner

241

„tiefen Freundschaft" fähig. Man frage meine Freunde. Oder die Feststellung, ich verfüge über keine „Willensdurchschlagskraft". Wer auch nur ein Buch geschrieben hat, weiß, wieviel Entschlußtreue dazugehört, ein Manuskript zum druckfertigen Ende zu bringen.

Ich bekam dieses „Gutachten" am 17. Juli 1969 zu lesen. Der Zweck dieser groben Heuchelei war mir sofort klar. Deshalb verlangte ich unverzüglich eine Oberexpertise. (24)

Am 30. September reichte mein Rechtsanwalt, *Adolf Hörler* aus St. Moritz, an Untersuchungsrichter *Kirchhofer* ein Ergänzungsbegehren ein. Darin wurden sämtliche wesentlichen Passagen, die im Gutachten erwiesenermaßen falsch sind, angeführt. Auch wurde erneut eine Narko-Analyse verlangt:

„Ich beantrage mit aller Dringlichkeit die Durchführung einer Oberexpertise, da das Gutachten von Herrn Dr. *Weber* von so vielen falschen Prämissen ausgeht, daß er nach den Gesetzen der Logik notgedrungen zu einer falschen Conclusio kommen mußte ...

Gleichzeitig schlage ich auf ausdrücklichen Wunsch des Herrn *von Däniken* die Vornahme einer Narko-Analyse durch den Psychiater vor, wobei *von Däniken* in Anwesenheit des Verteidigers bestimmte, für das Strafverfahren ausschlaggebende Fragen zu stellen sind. Ich bin mir bewußt, daß das Präsidium des Schwurgerichtes des Kantons Zürich vor einiger Zeit entschied, die Einführung eines solchen Experimentes in den Strafprozeß gehe nicht an, weil es gegen das unveräußerliche Persönlichkeitsrecht verstoße. Doch verweise ich in dieser Frage auf die in der Literatur vertretene Meinung, wenn man davon ausgehe, daß ein Narko-Analyse-Gutachten ein Indiz für die Unschuld eines Verdächtigen abzugeben vermöge, so geschehe dem Beschuldigten größeres Unrecht, und er werde in seinen Persönlichkeitsrechten weit eher verletzt, wenn man dieses Indiz ignoriere . . ."

Was in jedem Rechtsstaat möglich ist, war hier unmöglich. Sowohl die verlangte Oberexpertise als auch die gewünschte Narko-Analyse wurde durch alle Instanzen hindurch mit selbstherrlichen Begründungen abgelehnt. Nachdem der Untersuchungsrichter die Oberexpertise verweigerte – aus guten Gründen! – verlangten wir sie beim Staatsanwalt. Abgelehnt! – Wir verlangten sie beim Regierungsrat. Abgelehnt! – Wir verlangten sie schließlich vor Gericht anläßlich der Hauptversammlung. Abgelehnt! – Wir verlangten sie vor dem Bundesgericht. Abgelehnt!

Die staatsrechtliche Kammer des Schweizerischen Bundesgerichtes sagte am 4. November 1970 dazu: „Soweit das psychiatrische Gutachten Dr. *Webers* kritisiert und beantragt wird, es sei eine Oberexpertise einzuholen, kann auf die staatsrechtliche Beschwerde nicht eingetreten werden. Die auf den Seiten 16–24 der Beschwerdeschrift näher ausgeführten Rügen *hätten mit der Nichtigkeitsbeschwerde erhoben werden müssen.*"

Der Kassationshof des Schweizerischen Bundesgerichtes aber, welcher dieselbe Frage desselben Gutachtens auch zu behandeln hatte, hält am 11. November 1970 wörtlich fest: „Die Rüge des Beschwerdeführers so dann, das Kantonsgericht habe . . . einseitig auf das neueste, psychiatrische Gutachten abgestellt, beschlägt das Gebiet der Beweiserhebung und der Beweiswürdigung, die jedoch dem kantonalen Richter anheim gegeben sind, und vom Bundesgericht im Verfahren *auf Nichtigkeitbeschwerde nicht überprüft werden können.*"

Dieser eklatante Widerspruch müßte eigentlich selbst Analphabeten aufgehen, die doch immerhin ein ganz simples Rechtsgefühl haben können. Eine Kammer des Bundesgerichtes schiebt den Entscheid der andern zu. Bundesgericht gegen Bundesgericht!

Wie einfach sich dieses Bundesgericht die obskure Kantonsgerichtsaffäre machte, ist wohl am einwandfreisten darin ersichtlich, daß sich eben dieses Bundesgericht 53 (dreiundfünfzig!) Mal auf die „verbindlichen Festtellungen" der Vorinstanz stützte. *Hier wurde nicht Recht gesucht, nicht Recht gesprochen – hier ist Unrecht legal übertüncht worden.* Eine Hand wusch die andere.

Es scheint mir bitter notwendig, hier einige Worte über die *Bündner Untersuchungsmethoden* zu verlieren:

Da sind einmal die geradezu unheimlichen Heimlichkeiten des Untersuchungsrichters. Die lächelnde, besserwisserische Gewalt, welche der Diener der Strafuntersuchung gegenüber dem Angeschuldigten und den Zeugen hinter verschlossenen Türen ausübt. Dann ist da der Mangel jeglicher, zuverlässiger Kontrolle des Angeschuldigten oder des Verteidigers gegen diese Ermittlungen, und endlich die vererbte, sehr bequeme Anmaßung der Untersuchungshaft selbst – sofern diese nicht über kriminelle oder gemeingefährliche Elemente verhängt wird.

Zunächst einmal kann jeder Bürger aufgrund von Verdächtigungen und Vermutungen ins Gefängnis gesteckt werden. Er kann ausgeschrieben und international gejagt werden. Seine Telefone und Korrespondenz können – auf bloße Vermutungen hin! – überwacht und seine Geschäftsverbindungen oder Bankkonten mit Beschlag belegt werden.

Dies alles aber geschieht auf Befehl eines einzigen, an der Verhängung der Haft und dem Ausgang des Verfahrens keineswegs uninteressierten Mannes. Es ist eine blanke Unwahrheit, wenn immer und immer wieder behauptet wird, der Untersuchungsrichter stehe dem Angeschuldigten völlig unbefangen und objektiv gegenüber. Der Untersuchungsrichter hat tatsächlich dasselbe Interesse, den Angeschuldigten zu überführen, wie etwa der Polizeibeamte. Es scheint mir notwendig, dies mit

244

Nachdruck zu betonen, insbesondere, da im Kanton Graubünden die geradezu lächerliche Ansicht herrscht, ein Verteidiger sei während der Untersuchung unnötig, da die Rechte des Angeschuldigten durch den Untersuchungsrichter hinreichend wahrgenommen würden. Als ob ausgerechnet diejenige Figur, welche den Angeschuldigten überführen will, ein Interesse an dessen Unschuld hätte!

Der Häftling selbst ist – nicht zuletzt durch die Qual des Freiheitsentzuges – von der Außenwelt abgeschlossen, als wehr- und hilfloses Opfer dem unkontrollierbaren Walten dieses Untersuchungsrichters ausgeliefert. Die einzige Befugnis, die ihm zugestanden wird, ist die Beschwerde. Doch das Kollegium, welches über eine solche Beschwerde zu urteilen hat, hört weder den Angeschuldigten noch die Zeugen an und billigt sowieso die Maßnahmen des Untersuchungsrichters oder Staatsanwaltes, denn beide sitzen ja im selben Boot. Zudem wird der Angeschuldigte erst noch darauf hingewiesen, daß er durch seinen Widerspruch oder seine Beschwerde die Haft nutzlos verlängere . . .

Auch über die Art, wie die Ermittlungen in einem Bündner Untersuchungsverfahren zustandekommen, ist ein ernstes Wort vonnöten. Daß der Untersuchungsrichter in stur einseitiger Richtung tätig ist, beginnt schon bei der Beschlagnahme von Beweismaterial im Heime des Verhafteten. Alles, was diesem irgendwie schaden kann, wird mitgeschleppt. Alles, was ein positives Licht auf die Person des Angeschuldigten werfen könnte, wird liegengelassen. Die gesamten Verhörprotokolle strotzen von einer einseitigen, subtilen Befragung zum Zwecke des „Hereinlegens" des Angeschuldigten. Den Zeugen wird der Angeschuldigte als solcher hingestellt, und die eingestreuten Zwischenbemerkungen sorgen dafür, daß der Zeuge einesteils erschreckt, anderenteils im Angeschuldigten bereits den hinterhäl-

245

tigen Täter sieht. Ohne Hemmungen wird hier auch – insbesondere in finanziellen Belangen – der Teufel an die Wand gemalt. Aus der so entstandenen Voreingenommenheit ist die Beweiskraft der Protokolle lachhaft. Entstehen zwischen Zeugen und Angeschuldigtem Lükken, so wird einerseits der Zeuge verängstigt, daß er sich eine Anklage wegen falscher oder irreführender Aussage zuziehen könne, und dem Angeschuldigten wird vorgeworfen, daß er durch sein „Leugnen" die Haft verlängere. Das Ergebnis solcher Aufmunterungen zur Wahrheit sind die falschen, dafür wunschgerechten Aussagen ohne jede innere Überzeugung. Endlich wird alles, was sich nicht in den Schlachtplan der Untersuchung einfügen läßt, als unerheblich oder nicht zur Sache gehörend weggelassen oder in einer Weise veraktisiert, daß es nicht mehr auffällt. Typisch hierfür sind Unterstreichungen des Untersuchungsrichters an Verhörprotokollen um herauszuheben, was wesentlich sei. Dasselbe Vorgehen ist der Verteidigung aber *verboten*.

So kommt es denn, daß die Protokolle unvollständig sind, Fehler und absichtliche Fälschungen enthalten, und insbesondere niemals das wahre Bild der Persönlichkeit des Angeschuldigten widerspiegeln. Um dem ganzen widerlichen Unsinn, der da unter dem Namen „Gerechtigkeit" segelt, die Krone aufzusetzen, wird der durch die Akten solcher Art präparierte *Angeschuldigte den Richtern bereits als Schuldiger vorgeführt.*

Diese Kritik an den Bündner Untersuchungsmethoden betrifft genausogut Untersuchungsmethoden anderer Staaten. Der Unterschied liegt vielleicht darin, daß ein Bündner Richter/Staatsanwalt/Untersuchungsrichter unfähig ist, solches einzusehen. Ein Bündner Richter/Untersuchungsrichter/Staatsanwalt ist in jedem Falle und immer unfehlbar. Kritik ist bereits Sakrileg und muß vernichtet werden. Insbesondere dann, wenn sie von einem Angeschuldigten kommt.

Was ich zum damaligen Urteil (25) sage?

Jetzt, aus der zeitlichen Distanz? Dasselbe wie früher: Untersuchungshaft und Prozeß stellten eine *unredliche Verfälschung der Tatsachen* dar. Subjektiv oder nicht subjektiv – auch nach schweizerischem Recht habe ich *keine* der mir zur Last gelegten „Straftaten" begangen.

Art. 1 des Schweizerischen Strafgesetzbuches hält fest: Strafbar ist nur, wer eine Tat begeht, die das Gesetz ausdrücklich mit Strafe bedroht.

Dies bedeutet, daß der potentielle Gesetzesbrecher sich auf das *geschriebene Gesetz* verlassen muß. Art. 18 des Schweizerischen Strafgesetzbuches regelt zudem: Bestimmt es das Gesetz nicht ausdrücklich anders, so ist nur strafbar, wer ein Verbrechen oder ein Vergehen *vorsätzlich* verübt. *Vorsätzlich* verübt ein Verbrechen oder ein Vergehen, wer die Tat *mit Wissen und Willen ausführt.*

Dies bedeutet im Sinne des Gesetzgebers nicht mehr und nicht weniger, als daß der Gesetzesbrecher vom Gericht danach beurteilt werden muß, ob er eine Tat *vorsätzlich mit Wissen und Willen* begangen habe oder ein bestehendes Gesetz unbewußt, in keiner Schädigungsabsicht etwa, brach. Würden wir alleine nach diesen grundlegenden Gesetzesartikeln urteilen, so hätte es niemals zu einer *Vor*-Verurteilung eines EvD kommen können.

Erst ein böswilliges „Gutachten" schuf die Voraussetzung für eine spätere Verurteilung, denn aufgrund dieses „Gutachtens" durfte der Richter sich jetzt herausreden, daß eine „Schädigungsabsicht" anzunehmen sei.

Das Bundesgericht hielt im Entscheid der Nichtigkeitsbeschwerde vom 11. Dezember 1970 (Kassationshof) fest, der Vermögensschaden – *Voraussetzung des Betruges(!)* – sei bereits gegeben, wenn eine Forderung gefährdet sei, denn der Geldgeber „ist geschädigt, wenn der Schuldner dermaßen wenig Gewähr für eine vertragsmäßige Rückzahlung bietet, daß die Einbringung der Forderung höchst ungewiß ist."

Diese Wortklauberei widerspricht nun eindeutig dem zitierten Artikel 1 des Schweizerischen Strafgesetzbuches. Er widerspricht ihm auch dann in krassester Weise, wenn er von höchstrichterlicher Seite daherdoziert wird. Ich erwähnte es eingangs dieses Beitrages: Richter machen ihre eigenen Gesetze. (Quod erat demonstrandum!)

Ganz nebenbei dürfte unsere Schweiz mit dieser höchstrichterlichen Auslegung ein Land von Betrügern sein, denn jede nicht pünktlich zurückbezahlte Rechnung, jede Betreibung, jede Pfändung wäre ja ein „Vermögensschaden". Ob der Gläubiger das Geld mit Zinseszins zurückerhält oder sich mit einer Stundung einverstanden erklärt, ist offenbar egal. Damit ist der Justizwillkür Tür und Tor geöffnet, denn Betrug ist in der Schweiz ein „Amtsdelikt", und der Verdacht allein genügt für ein Verfahren. Siehe EvD.

Die Angelegenheit wird noch spaßiger: Das hehre Bundesgericht hält sich keineswegs an die eigenen Sprüche. Es verurteilte mich auch dort (18 „Fälle"), wo die Rückzahlung finanzieller Verpflichtungen vertragskonform, ja vorzeitig und mit Zinsen erfolgte. Wo hier der „Vermögensschaden" oder die „vorübergehende Gefährdung" sein soll, bleibt wohl ewig unerfindlich.

Nun liest man über Rechtsmißbräuche übelster Art in diktatorischen Staaten. Die Schweiz ist keine Diktatur. Mein Heimatland ist – ich anerkenne dies stolz – die reinste aller Demokratien. Unsere politische Stabilität verleitet Nicht-Schweizer zur Ansicht, auch in der Justiz müsse es in diesem Klein-Europa korrekt zugehen. – Ein verhängnisvoller Irrtum, der spätestens dann spürbar wird, wenn die einmal in Gang gesetzte Justizmaschinerie „zu persönlichem Kontakt" heranrollt.

Die Schweizer Justiz hat nicht deshalb einen guten Ruf, weil sie schlechter oder besser ist als die Justiz anderer Länder, sondern weil sie hartnäckiger, überzeugender, und scheinbar sachlicher, gleichzeitig aber auch perfider balbiert.

Untersuchungsrichter *Kirchhofer* und seine Helfer waren damals unfähig, Betrüge gegen einen EvD in Freiheit zu konstruieren. Das erfundene „belastende Material" wäre wie Sand in der erzürnten Faust zerrieselt. Das schlechte Gewissen, welches übertüncht werden mußte, besaß nicht der Angeklagte. Deshalb Untersuchungshaft um jeden Preis, deshalb Maulkorb, deshalb auch keine Freilassung selbst gegen *Kaution* – getreu dem Motto:

Den Täter haben wir, suchen wir seine Straftaten! (Wer weiß denn in der Schweiz schon, daß wir damals – nach Abschluß der Untersuchung – 100 000 Franken Kaution boten?!)

Nachweisbar lagen bei meiner Verhaftung *keine* Straftaten vor.

Vor und nach dem Urteil wurde die Schweizer Presse von selbigen Justizfunktionären mit gezieltem Material gegen mich gefüttert. Es sollte die Meinung gezüchtet werden, die Justiz habe (einmal mehr) „nur ihre Pflicht" getan, und der eigentliche Querulant heiße *Erich von Däniken*.

Ein bewährtes Mittel der Demagogie. Viel simpler als die ehrliche Einsicht. Viel verheerender auch als jeder Betrug.

Die Justizobersten in Graubünden gebärdeten sich als Heilige, der Untersuchungsrichter als ein erratischer Block an „Objektivität". Man lebte überempfindlich im Elfenbeinturm und wollte scheuklappenbewehrt nicht wahrhaben, daß die Justiz genauso eine öffentliche Institution und damit der Kritik ausgesetzt ist wie Straßenbahn oder Telefonverwaltung.

Eine Justiz verliert jeden Anspruch auf Achtung, solange sie willkürlich agiert und Fehlurteile stur als „Recht" bezeichnet. Mein „Straffall" hatte mit letzterem so wenig zu tun wie ein Ameisenbär mit einem Computer. Auch wird Unrecht auch nicht dadurch zu Recht, daß man es von höheren Instanzen als solches abstempeln und dann schließlich in einem regierungsrätlichen Kommuniqué als Gipfel der Wahrheit verbreiten läßt.

Vor und während meiner Gefängniszeit erstattete niemand der von mir angeblich „Geschädigten" Anzeige gegen mich. Das Verfahren wurde „von Amts wegen" durch Untersuchungsrichter *Kirchhofer* eingeleitet und durchgeführt. „Von Amtes wegen" läßt sich Unrecht produzieren und durchsetzen. Die Schweiz ist für mich solange kein *Rechtsstaat,* wie Schweizer Richter oder Schweizer Politiker nicht die Zivilcourage aufbringen, „von Amtes wegen" damaliges Unrecht *Recht* werden zu lassen.

Auch sollten sich die Justizorgane endlich tief einprägen, was der brasilianische Erzbischof *Dom Helder Camara* schon 1968 formulierte:

„Es gibt eine Gewalt, von der sich jede andere Gewalt herleitet. Die Gewalt Nummer eins. Die Gewalt der Ungerechtigkeiten, die überall bestehen. Die meisten meinen nämlich, wenn sie von Gewalt sprechen, bereits die Gewalt Nummer zwei, die Reaktion der zu Unrecht Behandelten, den Aufstand gegen die ursprüngliche Gewalt."

Vielleicht sollten diejenigen, welche dieser Beitrag ärgert, ihren Groll lieber an den hier zitierten Einzelpersonen der Bündner Justiz auslassen. Sie nämlich sind die Gewalt Nummero eins.

Erich von Däniken

Anmerkungen

(1) Schreiben von Dr. Erich Weber, Direktor der Psychiatrischen Klinik Beverin, an Untersuchungsrichter Kirchhofer vom 10. April 1969.

(2) Artikel 148 Schweizerisches Strafgesetzbuch.

(3) Prof. Dr. O. Germann, „Schweizerisches Strafgesetzbuch", 8. Auflage, Verlag Schulthess AG, Zürich 1966.

(4) Generalvollmacht von Erich von Däniken an Dr. jur. Rudolf Wäsch, Rechtsanwalt und Notar, Davos, vom 17. September 1968.

(5) Wissenschaftlich: Narko-Analyse. Der Proband liegt in einem Dämmerschlaf. Eigener Wille – und damit Lüge – ist ausgeschaltet.

(6) Gutachten vom 12. Juli 1969, Akten-Nr. XXXI/37.

(7) Brief Erich von Dänikens an Hans Neuner vom 15. März 1969.

(8) Antrag an die Staatsanwaltschaft Bern-Mittelland, Untersuchungsrichteramt Bern, Untersuchungsrichter Hug.

(9) Dossier VII.

(10) Brief Erich von Dänikens an seine Frau vom 26. Juni 1969, Akten-Nr. I/21.

(11) Akten-Nr. I/235.

(12) Akten-Nr. XXXI/38.

(13) Urteil des Kantonsgerichts Graubünden vom 13. Februar 1970: „Erich Anton von Däniken wird der wiederholten und fortgesetzten Veruntreuung, des wiederholten und des gewerbsmäßigen Betruges, der wiederholten und fortgesetzten Urkundenfälschung schuldig befunden. Er wird mit dreieinhalb Jahren Zuchthaus, abzüglich dreihundert Tagen Untersuchungshaft, und 3000 Franken Buße bestraft. Außerdem wird er für die Dauer von zwei Jahren in der bürgerlichen Ehrenfähigkeit eingestellt. – Die Kosten des Verfahrens mit Sfrs. 48 3000,– gehen zu Lasten des Verurteilten."

2.
FÜNF BRIEFE AN MEINE FRAU *ELISABETH* AUS MEINER GEFÄNGNISZEIT IN REGENSDORF 1969/70

Erich von Däniken   6. III. 69 abends

Liebe Ebet,

ich weiß nicht mehr was tun. Sämtliche Bücher habe ich gelesen, am Manuskript kann ich nichts mehr weiter-schreiben, und Tagebuch führe ich nicht mehr, da es oh-nehin bloß für kranke Zwecke mißbraucht wird. Also schreibe ich Dir. Doch ehrlicherweise muß ich gestehen, daß ich nicht einmal weiß, *was* ich schreiben soll, denn über die stupide Angelegenheit darf man ja nichts be-richten, und um die Umstände „rundherum" auch nichts, weil dauernd zu befürchten ist, daß man jemanden – was Gott behüte – beleidigen könnte. Ich erzähle denn halt von meinem Tagesablauf.

So gegen halb sieben ist Tagwache. Ich mache „Toilet-te", und trinke meinen Kaffee. Jetzt im Tassli. Denn lese ich bis gegen 9.00 Uhr, und esse irgend etwas, was ich mir aufgehoben habe. Brot oder Eier oder auch eine Orange. Dann lese ich wieder bis gegen halb 12, wo das Mittagessen verabreicht wird. Und wieder lese ich –

manchmal schreibe ich auch – bis gegen halb sechs, wo Nachtessen verabreicht wird. Anschließend mache ich das Bett, setze mich hinein, studiere und diktiere hie und da aufs Tonbändchen. Um halb neun geht das Licht aus, und ich sitze immer noch im Bett bis gegen 11 Uhr, wo ich dann jeweils hoffe, einzuschlafen. Oft gelingt's, manchmal höre ich es auch ein Uhr schlagen.

Nachmittags ein Uhr frägt man mich oft, ob ich spazieren wolle, was ich bei schönem Wetter gerne tue. Dann drehe ich mutterseelenalleine in einem Hof Runden. Etwa so wie die Bären im Graben. Ich bin froh, alleine zu sein, denn mit den andern weiß ich doch nichts anzufangen. Gestern traf ich zum ersten Male auf Stauss. Es war in einem Bureau, wo wir die bestellten Sachen abholen mußten. Er schwieg Gott sei Dank! Ich auch. Doch heute wollte es der Teufel, daß ich beim Duschen wieder mit der ganzen Bande – und prompt Stauss – zusammenkam. Ich hörte, wie Stauss die Kollegen flüsternd orientierte, wer ich sei, doch schwieg er mir gegenüber immer noch. Ich auch.

Hier ereignet sich die ganze Woche nichts. Ich wäre glücklich, mal wieder „ohne Hindernis" einen Berg, einen Stern, oder ein Stück Wolken zu sehen. Doch der Pharao – Gott erhalte ihn und schenke ihm glückliche Frauen – gewährt mir diese Gnade nicht. Auch hoffe ich, daß der Pharao – er lebe lang und herrsche weise – nicht demnächst einen asiatischen Virus auffängt, der ihm Träume aus dem praktischen Leben vorgaukelt. Es wäre doch wahrhaft entsetzlich, wenn der Pharao – Gott beschütze ihn und gebe ihm Klugheit – erkennen müßte, daß die Praxis des Kämpfenden ehrlicher ist als die Krankheit des Beamten. Ich sagte Dir ja, hier ereigne sich nichts . . .

Küß mir mein Töchterchen. Ich habe Dein und Lelas Bild stets vor mir auf dem Tisch. Lela mit dem Eisbär. Dich auf dem Balkon. Wenn's neuere Fotos von Dir gibt, kannst Du sie ruhig mal schicken. Auch ohne Erklärungen ...

Ich liebe Euch und warte und vertraue Euch!
Papi

Erich von Däniken   10.4.69

Mein liebes Ebetli,

es ist schon etwas komisch, wenn einer im Gefängnis „keine Zeit" hat. Doch diese Woche war es wahrhaftig so. Jedenfalls ab Dienstag, als ich schreiben konnte. Ich gehe nun unverzüglich hinter die letzten Kapitel des neuen Buches, welche in drei Wochen ablieferungsbereit sein werden, denn schließlich ist alles mehr oder weniger „auf Abruf" in meinem Kopf bereit. Auch schrieb ich ECON und Utermann erneut, daß das Buch rasch heraus müsse, denn falls Charroux mit ähnlichen Gedanken kommt wie ich – und ein neues Buch vor meinem erschiene – wäre der Teufel los. Dann würden meiner Ansicht nach alle Beteuerungen, daß ich Charrouxs Bücher nicht kenne, für die Katze sein.

Ich nehme an, Du hast den Bericht im SPIEGEL „Hat Däniken abgeschrieben?" gelesen. Es ist schon eine gottverdammte Sauerei, daß ich mich nicht wehren kann, und daß die Gegner machen können, was ihnen grad so paßt. Dies ist eines der unzähligen Bitternisse, welche mich zerfressen. Doch Herr *Kirchhofer* kann seine Untersuchung nur führen, wenn ich in Haft bin ... Und immer und immer wieder quält mich die Frage, WEN ich nun eigentlich geschädigt haben soll. Die „Gesellschaft"?

Doch lassen wir das, denn ich darf ohnehin nur schweigen. Gerne hätte ich – bevor ich einen Gehirn- oder Herzkollaps bekomme – wieder mal mit einem Menschen offen gesprochen. Ohne dauernd „nichts sa-

255

gen" zu dürfen. Diesen psychischen Druck, der mich krank macht, kann offensichtlich niemand ermessen; sonst würde man anders handeln. In wenigen Tagen soll ich Geburtstag haben: Silvester und Neujahr. Abschluß und Neubeginn. Es ist wie vor Monaten an Weihnachten und an Neujahr. Stets alleine, stets verkrampft, stets un-unterbrochen mit mir kämpfend, stets immer gerade am Ende, stets noch einmal, stets überwinde dich, und stets wehrlos. Ich fühle den „Knacks", der nach mir greift und seine kalten, vereinzelten Finger vorstreckt. Ich erwache schweißgebadet; die Haut zuckt; violette Kreise gei-stern; das Herz scheint „Muskelkater" zu haben und zerrt; die Augen glühen; Gelenke tanzen, das Gehirn pocht, und ein inneres „Beben" – nicht beschreibbar, ei-ner fünffachen Unruhe gleich – versucht mich in Stücke zu reißen. Doch das läßt sich alles nicht ändern. Ich bin ein „Verbrecher". Geburtstag – Blumenstrauß – Frau und Kind – Lachen – Wein – Freunde – Tischtuch – Porzellan – Musik – Kerze – Danke – Gefühl – Verständnis – Hän-dedruck – Reden – Erläutern, Erklären, Erzählen . . . Ge-burtstag!

Mein liebes Kind, fühlst Du mich? Dann telefoniere doch bitte einmal meinen sieben hochbezahlten Rechts-anwälten und frage sie, ob sie wahrhaftig nur „warten" können? Aus „warten" wird nichts. Nie –!

Dir herzlichen Dank für Schokolade und Kaffee und weiß Gott, was sonst noch dabei war. Telefoniere auch Vivel und danke für das Päckli. Ferner brauche ich – au-ßer den gestern bereits erbetenen Zeitungsausschnitten – sämtliches Material an Huggenberger, an Rosenhügel, an Europe und an Dich in den vergangenen Wochen und Monaten gesandt. Ich brauche ALLES. Und Du, liebes Mampfs, bitte besuche mich wieder.

In inniger Liebe: Dein Erich

8. März 70

Mein liebes Titti,

hättest Du Dir bei unserer Hochzeit träumen lassen, daß
ich mal aus einem Zuchthaus schreibe? Wenn ich nur
wenigstens die Taten vollbracht hätte, weshalb ich hier
bin. Es würde mich ungeheuer beruhigen. Ich klebe hier
Tüten, richtige Tüten. Von morgens sieben bis halb
zwölf, und von halb zwei bis halb sechs. Ich stecke in einem braunen Sack und trage ein blaues Hemd ohne Kra-
gen. Die Haare hab ich noch.

Regensdorf sei berüchtigt, sagte man. Ich merke
nichts davon. Auch wüßte ich nicht, was hier besonders
erwähnenswert wäre. Ein Gefängnis – weiter nichts. Die
Beamten bis hinauf zum Direktor machen einen absolut
korrekten Eindruck. Mitgefangene sehe ich täglich im
Zirkus. Das ist der Platz, wo man schweigend im Kreise
herumläuft. Die Tage verschleichen, ich bemerke es
kaum. Ich lebe – mit meinen Tüten – in einer anderen
Welt.

Nur eines frage ich mich oft: Wem nützt der ganze
Blödsinn? Wer hat etwas davon, daß ich seit 15 Monaten
gefangen bin, und es noch zweieinhalb Jahre sein soll?
Ich weiß schon, nachdem der Fehler mit jener Verhaftung geschehen war, wollte man das Gesicht wahren.
Dann ließ man mich in Haft, weil das schlechte Gewissen nicht mehr zuließ, daß von Däniken seiner Arbeit
nachging. Die Aktenverdreherei hätte ja auskommen
können. Und wiedermal mußte eine Clique „das Gesicht
wahren". Deshalb das spinöse Urteil. Wieviel Jahre
braucht's wohl noch, bis man in Graubünden merkt, daß
sich mit DIESER Methode kein Gesicht wahren läßt? Jedes Gesicht wird zur Fratze. Und endlich, mein liebes
Titti, was nützt's? Letzten Endes kommt die Machen-
schaft doch aus.

Weißt Du, in einigen Jahre wäre man froh, man hätte

auf mich gehört. Doch heute ist jedes Reden sinnlos. Ich mach' weiter: Tütenträumereien.

Ich hab' Dich lieb und warte auf Dich und Lela. Nicht auf die Zähne beißen, Titti: Lachen!

Immer Dein Erich

21. Juni 70

Mein liebes Titti,

eben erfuhr ich, daß die staatsrechtliche Kammer des Bundesgerichtes meine sofortige Entlassung mit der Begründung ablehnte, daß mir daraus „ein Vorteil entstünde". Es ist mir unerfindlich, was für ein „Vorteil" mir entstehen solle, aber ich weiß mit Bestimmtheit, daß die Staatsanwaltschaft IHREN Vorteil – nämlich meine Abgekapseltheit – um keinen Preis aus den Händen geben will. Es wäre ja fürchterlich, ich könnte mich wehren! Entsetzlich, ich könnte Interviews geben! Nicht auszudenken, ein von Däniken in Freiheit, nachdem man ihn doch sooo schön „überführt" und verurteilt hat.

Damit ist auch klar, daß wir uns vom Bundesgericht keine Ehrlichkeit erhoffen dürfen. Denn wie will das Bundesgericht mir auch nur in einem einzigen Punkt entgegenkommen, wie eine einzige Sache objektiv und neutral prüfen, wenn das Vorurteil – die Haftbelassung – besiegelt ist?

Irgendwo habe ich in vergangenen Wochen ein Geschichtchen aufgegabelt, das ich Dir nacherzählen möchte:

In einer russischen Schule sagte ein eigenwilliger Lehrer den Kindern, zwei mal zwei sei neun. Die Kleinen rannten auf die Straße und trompeteten im Schulhof und zu Hause: zwei mal zwei ist neun! Bei einer eilig einberufenen Lehrerkonferenz vertrat der Schuldirektor die Meinung, man dürfe den unmündigen Kindern nun nicht plötzlich die Wahrheit eröffnen, sondern man möge sie behutsam auf die echte Wahrheit vorbereiten. So kam ein neuer Lehrer in die Klasse und verkündete den lachenden Strubelköpfen mit ernster Miene: zwei mal zwei ist sieben. Einige Kinder kritzelten diese Zahl dumm und fromm in ihre Hefte. Andere trotzten und beschmierten Toilettenwände und Tafeln mit dem alten: zwei mal zwei ist neun! Es soll sogar Kinder gegeben haben, die jauchzten: zwei mal zwei ist eins! Als dann der Lehrer nach weiteren Wochen der Wahrheit noch etwas näher kam und versicherte, zwei mal zwei sei fünf, zwinkerten sich die Kinder heimlich zu und lachten über Schule, Lehrer, Rektor und Konferenz. Auf den Straßen schrien sie die tollsten Resultate herum und verblüfften damit die Eltern: zwei mal zwei ist acht! oder zwei mal zwei ist null!

In Wahrheit aber hatte nie eines der Kleinen daran gezweifelt, daß zwei mal zwei vier sei. Denn die Wahrheit ließ sich an den Fingerchen abzählen.

Lieb Schweizerland magst ruhig schlafen, deine Scheinwelt bleibt (noch) in Ordnung.

Könntest DU, meine liebe Gattin, mein Herz erleichtern und mir vielleicht mitteilen, *wie* ich Dr. Stehlin „betrogen" haben soll? Oder Mo? Oder die Bankgesellen? Das wären schon 200000 Fr. der angeblichen Betrüge. Wenn nicht, dann laß uns warten. Wahrscheinlich wird von Chur aus auch dieses Geheimnis noch eines Tages in Entrüstung publiziert. Selbstverständlich nur, wenn ich wehrlos bin.

Tschau, Schatzi. Ich möchte gerne bei Euch
sein. Viele Kuschli und herzliche Grüße
Dein Erich

5. Juli 70

Mein liebes Titti,

zu Deinem Wiegenfeste nur das Beste! Es soll besser werden, wenn ich wieder Mensch sein darf. Ich will versuchen, einen zumutbaren Teil Deiner Träume zu verwirklichen. Als Geburtstagsgeschenk aus den Mauern bitte ich Dich: NIMM FAHRSTUNDEN! Es soll Damen geben, für die sind Fahrstunden kein Geschenk. Doch auf das Resultat kommt es an.

Heute wird hier der Film „Erinnerungen an die Zukunft" gezeigt. Ein komisches Gefühl, den eigenen Streifen noch nie gesehen zu haben. Ich weiß nicht mal, wieweit das Kamerateam meinen Anregungen gefolgt ist. Man filmte ohne mich, weil ich nicht zu haben war. Dabei kommt es so sehr auf Details an. Möglicherweise gehörte auch meine Abwesenheit während der Dreharbeiten zum Kinderspiel um Däniken. Sabotieren wo's nur geht!

Bei mir wenig Neues. Bin nach wie vor in der Gärtnerei und bekomme langsam eine Ahnung von Tomaten, Zwiebeln, Lauch, Bohnen und weiterem Unkraut. Die Leserbriefe reißen nicht ab. Beantwortest Du auch alle? Auch vernehme ich Gerüchte, daß ein weiteres Buch gegen mich geschrieben werden soll. Eigenartig, daß die „fairen" Autoren mir nie eine Frage zu stellen haben. Offenbar weiß man auch über mich alles besser als ich. Und dann das neidische Plagiatsgeschwätze! Komisch, daß es auch diesbezüglich nie einem dieser Helden einfällt, mir ein Briefchen zu schreiben und mir einige klare Fragen zu stellen. Ich habe Antworten nie gescheut.

Dafür wird frisch-fröhlich beschissen, gelogen, gefunkelt, verdreht. „Däniken" ist ja im Loch. Der kann sich nicht wehren. Allehlujah!

Sehr herzlich, immer Dein,
Erich